Großer Wander-Atlas

Oberösterreich

KOMPASS

Wolfgang Heitzmann

Großer Wander-Atlas
Oberösterreich

KOMPASS

Inhalt

Oberösterreich
entdecken und erwandern

Oberösterreich hat landschaftlich und kulturell einiges zu bieten. Zu allen Jahreszeiten ist unser Land ein beliebtes Reiseziel für Gäste aus dem In- und Ausland. Denn unsere Berge laden nicht nur zum Skifahren ein, sie sind auch attraktive Wandergebiete. Gerade in unserer Zeit hat sich Wandern als sinnvolle, erholsame und gesunde Freizeitbeschäftigung etabliert.

Überall in Oberösterreich kann man Sehenswürdigkeiten, Naturschönheiten und andere große oder kleine Kostbarkeiten entdecken. Jeder unserer Landesteile besticht mit unterschiedlichen Charakteristika – seien es die sanfte Hügellandschaft des Inn- und Hausruckviertels, die majestätische Bergwelt im Süden, die klaren Seen des Salzkammerguts, das Grün des Böhmerwaldes oder die landschaftlichen Besonderheiten entlang der Donau. Schöne, gepflegte und gesunde Natur ist die Visitenkarte eines jeden Landes.

Mittlerweile ist das Wandern auch zu einem wichtigen Tourismuszweig geworden. Der nun vorliegende *Große Wander-Atlas Oberösterreich* stellt die schönsten Wanderwege unseres Bundeslandes anschaulich und detailliert dar. Darüber hinaus ist er ein wertvoller Beitrag für den Wandertourismus in unserem Land. Ich danke daher Wolfgang Heitzmann, dem Autor dieses informativen Führers, für sein Engagement und seine ambitionierte Arbeit, durch die dieses Buch entstanden ist.

Ich wünsche allen, die diesen Führer lesen, viel Freude beim Erwandern unseres Bundeslandes und beim Entdecken der vielen landschaftlichen und kulturellen Juwele Oberösterreichs.

Ihr

Dr. Josef Pühringer
Landeshauptmann

Wandern
und genießen

Eine unvergessliche Wanderung ist ein Erlebnis für alle Sinne – eine sprichwörtliche „Genuss-Wanderung“. In unerschöpflicher Zahl können Wanderer in Oberösterreich dem Naturgenuss auf der Spur sein: kristallklare Seen, majestätische Berge, idyllische Flusstäler und geheimnisvolle Wälder. Sattgrüne Almböden, die klare Luft der Bergwelt und die atemberaubenden Panoramen markanter Aussichtspunkte nimmt der Wanderer als einzigartige Eindrücke mit nach Hause.

Der Kulturgenuss lässt die Region hautnah erleben und in allen Facetten kennen lernen. Von spannend dokumentierter, bewegter Geschichte, beeindruckenden Monumenten der Vergangenheit bis hin zum gelebten Brauchtum der Gegenwart.

Dazu gehört auch bodenständige Verpflegung. „Und zun Bier und zun Most schmeckt a kräftige Kost“ – so heißt es immerhin schon in der oberösterreichischen Landeshymne. Ob ein deftiges Bratl in der Rein', eine Innviertler Knödelpartie oder eine Jause mit Brot und Butter, Speck und Käse von der Alm: „Die Jause ist das Ziel“ und mit den typischen Köstlichkeiten der Region kehren beim Genießen die Kräfte rasch wieder zurück.

Oberösterreichs „Landschaften für Leidenschaften“ haben in hohem Maße die Voraussetzungen für erfolgreicher Wander-Destinationen. Das beweist auch dieser Wander-Atlas, der in enger Zusammenarbeit mit dem Oberösterreich Tourismus entstand und vom Wirtschaftsressort des Landes Oberösterreich tatkräftig unterstützt wurde. Er präsentiert viele „klassi-

Landesrat Viktor Sigl (rechts) und Mag. Karl Pramendorfer (links) wandern gern zum Schwammerling im Naturpark Mühlviertel.

sche" Wege, die bereits perfekt ausgestattet wurden, aber auch so manchen Geheimtipp zu geheimnisumwitterten Plätzen, die man ohne dieses Buch kaum finden würde. Natürlich sind auch unsere ganz persönlichen Favoriten drin: die Wolfsschlucht bei Bad Kreuzen und die Panoramawanderung von Hellmonsödt nach Linz, die hochalpinen Wege zum Dachstein und die Waldpfade am Inn, der neue Panoramaturm über Windischgarsten oder der spektakuläre „Baumkronenweg" im Sauwald.

Gustieren Sie einfach auf den folgenden Seiten, surfen Sie durch die beiliegende CD. Schnüren Sie Ihre Wanderschuhe und entdecken Sie mit viel Genuss die schönsten Plätze in Oberösterreich!

Mag. Karl Pramendorfer
Vorstand
OÖ Tourismus

Viktor Sigl
Landesrat für
Wirtschaft, Arbeit,
Bildung und Jugend

Im Märchenland Operenzia stehen die Zuckerhutberge. Die Bäume wachsen dort bis zum Himmel, der Boden ist mit moosgrünem Samt bedeckt, und es gedeihen Pilze, so groß wie ein Bauernhut. In den Gärten reifen Äpfel und Birnen im Überfluss, die Bewohner leiden niemals Hunger und Durst, Armut kennen sie nicht. Wenn sich die armen Bauern der ungarischen Tiefebene Märchen von einem besseren Leben erzählten, dann erträumten sie sich's im Westen. Und dort lag Operenzia wirklich: das Erzherzogtum und Kronland Österreich ob der Enns.

Ob der Enns, zwischen dem Dachstein und dem Böhmerwald – das ist heute noch ein märchenhaftes Land. Namen wie „Eisenwurzen" und „Salzkammergut", „Freiwald" oder „Hausruck" wecken die Neugier, hinter die Kulissen des prosperierenden Wirtschaftsraumes zu blicken. Dort findet man viel Ur-

Natur pur: die Feichtauseen im Sengsengebirge.

sprüngliches: freundliches Bauernland und riesige Wälder, sanfte Höhenzüge und verkarstetes Hochgebirge, stille Täler und zerklüftetes Gletschereis.
Allerdings: Ein Schlaraffenland war Operenzia nur zum Teil. Mit den fruchtbaren Böden des Alpenvorlandes, dem Bergbau im Salzkammergut und der Metallverarbeitung an der Eisenstraße wurden nur wenige reich - die allerdings hinterließen trutzige Burgen und stolze Vierkanthöfe, Kirchen mit großartigen Kunstschätzen und Bürgerhäuser mit prächtigen Fassaden. Abseits davon fanden die Menschen meist nur ein bescheidenes Auskommen. Dort blieben die Häuser klein, die Dörfer eng zusammengeschart und die Täler einsam.
Den höchsten Punkt Oberösterreichs, den Gipfel des Hohen Dachsteins, gibt das Eich- und Vermessungsamt mit 2995,01 m an; am tiefsten Punkt des Landes, auf 229 m Seehöhe, verlässt die Donau den Strudengau. Aus der schier unglaublichen landschaftlichen Vielfalt dazwischen präsentiert Ihnen dieses Buch 120 Wander-, Berg- und Radtouren: im Mühlviertel und entlang der Donau, zwischen Inn und Hausruckwald, im Bereich des Nationalparks Kalkalpen und rund um die Salzkammergutseen. Dazu gibt's Anregungen für weitere Outdoor-Unternehmungen, Hinweise auf lohnende Ausflugsziele sowie kulinarische Anmerkungen. Die Nummern der einzelnen Touren sind im Reise-Atlas auf den letzten Seiten eingetragen.

Die Hungerauklause in der Steyrling

Informationen

Hier erhalten Sie alle touristischen Informationen, aber auch aktuelle Auskunft über die Öffnungszeiten der Sehenswürdigkeiten an den vorgestellten Routen:
Oberösterreich Tourismus Information
Freistädter Straße 119, 4041 Linz,
Tel. ++43(0)732/221022, Fax 7277-701,
info@oberoesterreich.at,
www.oberoesterreich.at,
www.wandern.at, www.radfahren.at
Museumsverbund Oberösterreich
Tel. ++43(0)732/682616,
www.ooemuseumsverbund.at

WANDERN UND GENIESSEN

Um Ihnen die **Tourenauswahl** zu erleichtern, finden Sie die Nummer jeder Route in einem farbigen Dreieck, das die zu erwartenden Anforderungen andeutet:

BLAU: Hier handelt es sich um gut angelegte Wege ohne echte Gefahrenstellen, die auch für „EinsteigerInnen" gut geeignet sind. Das schließt allerdings kräftige Steigungen nicht aus. Die meisten dieser Routen sind ausreichend beschildert und markiert.

ROT: Diese Wege und Pfade führen schon durch anspruchsvolleres Gelände, können also steil, steinig und nach Regen sehr rutschig sein. Kurze abschüssige und ausgesetzte Passagen erfordern Trittsicherheit und Schwindelfreiheit; einige davon können auch mit Stahlseilen bzw. Leitern gesichert sein.

SCHWARZ: Hier finden Sie lange und anspruchsvolle Bergtouren, die z. T. in hochalpines Gelände führen. Rechnen Sie mit ausgesetzten, gesicherten und – je nach den Verhältnissen – gefährlichen Passagen. Entsprechende Kondition, Schwindelfreiheit und alpine Erfahrung werden vorausgesetzt.

Die angegebenen **Gehzeiten** sind natürlich nur Richtwerte – manche werden sie problemlos unterbieten, andere lassen sich unterwegs vielleicht mehr Zeit.

Ausrüstung: Für die hier vorgestellten Touren benötigen Sie feste, aber nicht zu schwere Wanderschuhe mit griffiger Gummiprofilsohle sowie wind- und regendichte Kleidung.

Was sonst noch in den Rucksack gehört: Reservewäsche, eine leichte Kopfbedeckung als Sonnenschutz, entsprechende Verpflegung und genug Getränke, eine Trillerpfeife fürs alpine Notsignal sowie eine kleine Rucksackapotheke mit federleichter Alu-Rettungsdecke. Hilfreich sind auch Teleskopstöcke. Im Gebirge benötigt man entsprechend wärmere Kleidung, Mütze und Handschuhe – bei einem Wettersturz kann es hier auch mitten im Sommer empfindlich kühl werden. Wer in Almhütten oder Schutzhäusern übernachtet, sollte einen leichten Hüttenschlafsack mitnehmen (Pflicht in Alpenvereinshütten).

Analog zu den Wanderungen und Bergtouren wurden auch die **Radtouren** mit farbigen Nummern-Dreiecken versehen. **BLAU** = kurze, einfache und eher flache Familienradtour, **ROT** = mittelschwierige Tour, **SCHWARZ** = lange Radtour mit großen Höhenunterschieden. Die Routen sind mit Trekkingbikes oder ähnlichen Rädern „zu machen", die Touren 101, 102, 104, 105, 106, 108, 109, 111, 112, 113, 116, 117, 119 und 120 auch mit Rennrädern.

Vergessen Sie nicht auf Reserveschlauch, Helm und Luftpumpe. Für die meist nur kurzen Abstecher per pedes genügen Turnschuhe – ausgenommen Tour 117, die in sehr steiles Wald- und Felsgelände führt.

Mit Volldampf auf den Schafberg

Alpines Notsignal: In einer Minute wird sechsmal in regelmäßigen Abständen - also alle zehn Sekunden - ein hörbares oder sichtbares Zeichen (Rufen, Pfeifen, Blinken, Winken) gegeben. Dazwischen folgt jeweils eine Minute Pause. Die Antwort kommt mit drei Zeichen pro Minute.

Alpine Notrufnummer: europaweit 112, Österreich 140.

Wetter: Alpinwetter (Tonband): Tel. ++43(0)900/91156682; persönliche Wetterberatung (Montag–Samstag 13–18 Uhr): Tel. ++43 (0)512/291600, www.alpenverein.at/wetter/index.asp, http://wetter.orf.at/ooe

Bahn & Bus, Schiff & Lift

ÖBB Bahnauskunft: Tel. ++43(0)5/1717, www.oebb.at
Busauskunft: Tel. ++43(0)1/71101, www.postbus.at/fahrplan
Museumsbahn Ampflwang – Timelkam: Tel. ++43(0)664/2210279 (19–21 Uhr)
Steyrtal-Museumsbahn: Tel. ++43 (0)664/3812298 oder ++43(0)7257/7102, www.oegeg.at
Schafbergbahn/Wolfgangsee-Schifffahrt: Tel. ++43(0)6138/2232-0, www.schafbergbahn.at
Attergau-Lokalbahn/Attersee-Schifffahrt: Tel. ++43(0)7666/7806, www.atterseeschifffahrt.at
Hallstätter-See-Schifffahrt: Tel. ++43 (0)6134/8228, www.hallstatt.net
Traunsee-Schifffahrt: Tel. ++43(0)7612/66700, www.traunseeschiffahrt.at
Donau-Schifffahrt: Tel. ++43(0)732/783607, www.donauschiffahrt.de, Tel. ++43(0)664/1313966 oder ++43 (0)732/700806, www.donauschifffahrt.at
Inn-Schifffahrt: Tel. ++43(0)7712/7350, www.innschifffahrt.at
Sessellift Haag am Hausruck: Tel. ++43 (0)7732/2351, www.wegdersinne.at
Hinterstoder/Wurzeralm/Wurbauerkogel: Tel. ++43(0)7564/5275, www.hiwu.at
Feuerkogel- und Grünberg-Seilbahn: Tel. ++(0)7612/66014-0, www.traunsee-touristik.at
Katrin-Seilbahn: Tel. ++(0)6132/237880, www.katrinseilbahn.com
Salzbergbahn Hallstatt: Tel. ++43 (0)6132/2002490, www.salinen.at
Dachstein- und Gosaukamm-Seilbahn: Tel. ++43(0)6134/8400, www.dachstein.at

Hier finden Sie eine Übersicht der wichtigsten **Berggasthöfe, Almen, Schutzhütten und Wander-Unterkünfte** in Oberösterreich. Eine ausführliche Auflistung mit den jeweiligen Bewirtschaftungszeiten befindet sich auf der beigelegten CD. Bitte beachten Sie, dass sich die Telefonnummern kurzfristig ändern können - aktuelle Informationen erhalten Sie in den örtlichen Tourismusbüros (siehe Seite 18) bzw. im Internet unter www.alpenverein.at und www.naturfreunde.at

Abkürzungen: AV = Alpenverein, TVN = Naturfreunde, ÖTV = Österreichischer Touristenverein.

Mühlviertel und Donautal

Adalbert-Stifter-Jugendherberge
Aigen-Schlägl, Tel. ++43(0)7281/6283
Braunberghütte (AV)
St. Oswald, Tel. ++43(0)7945/7666
Eidenberghaus (TVN)
Lichtenberg, Tel. ++43(0)7239/5755
Gendarmeriehütte
Hochficht, Tel. ++43(0)7288/2233
Heeressportvereinhaus
Hochficht, Tel. ++43(0)732/701650
Helfenberger Hütte (AV)
Oberafiesl, Tel. ++43(0)7216/4488
Jugendherberge Bad Leonfelden (AV)
Tel. ++43(0)7213/8357
Rannahof (TVN)
St. Oswald, Tel. ++43(0)732/772661-21
Trauner Hütte (TVN)
Lichtenberg, Tel. ++43(0)7229/64568
Waldhäusl
Schwarzenberg, Tel. ++43(0)7613/23060

Innviertel und Hausruckwald

Pettenfirsthütte
Zell/Pettenfirst, Tel. ++43(0)650/6238755
Schärdinger Hütte (TVN)
bei Schärding, Tel. ++43(0)7712/6131
Waldgasthof Hochburg-Ach (TVN)
Tel. ++43(0)7727/3253

Nationalpark Kalkalpen Region

Ahornalmhütte (Kirchdorfer Hütte, AV)
Kasberg, Tel. ++43(0)7582/64096
Amriesnerhütte
Wurzeralm, Tel. ++43(0)7562/7650
Amstettner Hütte (AV)
Gaflenz, Tel. ++43(0)7353/570
Anlaufalm (Anlaufbodenalm)
Hintergebirge, Tel. ++43(0)7254/8449
Anton-Schosser-Hütte (AV)
Hohe Dirn, Tel. ++43(0)664/9272683
Bergrettungsdienst-Haus
Wurzeralm, Tel. ++43(0)7563/7304
Blockhaus Kautsch
Reichraming, Tel. ++43(0)7255/8624
Blockhütte Oberplaißa
Großraming, Tel. ++43(0)7254/8373
Bosruckhütte (AV)
Haller Mauern, Tel. ++43(0)7563/666
Dümlerhütte (AV)
Warscheneck, Tel. ++43(0)7562/8603
Ebenforstalm
Hintergeb., Tel. ++43(0)664/5246877
Edtbauernalm
Hinterstoder, Tel. ++43(0)7564/8261
Egglalm
Hengstpass, Tel. ++43(0)7562/7678
Ennser Hütte (TVN)
Almkogel, Tel. ++43(0)664/6391171
Feichtaualm (Polzhütte)
Sengsengebirge, Tel. ++43(0)7584/3395

Feichtauhütte (AV)
Sengsengebirge, Tel. ++43(0)7252/45171
Fuxjager
Unterlaussa, Tel. ++43(0)3631/263
Gowilalm
Haller Mauern, Tel. ++43(0)7563/382
Gschwendtalm
Hintergebirge, Tel. ++43(0)7254/7168
Gradnalm
Kremsmauer, Tel. ++43(0)664/3200841
Großbichleralm
Laussa, Tel. ++43(0)7255/22671
Grünburger Hütte (AV)
Hochbuchberg, Tel. ++43(0)7257/8300
Hochramskogler
Lindaumauer, Tel. ++43(0)7353/493
Hofalmhütte (AV)
Haller Mauern, Tel. ++43(0)676/7373776
Hohe Dirn, Bergrestaurant
Losenstein, Tel. ++43(0)7255/6300-1
Huberhütte
Wurzeralm, Tel. ++43(0)3612/7287
Hutterer Höss, Berggasthof
Hinterstoder, Tel. ++43(0)7564/5324
Inselsbacheralm
Haller Mauern, Tel. ++43(0)7355/7098
Jägerhaus
Bodinggraben, Tel. ++43(0)7584/3407
Jugendherberge Losenstein (AV)
Tel. ++43(0)7255/6290
Krenbauernalm
Wurzeralm, Tel. ++43(0)7563/7257
Laussabaueralm
Hengstpass, Tel. ++43(0)3632/603
Linzer Haus (AV)
Wurzeralm, Tel. ++43(0)7563/237
Menaueralm
Bodenwies, Tel. ++43(0)3631/208
Mollner Hütte (TVN)
Gaisberg, Tel. ++43(0)7584/2980
Moststüberl Streicherberg
Großraming, Tel. ++43(0)7254/8493
Haus Nußbach-Wartberg (TVN)
Tel. ++43(0)7587/7175
Naturfreunde-Hotel Spital am Pyhrn
Tel. ++43(0)7563/681
Niglalm
Bodenwies, Tel. ++43(0)7357/358
Ochsenwaldalm
Haller Mauern, Tel. ++43(0)7583/634
Öhlerhütte
Wurzeralm, Tel. ++43(0)7562/7528
Pramfelderreith
Oberweng, Tel. ++43(0)7566/319
Prielschutzhaus (AV)
Totes Gebirge, Tel. ++43(0)664/1400789
Puglalm
Hengstpass, Tel. ++43(0)7562/7639
Rohrauerhaus (TVN)
Haller Mauern, Tel. ++43(0)7563/660
St. Sebald am Heiligen Stein, Jausenst.
Gaflenz, Tel. ++43(0)7353/201
Schaffereith
Hinterstoder, Tel. ++43(0)664/924250
Schobersteinhütte (TVN)
Schoberstein, Tel. ++43(0)7584/2035
Schüttbauernalm
Bodenwies, Tel. ++43(0)3631/203
Skiklub-Hütte
Wurzeralm, Tel. ++43(0)7563/321
Sonnrisshütte, Anton-Dupal-Hütte (TVN)
Bodenwies, Tel. ++43(0)664/1532618
Stallburgalm (TVN)
Almkogel, Tel. ++43(0)7355/6036
Stegreith, Talherberge (AV)
Spital/Pyhrn, Tel. ++43(0)732/773295
Steiner-Gütl
Vorderstoder, Tel. ++43(0)7564/8313
Steyrer Hütte (TVN)
Kasberg, Tel. ++43(0)7585/8269
Steyrsbergerreith
Vorderstoder, Tel. ++43(0)7564/5032
Thürbauer
Weyer, Tel. ++43(0)7355/6250

Unterrannerreith
Oberweng, Tel. ++43(0)7563/7247
Uwe-Anderle-Biwak (AV)
Sengsengeb., Tel. ++43(0)664/3075550
Viehtaleralm
Bodenwies, Tel. ++43(0)7449/314
Welser Hütte (AV)
Totes Gebirge, Tel. ++43(0)7616/8088
Wimmergreuth
Grünau/Almtal, Tel. ++43(0)7616/20009
Wurzeralm, Bergrestaurant
Tel. ++43(0)7563/271
Wurzeralm (TVN)
Tel. ++43(0)7563/621
Zellerhütte (AV)
Warscheneck, Tel. ++43(0)664/1668424
Zickerreith
Hengstpass, Tel. ++43(0)7562/8216

Salzkammergut und Dachstein

Adamekhütte (AV)
Dachstein, Tel. ++43(0)6136/8567
Albert-Appel-Haus (ÖTV)
Totes Gebirge, Tel. ++43(0)664/4669205
Almtalerhaus (AV)
Totes Geb., Tel. ++43(0)664/41096665
Blaa Alm
Altaussee, Tel. ++43(0)3622/71102
Boabauer
St. Wolfgang, Tel. ++43(0)6137/6996
Buchberghütte (Eisenauer Alm)
Schafberg, Tel. ++43(0)6227/2405
Christophorushütte
Feuerkogel, Tel. ++43(0)6133/5495
Dachsteinblick, Gasthof
Feuerkogel, Tel. ++43(0)6133/54942
Edelweiß, Gasthof
Feuerkogel, Tel. ++43(0)6133/5490
Edtalm
Gosaukamm, Tel. ++43(0)6243/2565
Ernst-Seidel-Haus (AV)
Gosau, Tel. ++43(0)732/773295
Feuerkogelhaus (TVN)
Tel. ++43(0)6133/5482 oder 6184
Feuerkogel-Hüttendorf
Tel. ++43(0)7612/66014-43
Födingeralm (Hubertushütte)
Weyregg, Tel. ++43(0)7664/2303
Gablonzer Hütte (AV)
Gosaukamm, Tel. ++43(0)6135/8465
Gasselhütte
Ebensee, Tel. ++43(0)6133/8416
Gmundner Hütte (AV)
Traunstein, Tel. ++43(0)669/12643190
Gmundnerberghaus (TVN)
Gmunden, Tel. ++43(0)7612/87604
Goiserer Hütte (AV)
Hochkalmberg, Tel. ++43(0)664/9872241
Grünbergalm (Grünberghaus)
Gmunden, Tel. ++43(0)699/11998551
Gupfalm
Weyregg, Tel. ++43(0)7664/2346
Haus Gapp (TVN)
Gosau, Tel. ++43(0)7612/47303
Henaralm (TVN)
Totes Gebirge, Tel. ++43(0)3622/54908
Himmelspforthütte
Schafberg, Tel. ++43(0)664/4331277
Hochberghaus
Kasberg, Tel. ++43(0)7616/8477
Hochleckenhaus (AV)
Höllengebirge, Tel. ++43(0)7666/7588
Hochkogelhaus, Ebenseer (TVN)
Totes Gebirge, Tel. ++43(0)6133/5324
Hochkreut, Gasthof
Altmünster, Tel. ++43(0)7618/8205
Hochsernerhof
Zell am Moos, Tel. ++43(0)6234/8217
Hochsteinalm
Traunkirchen, Tel. ++43(0)664/9875221
Hoisnradalm
Bad Ischl, Tel. ++43(0)664/2419591

Holzmeisteralm
Gosau, Tel. ++43(0)6136/8262
Hütteneckalm
Bad Goisern, Tel. ++43(0)6135/8940
Iglmoosalm
Hochkalmberg, Tel. ++43(0)6136/8418
Im Ramsen
St. Wolfgang, Tel. ++43(0)6137/5104
Ischlerhütte (AV)
Totes Gebirge, Tel. ++43(0)664/4877884
Katrinalm
Bad Ischl, Tel. ++43(0)6132/25142
Katrin-Stüberl
Bad Ischl, Tel. ++43(0)6132/27044
Kreuzingalm
Weyregg, Tel. ++43(0)7664/2449
Krippenbrunn, Bergdorf
Dachstein, Tel. ++43(0)4361/31276
Krippenstein Lodge
Dachstein, Tel. ++43(0)6135/8808
Lambacher Hütte (AV)
Sandling, Tel. ++43(0)3622/54882
Leislinghütte
Bad Goisern, Tel. ++43(0)6132/23564
Mittereckerstüberl (TVN)
Ebensee, Tel. ++43(0)664/4141748
Moststandl Zellgraber
Zell am Moos, Tel. ++43(0)6234/8381
Paulnangerhütte
Gosau, Tel. ++43(0)6136/8521
Pühringerhütte (AV)
Totes Gebirge, Tel. ++43(0)664/9833241
Ramsauer Alm
Gmunden, Tel. ++43(0)664/2830575
Raschberghütte (TVN)
Sandling, Tel. ++43(0)6135/6830
Rettenbachalm
Bad Ischl, Tel. ++43(0)6138/2647
Riederhütte (AV)
Höllengebirge, Tel. ++43(0)7752/81808
Rinnerstüberl (Rinnerkogelhütte)
Totes Gebirge, Tel. ++43(0)6133/6951
Rußbachbauer
St. Wolfgang, Tel. ++43(0)6137/5190
Sarsteinalm
Hoher Sarstein, Tel. ++43(0)6135/7023
Sarsteinhütte (TVN)
Hoher Sarstein, Tel. ++43(0)6131/213
Schafbergalpe, Gasthof
Schafberg, Tel. ++43(0)664/4354450
Schafbergspitze, Berghotel
Tel. ++43(0)6138/3542 oder 2232-18
Schilcherhaus
Dachstein, Tel. ++43(0)6131/596
Schönbergalm
Dachstein, Tel. ++43(0)6131/275
Schwarz (Almgasthof Zum Schwarz'n)
Aurach/Hongar, Tel. ++43(0)7662/2012
Seethalerhütte (Dachsteinwartehütte, AV)
Dachstein, Tel. ++43(0)3687/81036
Sepp-Huber-Hütte
Kasberg, Tel. ++43(0)7616/8228
Sepp-Stahrl-Talherberge (AV)
Gmunden, Tel. ++43(0)7612/63060
Simonyhütte (AV)
Dachstein, Tel. ++49(0)160/1803130
Sonnenalm
Gosaukamm, Tel. ++43(0)664/4428675
Sonnsteinhütte
Traunkirchen, Tel. ++43(0)7617/2555
Suaßbauer
Schwarzensee, Tel. ++43(0)6138/2362
Theodor-Körner-Hütte (AV)
Gosaukamm, Tel. ++43(0)6463/8534
Traunsteinhaus (TVN)
Traunstein, Tel. ++43(0)7612/65010
Weberhof am Berg
Mondsee, Tel. ++43(0)6232/36412
Wiesberghaus (TVN)
Dachstein, Tel. ++43(0)664/1627426
Wildenseehütte (AV)
Totes Gebirge, Tel. ++43(0)3622/54815
Zwieselalm
Gosaukamm, Tel. ++43(0)6136/8389

Böhmerwald
Tel. ++43(0)7281/20065, Fax 8051-6,
www.boehmerwald.at

Mühlviertler Kernland
Tel. ++43(0)7942/75700, Fax 75700-20,
www.muehlviertler-kernland.at

Mühlviertler Alm
Tel. ++43(0)7956/7304, Fax 7304-4,
www.muehlviertleralm.at

Mühlviertler Sterngartl
Tel. ++43(0)7213/6397, Fax 6397-13,
www.sterngartl.org

Donau
Tel. ++43(0)732/7277,
www.danube.at

S'Innviertel
Tel. ++43(0)7723/8555, Fax 8555-4,
www.sinnviertel.at

Vitalwelt Hausruck
Tel. ++43(0)7249/420710, Fax 42071-13,
www.vitalwelt.at

Nationalparkregion Ennstal
Tel. ++43(0)7254/8414-0, Fax 8414-4,
www.nationalparkregion.at

Nationalparkregion Steyrtal
Tel. ++43(0)7257/8411-13, Fax 8411-20,
www.oberoesterreich.at/Steyrtal

Pyhrn-Priel-Region
Tel. ++43(0)7562/5266, Fax 5266-10,
www.pyhrn-priel.net

Salzkammergut Marketing
Tel. ++43(0)6132/26909, Fax 2690914,
www.salzkammergut.at

Wolfgangsee Tourismus
Tel. ++43(0)6138/2239, Fax 2239-81,
www.wolfgangsee.at

Ferienregion Traunsee
Tel. ++43(0)7612/74451, Fax 71410,
www.traunsee.at

Bad Ischl
Tel. ++43(0)6132/277570, Fax 27757-77,
www.badischl.at

KOMPASS Karten

im Maßstab 1:50 000:
Nr. 18 Nördliches Salzkammergut
Nr. 19 Almtal – Steyrtal – Totes Gebirge
Nr. 20 Dachstein – Ausseerland
Nr. 70 Nationalpark Kalkalpen
Nr. 2024 Böhmerwald – Stausee Lipno

im Maßstab 1:25 000:
Nr. 018 Wolfgangsee – Mondsee
Nr. 020 Inneres Salzkammergut – Ausseerland

Digital-Map:
Nr. 4018 Salzkammergut Nord
Nr. 4029 Salzkammergut Süd
Nr. 4070 Nationalpark Kalkalpen

Inneres Salzkammergut
Tel. ++43(0)6135/8329-0, Fax 8329-74,
www.inneres-salzkammergut.at

Ferienregion Attersee
Tel. ++43(0)7666/7719, Fax 7719-19,
www.attersee.at

St. Georgen/Attergau
Tel. ++43(0)7667/6386, Fax 8448,
www.attergau.at

Grünau/Almtal
Tel. ++43(0)7616/8268, Fax 8895,
www.gruenau-almtal.at

Mondseeland
Tel. ++43(0)6232/2270, Fax 4470,
www.mondsee.at

Linz
Tel. ++43(0)732/7070-2920, Fax 700494,
www.linz.at/tourismus

Steyr
Tel. ++43(0)7252/53229, Fax 53229-15,
www.tourism-steyr.at

Wels
Tel. ++43(0)7242/43495, Fax 47904,
www.stadtmarketing-wels.at

Sämtliche Informationen und Tourenbeschreibungen dieses Buches finden Sie auch auf der beiliegenden CD. Mit ihrer Hilfe lassen sich Textpassagen bzw. einzelne Touren samt Karte einfach ausdrucken oder auf tragbare Pocket-PCs überspielen.
Legen Sie die CD in den Computer ein und öffnen Sie das darauf befindliche PDF. Zur Ansicht benötigen Sie das Programm Adobe Reader (das auch von der CD aus installiert werden kann).

Nun erscheint der digitale Wander-Atlas auf dem Bildschirm. Schneller und benutzerfreundlicher ist es, die Datei auf den Rechner zu kopieren und von dort aus zu starten.

Die „Lesezeichen“ auf der linken Seite führen Sie durch den Inhalt. Mit dem Zeichen „+“ gelangen Sie zu den „Unter-Lesezeichen“ der einzelnen Touren. Diese können Sie aber auch direkt im Inhaltsverzeichnis oder über die Tourennummern im Reise-Atlas anklicken. Die interaktiven Schaltflächen, die Sie zu Tourenkapiteln oder ergänzenden Websites weiterleiten, erkennen Sie am „Rollover-Effekt“: Der Cursor verändert sich von der „Hand“ zu einem „Finger“.

Alle angegebenen Internet-Adressen sind verlinkt – werden sie angeklickt, öffnet sich automatisch ihr Browser. Dies gilt auch für alle Begriffe, die im Text farblich hervorgehoben sind. Zahlreiche Ausgangs- und Zielpunkte, Einkehrmöglichkeiten, Sehenswürdigkeiten oder Infostellen finden Sie über die Suchfunktion im Adobe Reader: Wählen Sie auf der Menüleiste den Begriff „Bearbeiten“, drücken Sie dann „Suchen“ und geben Sie den gewünschten Begriff ein. Schneller geht's, indem Sie die Tasten STRG und F gleichzeitig drücken. Über die Hilfsfunktion des Adobe Reader finden Sie weitere nützliche Tipps zur raschen Navigation.

Über das Programm Adobe Reader for Pocket PC lässt sich der gesamte Wander-Atlas auch auf tragbare Geräte überspielen. Viel Spaß beim digitalen Schmökern!

Mühlviertel

und Donautal

Mühlviertler Highlights: Adalbert Stifters Lieblingsplatz über dem Plöckenstein und St. Thomas am Blasenstein.

Plöckenstein, 1378 m

Grenzgang auf höchster Ebene

Ausgangspunkt: Oberschwarzenberg, Parkplatz am Ende der öffentlich befahrbaren Straße oberhalb des Ortes, 930 m. Zufahrt von Schwarzenberg am Böhmerwald (zu Fuß 45 Min.).
Charakter: abwechslungsreiche Wanderung auf stellenweise steilen und steinigen Pfaden, bei Nebel kann die Orientierung im Wald schwierig werden. Grenzübertritt nach Tschechien nur von 1.4. bis 31.10. täglich 8–18 Uhr.
Gültigen Reisepass mitnehmen!
Gehzeit: auf den Plöckenstein 2 h, Rückweg mit den beiden Abstechern 2,5 h.
Einkehr: Gasthöfe in Schwarzenberg und Oberschwarzenberg.

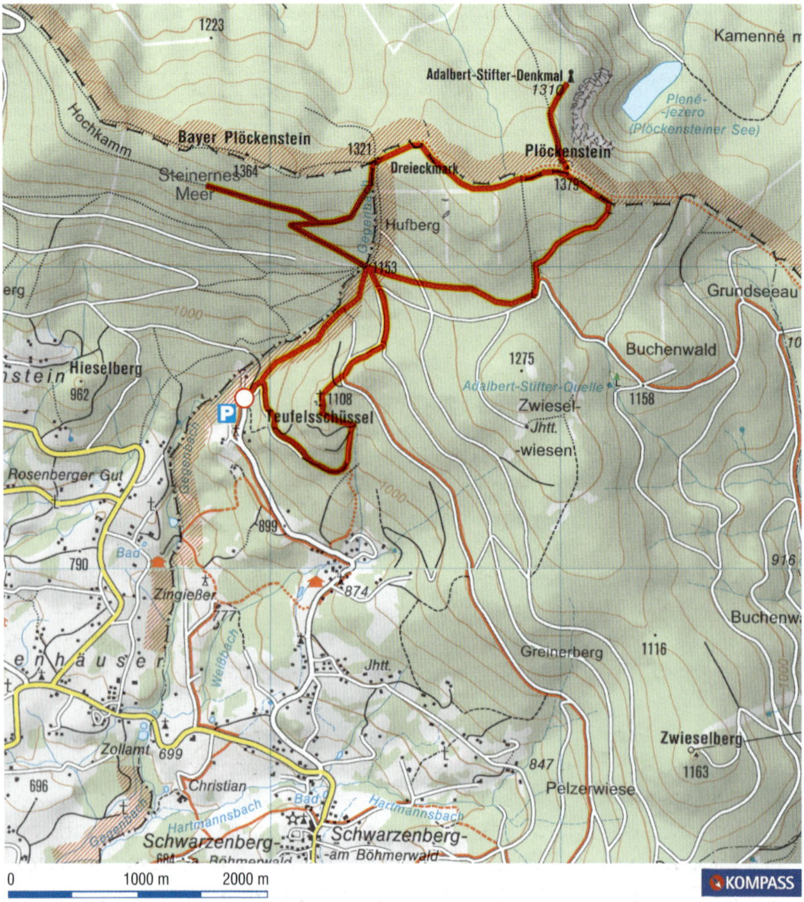

Die Seele (und die Beine) baumeln lassen: Rast im „Steinernen Meer".

„Auf diesem Anger, an diesem Wasser ist der Herzschlag des Waldes." Dieses Zitat von Adalbert Stifter, auf einem 15 m hohen Steinobelisken hoch über dem Plöckensteiner See eingemeißelt, ist das schönste Motto für diese Wanderung. Sie beginnt auf der Forststraße, die vom Startpunkt rechts zu den großen Granitfelsen mit den „Teufelsschüsseln" ansteigt.
Nach der Beschilderung „Dreiländerweg" geht es zum bayerisch-österreichischen Grenzübergang I/10, wo wir rechts auf den blauweiß markierten Nordwaldkammweg abzweigen. Bei einer Zollhütte links auf dem Pfad Nr. 39 b auf den Hauptkamm des Böhmerwaldes, auf dem man links den Plöckenstein erreicht. Von dort steigen wir auf tschechischem Gebiet zum Stifter-Obelisken an der Kante der Seewand ab – der Tiefblick zum Plöckensteiner See ist unvergesslich! Wir gehen wieder zum Plöckenstein hinauf und dann rechts zur Dreieckmark (Grenzstein am Dreiländereck zwischen Österreich, Bayern und Tschechien).
Hier nicht links auf dem „Böhmerwald-Rundweg" absteigen, sondern auf dem „Seesteig" auf der deutschen Seite. Er führt uns wieder zum Nordwaldkammweg (hier „Adalbert-Stifter-Steig"), der rechts einen lohnenden Abstecher ins nahe Steinerne Meer, eine große Blockhalde aus der letzten Eiszeit, ermöglicht. Zurück zur Abzweigung, scharf rechts hinab und wieder zum Grenzübergang I/10. Dort übersetzen wir nun den Bach, um jenseits rechts auf dem Steig mit der Markierung 33 zum Ausgangspunkt hinunterzuwandern.

Moldaublick – Bärenstein, 1077 m

Zwei Highlights auf einen Streich

Ausgangspunkt: Grünwald nördlich von Aigen-Schlägl, 940 m. Zufahrt von Aigen (zu Fuß vom Bahnhof Aigen-Schlägl auf dem Weitwanderweg 10 in 1 h).
Charakter: abwechslungsreiche Wanderung auf Forststraßen, Wanderwegen und steinigen Pfaden. Nicht überall beschildert, bei Nebel schwierige Orientierung.
Gehzeit: zum Moldaublick 1 h, über Sonnenwald zum Bärenstein 1,5–2 h, Abstieg nach Grünwald 30 Min.
Höhenunterschied: 450 m.
Einkehr: Gasthaus Panyhaus, Jausenstation Holzschauhaus und Blauer Hirsch.

Der Bärenstein bietet ein wirklich „bäriges" Gipfelerlebnis!

Wir wandern vom Parkplatz in Grünwald (Infotafel) gemäß der blau-weißen Markierung des Nordwaldkammweges Richtung Schöneben. Nach einem Bach zweigen wir rechts auf den beschilderten Moldaublickweg ab, auf dem wir eine Asphaltstraße erreichen. Diese führt rechts zum Moldaublick. Aussichtspunkt Nr. 1 entpuppt sich als luftiger Turm über dem Holzschauhaus: Der Blick von der Plattform schweift bis zum Moldaustausee.
Kurz wieder zurück, bis links ein breiter Waldweg abzweigt, der eine Forststraße quert und dann – links haltend – als steiniger Pfad zu einer weiteren Waldstraße hinabführt. Kurz nach links, dann wieder auf einem breiten Weg an der Veichtkapelle vorbei – und schon stehen Sie auf der Wiese des winzigen Weilers Sonnenwald. Links geht's zur Einkehr im „Blauen Hirsch", danach gehen wir in der umgekehrten Richtung – nach dem grünen Wegweiser „Böhmerwaldweg Aigen/Schlägl" – auf der Schotterstraße neben dem hier noch erhaltenen Schwarzenbergischen Schmemmkanal dahin (Näheres über dieses technische Relikt bei Tour 3). Achtung: kurz vor der Kesselbachschleuse rechts auf eine unbeschilderte Forststraße abzweigen, unter einer großen Schottergrube vorbei und dann rechts abbiegen. Oberhalb der Schottergrube vorbei und dann links abbiegen – ab hier ist die winterliche Loipe beschildert. Wir folgen ihr bald nach rechts Richtung Grünwald, bis wir rechts auf den breiten, wieder gut markierten Pfad zum Bärenstein einschwenken: Der felsige Aussichtspunkt Nr. 2 lässt sich auf Stufen erklimmen und bietet an schönen Tagen eine weite Rundsicht bis zu den Alpen. Für den Rückweg zum Ausgangspunkt stehen dann zwei kurze und gut markierte Waldpfade zur Auswahl.

Zur Steilstufe des Schwemmkanals

Das Wasser-Wunder im Böhmerwald

Ausgangspunkt: St. Oswald bei Haslach, 658 m.
Charakter: einfache Wanderung auf Forststraßen und guten Wegen; ein längerer Anstieg. Grenzübertritt nach Tschechien nur von 1.4. bis 31.10, täglich 8–18 Uhr. Gültigen Reisepass mitnehmen!
Gehzeit: kleine Runde 1,5 h; große Runde 2,5 h.
Höhenunterschied: 200 m.
Einkehr: Gasthäuser in St. Oswald und Oberhaag.

Nicht nur Venedig besitzt einen „Canale Grande“: Zwischen 1789 und 1824 entstand im Böhmerwald der Schwarzenbergische Schwemmkanal. Renovierte Abschnitte und mehrere kunstvoll konstruierte Bachquerungen machen den Stellenwert der vom Forstingenieur Joseph Rosenauer mit einfachsten Hilfsmitteln realisierten Anlage bis heute deutlich: Rund 14 Millionen Raummeter Brennholz wurden über diesen

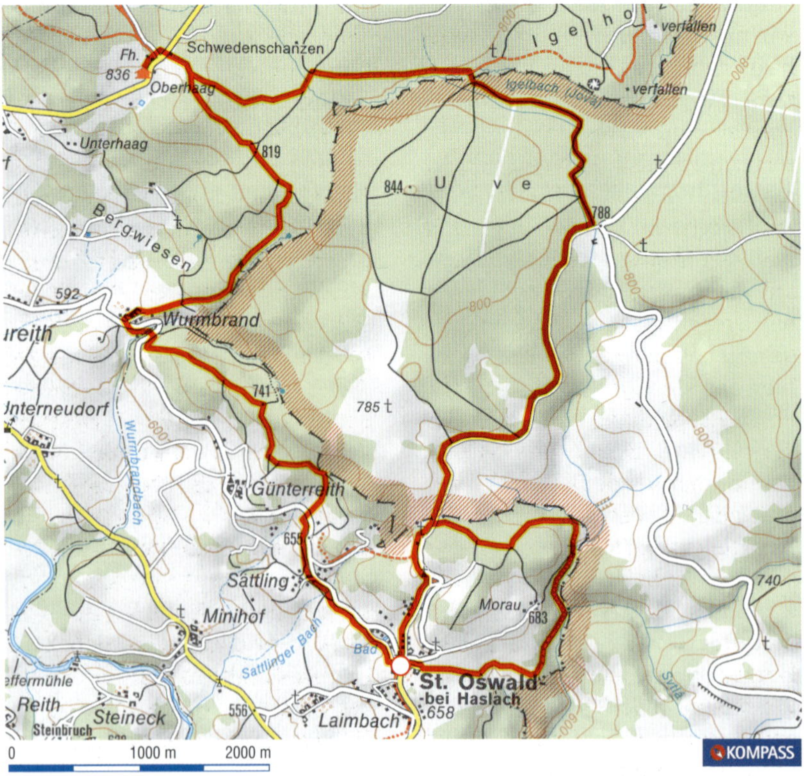

mehr als 50 km langen Kanal von den Zuflüssen der Moldau über die kontinentale Wasserscheide zur Großen Mühl transportiert. Auf der Donau gelangte das „grüne Gold" dann bis Wien.
Wir wandern von St. Oswald nach der Markierung des Schwemmkanalweges zunächst nach Osten über die Felder und durch einen Waldhang zum Zwettlbach hinab. Dort finden wir einen Grenzstein, der 1788 gesetzt wurde. Oberhalb davon entstand der interessanteste Abschnitt des Schwemmkanals: die 800 m lange und mit Steinen ausgelegte „Steilstufe", die wir nun bergwärts begleiten. Oben wenden wir uns nach links und erreichen bald wieder die Straße. Nun gibt es zwei Möglichkeiten: Wer gleich wieder zum Ausgangspunkt zurückkehren möchte, wandert links am alten Zollhaus vorbei und nach St. Oswald hinab. Wer den Böhmerwald noch ein wenig erkunden will, biegt rechts ab, überschreitet die Grenze nach Tschechien und gelangt auf der Forststraße ins Gebiet der einstigen Ortschaft Koranda (Rosenhügel), wo der heute verschüttete Kanal den Hauptkamm überwand. Dort links und gleich darauf wieder rechts zum Iglbach (Grenze). Auf der österreichischen Seite links zum Gasthof in Oberhaag. Kurz davor quert der blau-weiß markierte Nordwaldkammweg, auf dem man links über Wurmbrand und Sattling - zuletzt am besten auf der Straße - nach St. Oswald zurückmarschiert.

Steile Sache: der Schwemmkanal.

Webermarkt Haslach

Der Flachs – „'s Haar" – prägte das Gebiet um den Böhmerwald einst wie keine zweite Kulturpflanze. Sein Anbau, die Herstellung von „Leiwat" (Leinwand) und der Handel mit Webgut brachten Arbeit und Auskommen, vor allem in der Gegend um Haslach, wo heute noch Webereien bestehen. Im historischen Ambiente des Ortes wird jedes Jahr im Juli ein Webermarkt abgehalten, bei dem man von traditionellen Textilien bis zu künstlerischen Leinenkreationen alles bekommt. Das örtliche Webereimuseum beleuchtet die Geschichte dieses Gewerbes, während die „Textile Kultur Haslach" mit Webkursen und Workshops eine Brücke zwischen Kunst und Industrie bildet. Eine Ölmühle bürgt dagegen für die kulinarische Flachsverwertung: Aus den Leinsamen presst man goldgelbes Leinöl, das mit seinem typischen, anfangs etwas herben Geschmack viele Speisen aufwertet – probieren Sie nur einmal Leinölerdäpfel! Das gesundheitsfördernde Öl erhalten Sie im Mühlviertel sogar in Supermärkten.
Info: www.oberoesterreich.at/haslach

MÜHLVIERTEL & DONAUTAL

Ameisberg, 941 m
Toskana auf Mühlviertlerisch

Ausgangspunkt: Sarleinsbach, 561 m.
Charakter: einfache Wanderung auf gut beschilderten Wald- und Wiesenwegen.
Gehzeit: auf den Ameisberg 2,5 h, Abstieg 2 h.
Höhenunterschied: 450 m.
Einkehr: in Sarleinsbach, Hohenschlag und auf dem Ameisberg.

Sehnsucht nach dem Süden? Klicken Sie einfach die Internetadresse www.ameisberg.at an! Dann sehen Sie auf dem Computerschirm nicht nur eine altehrwürdige Aussichtswarte samt ebensolcher Gaststube aus dem Jahre 1904, sondern auch Zypressenhügel, Olivenhaine und Chiantiflaschen. Die neuen Gastgeber auf dem Ameisberg holen allerlei Leckereien direkt aus der Toskana und verkaufen sie im eigenen Spezialitätenladen. Am besten schmecken sie natürlich im gemütlichen Wintergarten unter der Ameisbergwarte oder im Wald-Gastgarten davor.
Wer beim 360°-Panorama von der Plattform des Steinturms eher heimatliche Gefühle bekommt, wird natürlich auch mit Bodenständigem verwöhnt.
Allerdings: Das kulinarische Gip-

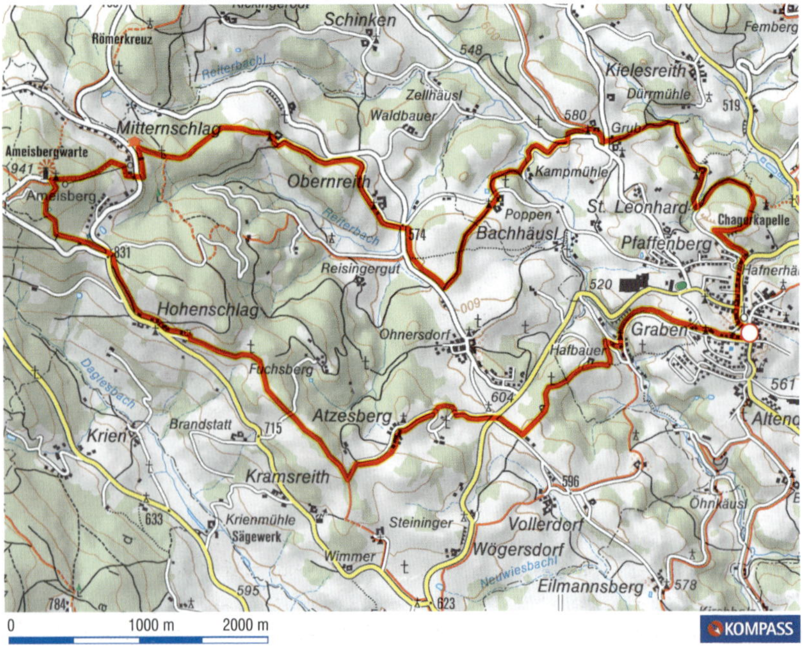

felerlebnis will verdient sein - etwa mit der Begehung des 17,7 km langen Bergkräuterweges, für den man sich thematisch im Kräutergarten beim Erlebnishof Kräutermandl in Sarleinsbach einstimmen kann.
Vom Marktplatz mit seinen schönen Bürgerhäusern und Arkadengängen zeigen die Holzschilder des Bergkräuterweges zunächst gemeinsam mit anderen Routen über die „Warth" zum Naturbad in der Ortschaft Graben. Jenseits des Baches geht's zum hopfenreichen Hofbauern hinauf und über die „Schöne Aussicht" nach Atzesberg. Bald darauf heißt es rechts abzweigen. Noch ein Stück weiter, auf dem Fuchsberg, geht man links auf dem Weg Nr. 150 zur ersten Einkehrmöglichkeit in Hohenschlag.

Auch im Winter ein Erlebnis: die Ameisbergwarte.

Weiter oben erreicht man die Straßenteilung unter dem Ameisberg, von der es kurz nach links geht. Zuletzt steigen wir auf einem Waldpfad zur Ameisbergwarte empor.
Der steile Abstiegsweg führt neben einem sommerlich verwaisten Skilift nach Mittenschlag. Bald darauf links abbiegen. Durch dunklen Tann, über Wiesen und einmal kurz der Straße folgend wandert man sodann nach Obernreith. Kurz danach wird eine Straße überquert; links geht's nach Poppen weiter. Unter der mächtigen Linde bei der Kapelle sieht man, dass es nun nicht mehr weit zum Ausgangspunkt ist. Ein allerletzter Anstieg erwartet Sie zwischen der Kampmühle und dem Weiler Grub. Vorbei an den Fischteichen und der Chager-Kapelle kehrt man schließlich nach Sarleinsbach zurück. Zum Schluss schwenken Sie auf den 100-Puls-Steig ein: Bei optimaler Fettverbrennung sind die „Toskana-Sünden" schon wieder verpufft!

Hansberg – Waxenberg

Da liegt der Hund begraben!

Ausgangspunkt: St. Veit im Mühlkreis, 686 m. Zufahrt von Linz über Gramastetten.
Charakter: abwechslungsreiche Wanderung auf Güter-, Wald- und Wiesenwegen, herrliches Panorama mit vielen Ausblicken bis zu den Alpen.
Gehzeit: 4,5 h.
Höhenunterschied: 400 m.
Einkehr: in allen Orten am Weg.

Es ist eine wahre Begebenheit aus dem frühen 17. Jahrhundert: Ritter Sigmund Hager zu Alleinstein war auf der Flucht und rastete unter einem Baum, wobei er einschlief. Als die Feinde nahten, weckte ihn sein Hund mit dem seltsamen Namen Delphin durch einen kräftigen Biss ins Ohr. Der Edelmann konnte sich gerade noch retten. Als sein treuer Gefährte 1612, im Alter von 17 Jahren, in die ewigen Jagdgründe einging, stiftete er ihm einen eigenen Grabstein: „Mein Herrn hab ich mit Droi bewacht, drum ist mir der Stain gemacht“, steht auf einer Steinplatte, die heute an der Mauer des Gasthofs Klosterhof, des ehemaligen Wasserschlosses von St. Veit, zu sehen ist. Gut möglich, dass damit die Redensart „Da liegt der Hund begraben!“ entstand.

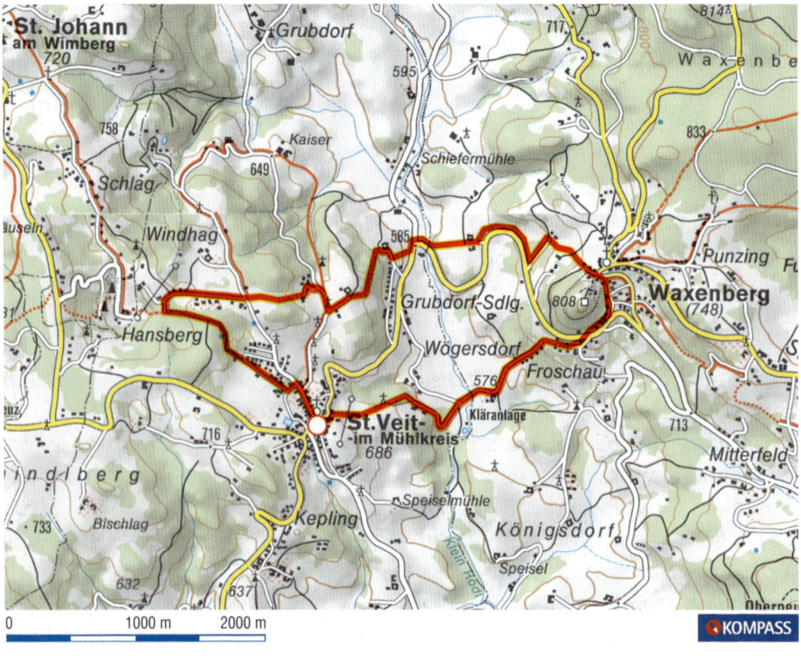

Von der Pfarrkirche St. Veit - sie birgt ein Gemälde des Kremser-Schmidt - gehen wir zum Freizeitzentrum, bei dem sich ein Feuchtbiotop mit großem Schilfbestand befindet. Danach biegen wir links auf den Wanderweg Nr. 1 ab (Beschilderung „Hansberg"). Bald wandern wir durch Mischwald bergauf, bis unser Weg in den Mühlviertler Mittellandweg Nr. 150 einmündet. Auf diesem nach links, über die Skiliftwiese und in steilen Serpentinen auf den Hansberg, auf dem drei Sendemasten, ein Jugend-Erholungsheim mit Kapelle sowie ein Steintisch aus dem Jahre 1643 stehen.

Nach der Gipfelrast steigen wir auf der gleichen Route ab, bleiben dann aber auf dem Mittellandweg Nr. 150, der bald links einem Güterweg hinabfolgt. Ab einer Querstraße geht es auf Wiesen- und Waldwegen zu den nächsten Häusern. Dort kurz rechts Richtung St. Veit und dann links zur Hauptstraße im Tal der Kleinen Rodl hinab. Wieder steil ansteigend zur oberen Straßenkehre und schließlich durch Wiesen nach Waxenberg hinauf. Der Burgruine aus dem 12. Jahrhundert widmen wir natürlich einen Abstecher. Von ihrem 30 m hohen Turm überblickt man das halbe Mühlviertel - und unseren letzten Wegabschnitt: Wir beschreiten aus der scharfen Kurve vor dem Ort die Straße mit der Markierung Nr. 62 Richtung St. Veit, folgen kurz der Hauptstraße und wandern dann oberhalb der Froschau zur Kleinen Rodl hinunter. Durch den jenseitigen Hang geht's - nach der Brücke geradeaus und dann rechts haltend - zum Ausgangspunkt hinauf.

Burgenromantik in Waxenberg

In St. Veit liegt der Hund begraben.

Nach Maria Rast
Was in Helfenberg hilft

Ausgangspunkt: Helfenberg, 567 m.
Charakter: einfache und abwechslungsreiche Wanderung auf stillen Forst- und Wiesenwegen.
Gehzeit: 2–2,5 h.
Höhenunterschied: 300 m.
Einkehr: Gasthäuser in Helfenberg und nördlich von Maria Rast.

Im idyllischen Tal der Steinernen Mühl liegt Helfenberg. Der seltsame Name kommt einer Sage zufolge von jenem Berg, auf dem die ersten Siedler ursprünglich ihre Kirche bauen wollten. Der Teufel, dem dies natürlich schwer missfiel, warf das Baumaterial immer wieder ins Tal

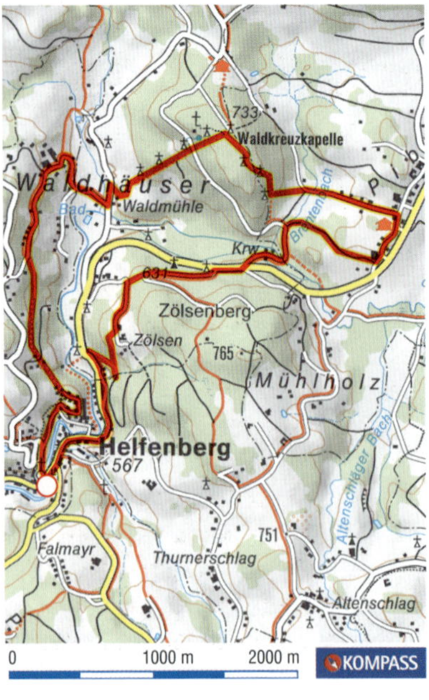

hinunter. Es half nicht einmal, dass die frommen Leute zur Gottesmutter „Hilf am Berg“ beteten: Nach einigen teuflischen Auseinandersetzungen wurde die Kirche eben doch am Ufer der Steinernen Mühl gebaut. Freude hatte der Gottseibeiuns damit natürlich auch keine. So begann er eines Nachts oberhalb des Ortes eine Staumauer aus riesigen Felsblöcken aufzutürmen, um das Tal zu ersäufen. Mit dem ersten morgendlichen Hahnenschrei war seine Macht aber gebrochen – die Steine kollerten ins Bachbett, wo sie heute noch liegen. Wenn wir von Helfenberg ein Stück Richtung Vorderweißenbach, rechts nach der rot-weiß-roten Markierung zum Weiler Zölsen hinauf und wieder zu einem alten Sägewerk hinabwandern, sehen wir sie schließlich auch: Durch eine Kraftwerksleitung fast trockengelegt, machen sie dem Namen „Steinerne Mühl“ alle Ehre. Weiter geht's auf dem Weberlandrundweg, der hier mit Spruchtafeln ausgestattet wurde, zum gastlichen Frellerhof (Wirt in Piberschlag). Links weiter, bis man den Steig nach Maria Waldrast erreicht. Er führt rechts durch einen steilen, felsübersäten Waldhang hinauf und an einigen Bildstöcken vorbei. Mitten im Wald stehen wir plötzlich vor der gar nicht so kleinen, im 19. Jahrhundert erbauten und oft auch „Waldkreuzkapelle“ genannten Steinkirche. Ein kleiner Anbau birgt ein seltsames Heiligtum: einen respektablen Granitstein, der früher im Freien stand und dessen schalenartige Vertiefungen mit Wasser gefüllt waren. In einer davon soll Maria das Jesuskind gebadet haben. Ähnliche Kultsteine gibt es im Mühl- und Waldviertel so häufig, dass der kleine Knabe kaum aus dem Wasser gekommen sein dürfte. Das kühle Nass galt jedenfalls als heilkräftig. Die Kirche selbst soll von einer kranken Gräfin gestiftet worden sein, die durch das Wasser wieder gesund wurde. 1785 wurde die Wallfahrt nach Maria Rast verboten, sie lebte aber bald wieder auf. Recht gesund muss auch jene Quelle sein, die ein wenig unterhalb der Kirche im Wald entspringt. Sie sprudelt in einem winzigen Holzhäuschen mitten aus dem Herzen einer Figur, die den toten Jesus im Schoß seiner Mutter darstellt. Vergilbte Heiligenbilder an den Wänden dokumentieren eine Volksfrömmigkeit, die - wie auch das Steinheiligtum - vermutlich auf heidnische Urzeiten zurückgeht.

Entlang des moderenen Kreuzweges wandern wir nun zur Waldmühle hinab. Im hier einmündenden Tal gibt es auch noch einen verwunschenen Heuschober, der während eines Gewitters versteinert sein soll. Vor dem Freibad wenden wir uns nach rechts (Nr. 27) und gehen zum Waldhof hinauf. Dort links abbiegen und nach Helfenberg zurück.

Unterwegs im Hügelland um Helfenberg: Zahlreiche Themenwege bieten Abwechslung.

Gehen & sitzen bleiben

Wenn es um originelle Wander-Ideen geht, zählt das Mühlviertler Weberland zur Weltspitze: Neben einigen „Zeitalter-Wanderwegen“ zu verschiedenen Themen verlockt vor allem der „Bankerlsteig“ zu einer Wanderung der ganz besonderen Art. Er führt vom „Jahrhundert-Webstuhl Wenzl 2000“, der auf dem Ortsplatz von Helfenberg in 100 Jahren einen 2213 m langen Teppich webt, ins 7,2 km entfernte St. Stefan am Walde hinauf. Der Clou dabei: Neben dem Weg stehen Sitzgelegenheiten aller Art und in jeder Größe – von der urigen Steinbank bis zum Riesensessel.

Info: www.oberoesterreich.at/helfenberg

Der Schmugglerweg

Zollfrei durch die Donauleiten

Ausgangspunkt: Kraftwerk Jochenstein im Donautal zwischen Engelhartszell und Passau, 291 m.
Charakter: einfache Wanderung für die ganze Familie. Ein längerer Anstieg, Abstieg auf einem schmalen und steinigen Steig. Ein interessanter „Schmugglerpass" mit vielen weiteren Tourenvorschlägen ist im Tourismusbüro Engelhartszell erhältlich. Reisepass nicht vergessen!
Gehzeit: 3–4 h.
Höhenunterschied: 250 m.
Einkehr: in Engelhartszell, Jochenstein, Gottsdorf und Pühret.

Auf der einen Seite beteten die Trappisten im Stift Engelszell, auf der anderen schlichen Schmuggler durch die Dämmerung: Anno 1765 „wanderte" die Grenze zwischen Bayern und Österreich westwärts, wodurch die Gemeinde Neustift ins Mühlviertel kam. Die deutlichen Preisunterschiede zwischen hüben und drüben ließen so manchen Zeitgenossen zum Rußtopf greifen: Geschmuggelt wurde fast alles – vom Salzfass bis zu ganzen Ochsen. Soviel haben heute die wenigsten auf-

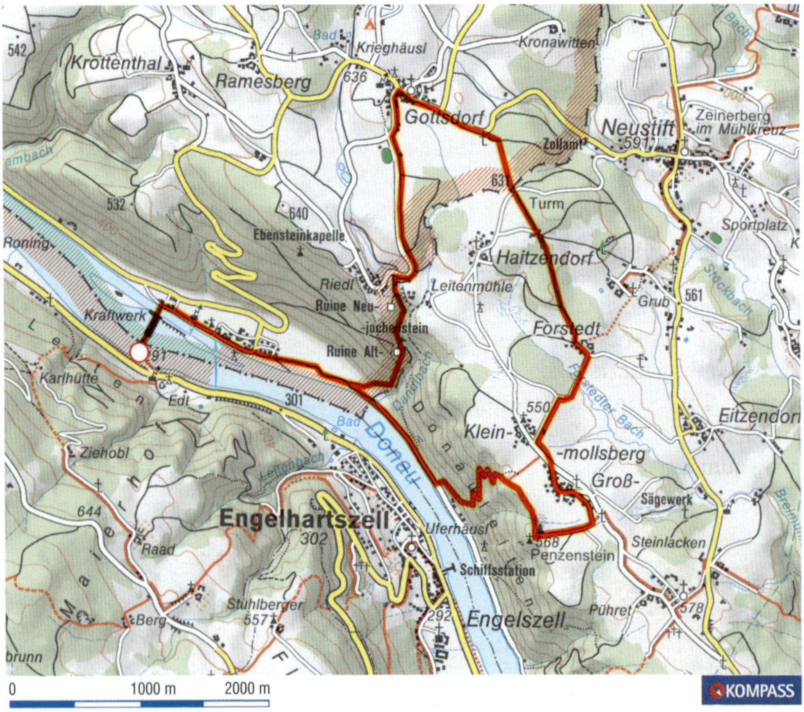

geladen, die in Engelhartszell starten und auf dem Treppelweg neben der Donau zum 2 km entfernten Kraftwerk Jochenstein marschieren. Hier überqueren wir den Fluss und damit die Grenze. Drüben wandern wir auf der Straße 500 m flussabwärts, um dann links abzuzweigen, die Straßenkehre abzukürzen und auf dem „Öttlsteig" zur Ortschaft Riedl anzusteigen. Bei einem Trafo zweigen wir rechts auf die Asphaltstraße nach Gottsdorf ab. Rechts an der Kirche vorbei und ca. 600 m Richtung Neustift zur Grenztafel; dort zweigt der beschilderte Schmugglerweg rechts ab. Folgen Sie dem Wegweiser „zum 47er-Grenzstein" nach rechts (Rastplatz mit Infotafel). Weiter geht's über Forstedt nach Kleinmollsberg und am besten auf der Straße durch Großmollsberg, bis man rechts zur Kapelle am Panoramapunkt Penzenstein gelangt. Kurz davor führt rechts ein Wiesenpfad wieder zum Schmugglerweg zurück. Es folgt der Abstieg auf dem „Frauensteig" durch die Blockhalden der steilen Donauleiten. Zwischen April und Oktober beschließt eine Donaufahrt mit der Engelhartszeller Radfähre unsere Tour – in der übrigen Zeit muss man rechts auf dem Treppelweg zum Kraftwerk Jochenstein zurückwandern.

Vom Penzenstein (oben) zum Kloster (unten).

Stift Engelszell

Schon anno 1293, als der Passauer Bischof Wernhard von Prambach die „Cella angelorum" stiftete, wurde der Donauort Engelhartszell als „angenehme Erholungsstätte für Leib und Seele" beschrieben. Heute ist Engelszell das einzige Trappistenkloster Österreichs. Über das Wirken der Mönche informiert dort eine Ausstellung – doch die Mönche sind auch für ihre heilsamen Klosterliköre und den Trappistenkäse bekannt. Die Stiftskirche – einer der stilistisch reinsten Rokoko-Sakralbauten Österreichs –, die barocke Marktkirche, das Kaiserliche Mauthaus, das 400 Jahre alte Hufschmiedemuseum und die historischen Markthäuser tragen ebenfalls zum Reiz des Marktes bei. Etwa 5 km oberhalb davon, in der Ortschaft Mühlbach, besteht eine weltweit wohl einzigartige Attraktion: ein Forellenzirkus. Dort zeigen Fische allerlei Kunststücke, spielen Fußball und springen durch Reifen. Daneben ist ein „Venezianer-Sägegatter" von 1820 zu bestaunen (täglich 10–12 und 14–17 Uhr). Info: www.oberoesterreich.at/engelhartszell

Ins Rannatal

Tief droben

Ausgangspunkt: Rannamündung, 250 m. Zufahrt von der Bundesstraße Eferding – Passau über die Donaubrücke bei Niederranna (zwischen Mai und Oktober auch per Schiff aus Richtung Linz).
Charakter: einfache und landschaftlich sehr interessante Wanderung auf breiten Wegen bzw. schmalen Pfaden, die bei Nässe rutschig werden. Achtung: Die Furten im Rannatal sind bei Hochwasser nicht begehbar!
Gehzeit: zur Rannasperre 1,5 h, Rückweg 1,5 h.
Höhenunterschied: 350 m.
Einkehr: Gasthäuser in den umliegenden Orten.

So hat der liebe Gott das Gebirge geschaffen: Unten breiten sich die Wiesen aus, dann kommt der Wald, und ganz oben liegen die Felsen. Im Rannatal ist es genau umgekehrt: Wenn Sie von der Donau in den gewundenen Graben hineinspazieren, stehen Sie bald vor wild durcheinander gewürfelten, von einzigartigen Moosen und Flechten bewachsenen Granitblöcken. Sie sind während der Eiszeit aus den Steilhängen gestürzt und zaubern ein alpines Flair auf nicht einmal 300 m Seehöhe. „Verlorenes Reith" nannten die Einheimischen diese romantische Gegend - vielleicht in der Erinnerung an einen verschwundenen Siedlungsplatz (Reith = Rodung). Nach den Plänen der E-Wirtschaft soll das landschaftlich und ökologisch so einmalige Tal tatsächlich in den Fluten eines riesigen Stausees verloren gehen. So wandern wir also nachdenklich von der Rannamündung nach der Markierung Nr. 35 taleinwärts. Vor der alten Holznagelfabrik schwenken

Im rauen Tal der Ranna verbergen sich interessante Naturwunder.

wir links ein – auf die sanft ansteigende Forststraße, die zwischen Wäldern, Heidelbeergestrüpp und Blockhalden 13-mal das Bachufer wechselt. Brücken gibt es hier keine, wir müssen durch Furten waten. Schließlich plätschert der Bach im Talgrund immer karger: Der Grund dafür ist die Staumauer, vor der Sie auf Stufen zum wilden Felsen der Teufelskirche mit ihrer Christophorusstatue ansteigen.

Neben der Krone des Dammes, der den Rannasee aufstaut, erreichen Sie den mit Nr. 110 markierten Falkensteinerweg, den Sie in der Folge nach Süden, also Richtung Altenhof, begehen. Er quert hoch über dem Rannatal neben einer Wasserzuleitung (in der das kühle Nass stellenweise sogar bergauf gedrückt wird) in den felsigen Waldhang hinein – durch einen Tunnel, neben Drahtseilen und auf gut abgesicherten Holzstegen. Es folgt der Anstieg durch einen Seitengraben zur Hofmühle und zur Landesstraße, deren Kehren nach Altenhof auf einem Wiesenweg abgekürzt werden. Nach dem Abstecher durch die Lindenallee zum Schloss marschieren wir zum südlichen Ortsende, wo rechts wieder der Wanderweg abwärts führt. Er zieht durch die steile Rannaleiten zu einem Felsriegel, auf dem die Ruine der 1163 erstmals erwähnten Burg Falkenstein steht, und zieht schließlich zur Fabrik vor der Rannamündung hinunter.

Ins Kleine Kösslbachtal

Naturerlebnis „Donau-Dschungel"

Ausgangspunkt: die Kösslbachbrücke an der Bundesstraße zwischen Wesenufer und Engelhartszell, 250 m (westlich der Donaubrücke und gegenüber von Niederranna).
Charakter: landschaftlich sehr interessante Wanderung auf Güterwegen, Forststraßen und schmalen Pfaden, die bei Nässe rutschig werden.
Gehzeit: bis Atzersdorf 1,5–2 h, zurück 1,5 h. Rundtour über Waldkirchen 4 h.
Höhenunterschied: 350 m.
Einkehr: in Wesenufer, Atzersdorf, Aichberg und Waldkirchen.

Auf der Südseite des Donautals, wo sich der Sauwald als Innviertler Anteil des Granithochlandes erhebt, findet man mehrere steile Gräben. Sie entstanden – so wie das Rannatal – vor Millionen von Jahren, als sich die Donau erst ihren heutigen Weg bahnte. Je tiefer sie sich durch das Gestein fraß, umso mehr frästen sich auch ihre Seitenbäche ein. Im Unterschied zum Rannatal finden wir im Kleinen Kösslbachtal (das eigentlich ein „Kesselbachtal" ist) jedoch eine spätere Entwick-

Grüne Romantik umfängt die Wanderer auf der „Sauwald-Seite" der Donau.

lungsstufe vor: Hier wurden die während der Eiszeit abgesprengten Felsblöcke bereits vom Pflanzenwuchs überwuchert.

Das gibt ihm auch seinen romantischen Anstrich, und deshalb wurde es auch – wie eine Tafel am Beginn unseres Weges verrät – zum Naturschutzgebiet erklärt. Wir folgen der markierten Forststraße durch die steilen, oft auch felsigen Hänge über dem Kleinen Kösslbach, bis wir nach etwa 30 Min. rechts auf den Mitterweg abzweigen. Auf diesem schmalen Pfad steigen wir zwischen dem fast dschungelartigen Baumbestand und den urigen Blockhalden der Kösslbachleiten höher. Im Schluchtwald herrscht sogar ein ganz eigenes Klima, feucht und an heißen Hochsommertagen recht schwül. Weiter oben nimmt die Steilheit des Geländes ab, wir erreichen den Rand der hügeligen Hochfläche und damit das Bauernland. Auf der links einmündenden Straße kommen wir nach ca. 2 km zum Gasthaus Sigl in Atzersdorf. Wie der Name „Vierviertelblick" schon verrät, schaut man hier wirklich über alle Bereiche des Landes – vom Böhmerwald bis zum Hausruck und zum Traunstein.

Wer nicht auf dem gleichen Weg zurückkehren möchte, kann eine längere Rundwanderung über Aichberg und Waldkirchen unternehmen (Markierung Nr. 2). Von dort geht's auf dem Wanderweg Nr. 1 im schrägen Abstieg durch die Donauleiten zur Bräukapelle (in deren Inneren eine heilsame Quelle sprudelt) und nach Wesenufer. Bis zur Kösslbachbrücke geht man auf dem Treppelweg entlang der Donau und dann noch 500 m neben der Bundesstraße – wer die große Runde vorhat, sollte also in Wesenufer starten und diesen Abschnitt gleich hinter sich bringen.

Feldbahnweg & Erlebniswelt Granit

Stonehenge im Mühlviertel

Ausgangspunkt: Plöcking, 475 m. Zufahrt von St. Martin im Mühlkreis oder Kleinzell. Man kann aber auch in Untermühl starten.
Charakter: einfache Wanderung auf breiten Wegen, nur der schmale „Jagasteig" oberhalb von Untermühl ist steil und mitunter rutschig. Die Route ist gut beschildert.
Gehzeit: 2,5 h.
Höhenunterschied: 200 m.
Einkehr: in Untermühl.

Was haben der Neue Dom in Linz, etliche Prachtbauten an der Wiener Ringstraße und so manche Brücke oder Wegpflasterung mit dem Mühlviertel gemeinsam? Sie bestehen alle aus dem gleichen „Rohstoff". Seit Jahrhunderten schätzen Bauherren den hellen Neuhauser Granit, der in der Gegend um St. Martin im Mühlkreis gebrochen wird, als gefälliges und widerstandsfähiges Baumaterial, das man mit den „Siebnerinnen" (speziellen Transportzillen) weit donauabwärts handelte. Die Nachfrage stieg ständig und so ratterte zwischen 1872 und 1925 eine eigene Feldbahn vom Luisen-Steinbruch bei Plöcking bis zur Donau.
Zur Einstimmung in die Thematik kommt die neu angelegte „Erlebniswelt Granit" in Plöcking sehr gelegen: Mehr als 150 steinerne Exponate garantieren hier geologische Aha-Erlebnisse. Die Welt der Mühlviertler Steine wird durch zahlreiche „auswärtige" Blöcke, alte Maschinen, einen historischen Steinbruch und eine imposante Granitarena ergänzt. Das auf – natürlich steinernen – Tafeln vermittelte Know-how lässt sich auf Rastplätzen rekapitulieren, während die Kleinen durch die Gänge der eigens aufgeschichteten „Burg Plöckenstein" kriechen. Im Licht der Abendsonne weckt sie fast Assoziationen an das

englische Steinwunder Stonehenge. Vom unteren Ende der Erlebniswelt wandern wir links auf den Feldbahnweg. Die Schienen der einstigen Feldbahn sind zwar längst verschwunden, doch die Trasse besteht bis heute und auch zwei eiserne Loren (Waggons) sind noch zu sehen. Bald erreichen wir das große Schloss Neuhaus, das die Passauer Bischöfe im 12. Jahrhundert über der Donau errichten ließen. Das heutige Aussehen der 300 m langen Anlage mit ihrem fünfeckigen Bergfried und dem originellen Uhrturm geht auf das 18. Jahrhundert zurück, während die schnurgerade Hainbuchenallee vor dem Tor aus dem Jahre 1685 stammt.

Der zweigleisige Bremsberg, mit dem die Granitbahn den steilen Hang unterhalb des Schlosses zur Donau hin überwand, galt seinerzeit als technische Meisterleistung. Durch seinen alten Viaduktbogen und in einigem Auf und Ab gelangen wir von der einstigen Bremsberg-Station zum schmalen „Jagasteig“, der durch die steile Donauleiten zum großen Strom hinunterzieht. Schließlich geht's am Kettenturm vorbei und nach Untermühl hinüber.

Wir gehen zur Brücke an der Mündung der Großen Mühl, wandern danach taleinwärts zum Kraftwerk Partensein und steigen rechts auf dem Feldbahnweg durch den Diesenbachgraben zum Luisen-Steinbruch an. Von dort ist es rechts nicht weit zum alten Herrenhaus und zur „Erlebniswelt Granit“.

Stonehenge? Nein, Granit-Erlebnis!

Hopfen & Malz

Im Mühlviertel kommt man da und dort an Hopfenkulturen vorbei. Die hoch aufragenden Pflanzen erinnern daran, dass man sich hier (wie auch im Land am Inn) in einer traditionsreichen „Bierregion“ befindet. Von den einst 86 Brauereien produzieren heute noch sechs höchst unterschiedliche Betriebe Helles und Dunkles: Österreichs älteste Privatbrauerei im nahen Hofstetten (die den Gerstensaft noch in seiner Urform, nämlich als „Kübelbier“ anbietet), die Klosterbrauerei im Stift Schlägl (wo u. a. noch Roggenbier hergestellt wird), Oberösterreichs erste Gasthausbrauerei im Schloss Weinberg bei Kefermarkt, die Clam'sche Burgbrauerei in der Nähe von Grein, die Braucommune Freistadt (an der alle Bürger, die innerhalb der Stadtmauern wohnen, einen Anteil besitzen) und das Neufeldner Bräuhaus (Spezialitäten: Bierbrand und Hopfenbitter). Die „Mühlviertler Bier-Wirte“ servieren dazu Spezialitäten wie Hopfenspargel oder Bierschnitzel.

Info: www.bierreise.at

Dem Pesenbach entlang

Vom Kneipp-Bad zum Kerzenstein

Ausgangspunkt: Bad Mühllacken, 278 m.
Charakter: einfache Wanderung auf gut markierten, aber stellenweise schmalen und rutschigen Wegen und Pfaden.
Gehzeit: 3–4 h.
Höhenunterschied: 100 m.
Einkehr: Gasthöfe in Bad Mühllacken, Schlagerwirt.

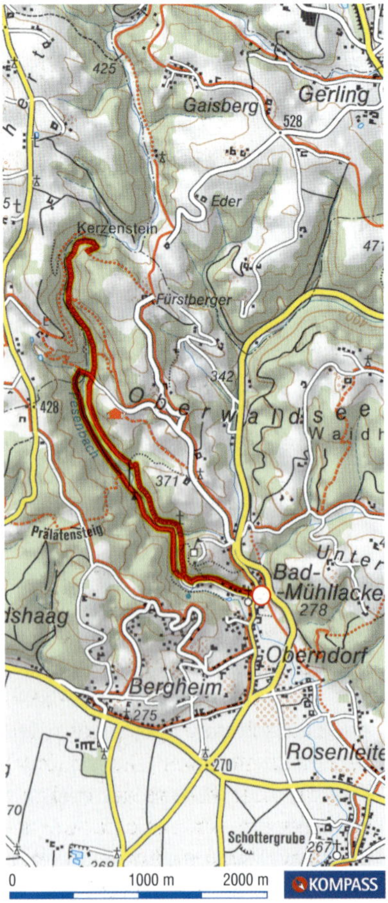

Müde? Schlapp? Abgespannt? Dagegen gibt es zwei Möglichkeiten: entweder eine belebende Kneippkur bei den Marienschwestern in Bad Mühllacken oder eine Wanderung ins Pesenbachtal, das beim dortigen Kurhaus ins Flachland mündet. Die Route in die romantische, unter Naturschutz gestellte Waldschlucht führt zunächst zum Naturbad, zur Quellfassung für den Kurbetrieb und zur Klausbrücke; dazwischen verlockt der bergwärts abzweigende, steile und serpentinenreiche Schustersteig zu einem Abstecher zur Ruine Oberwallsee.

Der „kerzengerade" Kerzenstein

Der Pesenbach zählt zu den urtümlichsten Wasser-Wundern des Landes.

Jenseits der Brücke führt ein bequemer Promenadenweg weiter ins Tal hinein. Wir bleiben jedoch am rechten Ufer, über dem ein anfangs noch breiter Pfad im Auf und Ab dahinzieht. Bald erreichen wir die Abzweigung zum Schlagerwirt, zu dem sich ein zweiter, diesmal kulinarisch motivierter Abstecher anbietet. Unten im Tal gelangt man dagegen zu einem kleinen Wasserfall und zum 5 m tiefen „Grünen Tümpel" (rechts führt ein weiterer Weg zum Schlagerwirt – ein Tipp für den Rückweg).

Wir wandern weiter in den engen Taleinschnitt hinein, vorbei an der „Schwarzen Klamm", am „Sunntümpel" und am „Blauen Tümpel". So erreicht man die „Blaue Gasse", den sagenumwobenen „Teufelsbottich" und schließlich nach einem kurzen, aber steilen Aufstieg das Wahrzeichen der Pesenbachklamm: Mitten im Wald ragt der 12 m hohe Kerzenstein in die Luft – schlank, von den Kletterern als Übungsgelände geschätzt und mit einem Kreuz gekrönt. Geologen streiten darüber, ob er wirklich durch Frostverwitterung während der letzten Eiszeit entstanden ist. Für die Volkskundler ist es dagegen klar, dass es sich bei ihm um einen schon vor Urzeiten kultisch verehrten „Phallusstein", also um einen „Ort der Kraft" handelt. Hier kehren die meisten Besucher um, um auf einer der erwähnten Wegvarianten zum Ausgangspunkt zurückzuwandern.

Hellmonsödt – Pelmberg – Linz

Linz aus der Luft

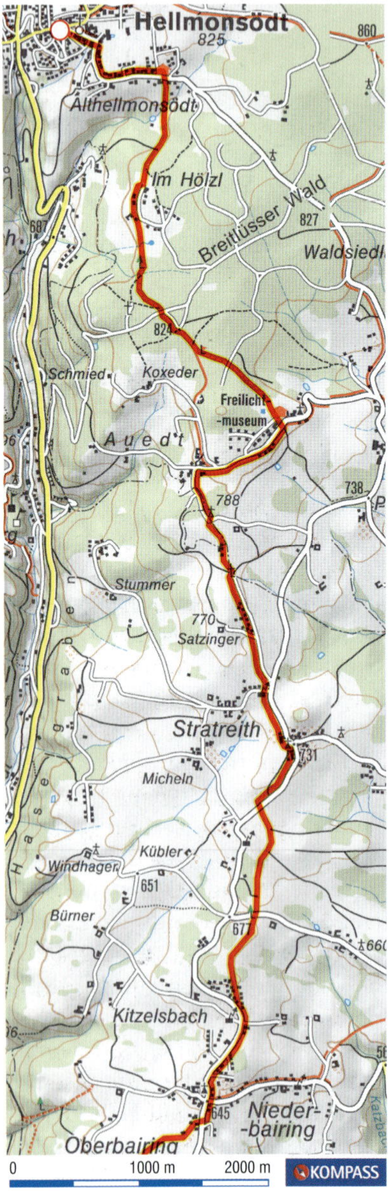

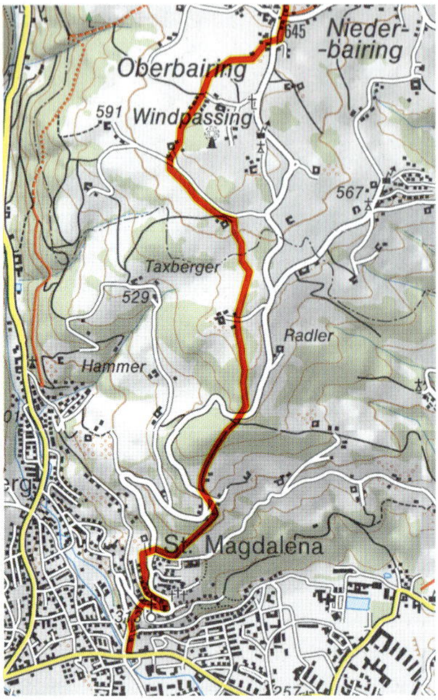

Ausgangspunkt: Hellmonsödt, 825 m. Zufahrt von Linz (Hauptbahnhof) mit dem Bus. Rückfahrt von St. Magdalena mit der Straßenbahn zum Linzer Hauptbahnhof.
Charakter: einfache und landschaftlich sehr schöne Bergab-Wanderung auf breiten Wegen und problemlosen Pfaden.
Gehzeit: 3,5 h.
Höhenunterschied: kaum Aufstieg, 650 m Abstieg.
Einkehr: in Hellmonsödt, Oberbairing und St. Magdalena bei Linz, Pelmbergstüberl.

Keine 20 km von der Linzer Innenstadt entfernt und doch der zweithöchste Markt Oberösterreichs – das ist Hellmonsödt. Der böhmische König Wenzel soll während seiner Gefangenschaft im Turmstübchen des Schlosses Wildberg einmal nächtens sinniert haben, wie hell hier der Mond über die Öde scheine - davon leitet die Mär jedenfalls den Ortsnamen her. Die Linzer schätzen das waldreiche Gebiet rund um den Ort seit jeher als Spazier-Revier. Ein besonderes Erlebnis ist es jedoch, von dort oben süd- und meistens auch abwärts in die Landeshauptstadt zu wandern. Zunächst gehen wir vom Marktplatz in Hellmondsödt - zwischen der Kirche und dem Gemeindeamt - auf der Straße Richtung Pelmberg nach Althellmondsödt, wo wir bei einem Gasthaus rechts auf den Wanderweg Nr. 160 einschwenken. Bald spendet der Breitlüsser Wald Schatten und wir zweigen links auf den Weg Richtung Pelmberg ab. Dieser Abstecher lohnt sich, denn dort steht ein typischer Dreikanthof, dessen Geschichte bis ins Jahr 1325 zurückweist. Er wurde samt Rauchkuchl und „Kastl“ (Mostkeller und Kornspeicher) als Freilichtmuseum ausgestaltet und beherbergt eine Jausenstation. Auf dem Strohdach treibt die Hauswurz kleine „Palmen“ aus - sie galt einst als blitzabweisend.

Vom Pelmbergstüberl führt ein asphaltierter Güterweg rechts zum Wanderweg Nr. 160, auf dem wir links weitergehen. Es geht über einen Höhenrücken, auf dem die Ortschaften Oberwinkl und Oberbairing (Gasthaus) liegen. Nun reicht die Sicht zur fernen Bergprominenz vom Ötscher über den Großen Priel, den Dachstein und den Traunstein bis zum Watzmann. Zuletzt steigen wir etwas steiler durch Wald nach St. Magdalena ab. Am Abend taucht man hier regelrecht ins Meer der hunderttausend Linzer Lichtpunkte ein. Vor der Kirche leitet uns rechts ein steiler Weg unter einer Brücke der einstigen Pferdeeisenbahn durch und ins Siedlungsgebiet von Linz-Urfahr hinab.

Linz genießen

Die oberösterreichische Landeshauptstadt bietet viel für Genießer. Im kulturellen Bereich reicht der Bogen ihrer Attraktionen von der Martinskirche, dem ältesten mittelalterlichen Sakralbau Österreichs, bis zum zeitgenössischen Kunstmuseum Lentos. Spannend sind dabei die vielfältigen Verbindungen von den historischen Wurzeln der Stadt, die am Kreuzungspunkt zwischen der Donau und der uralten Salzstraße entstand, zur industriellen Entwicklung in der jüngsten Vergangenheit. Den besten Ausgangspunkt bildet der 220 x 60 m große Hauptplatz – einer der schönsten in Mitteleuropa – mit der barocken Dreifaltigkeitssäule. Auch in kulinarischer Hinsicht bietet Linz viel – nicht nur gehobene Gastronomie, sondern auch in Bezug auf Hausmannskost. Drei „musts“: ein Stück der berühmten Linzer Torte, ein Besuch des Ars Electronica Centers und eine Fahrt mit der steilsten Adhäsionsbahn der Welt zur Wallfahrtskirche auf dem Pöstlingberg!

Info: www.oberoesterreich.at/linz

Durch den Brunnwald

Seltsames vis-a-vis vom Sternstein

Ausgangspunkt: Bad Leonfelden, Ortszentrum oder Parkplatz beim Kurhaus, 750 m. Wer nach Zwettl an der Rodl wandert, kann von dort per Bus zurückfahren.
Charakter: einfache Waldwanderung auf Forststraßen und gut markierten Wegen und Waldpfaden.
Gehzeit: 2–3 h.
Höhenunterschied: 150 m.
Einkehr: in Bad Leonfelden und Zwettl.

Naturwunder en miniatur: Moospflänzchen.

Die sieben Berge sind Ihnen ein Begriff und die sieben Zwerge kennen Sie auch. Aber die sieben Steine im Brunnwald? Nun, Steine gibt's in jedem Mühlviertler Wald. Aber die hier sind etwas Besonderes: Sie stehen nämlich in einer Reihe, aufgezeilt wie eine Prozession. Warum? Darüber streiten die Experten: War es eine Grundgrenze, verlief hier ein Handelsweg? Nicht weit davon finden wir das „Hüterkreuz", ein 30 cm großes Granitgebilde. Ein Hirte soll hier bei einer Treibjagd erschossen worden sein. Völlig ungeklärt sind Alter und Funktion der „Opferschale", die 50 cm breit und 20 cm tief aus einem dritten Felsblock geklopft worden ist. Zu entdecken sind diese seltsamen Gebilde nicht schwer; man hat sie sogar nummeriert und Richtungspfeile auf die Bäume gepinselt.

Sie starten bei der Pfarrkirche in Bad Leonfelden und gehen auf dem Jubiläumsweg oder der Kurhausstraße zum Freibad und am Sportplatz vorbei zur St.-Michaels-Quelle. So erreicht man den mit zauberhaften Stationen ausgestalteten „Erlebnisweg Moorwald", dem wir Richtung Joachimsquelle folgen. Weiter zum Ritterkreuz, zum Waldxylophon und zur Moorhütte (links eine Aussichtskanzel). Geradeaus weiter, nach der Abzweigung zum Wirterbrunnen jedoch links auf den Weg Nr. 30 Richtung Oberneukirchen abbiegen. Nun wandern wir südwärts zu einem dunklen Bächlein hinab, dann kommt ein Bildstock ins Blickfeld. Daneben stehen zwei Loch- oder Gattersteine. Nun muss man scharf nach rechts abbiegen und auf dem schmalen Weg Richtung Vorderweißenbach ansteigen. Bald darauf beginnt die erwähnte Nummernmarkierung zu den Steinstätten.

Man kann nun wieder umkehren, im Moorwald um das Kurhaus nach Belieben einer der anderen beschilderten Routen folgen und nach Bad Leonfelden zurückwandern. Es lohnt sich aber auch, auf dem 30er-Weg weiter nach Süden abzusteigen und durch den Weiler Schönau zu gehen. Beim nahen Distelbach wechselt man links auf die Route Nr. 34, die im Auf und Ab zur Stitzmühle und nach Zwettl führt.

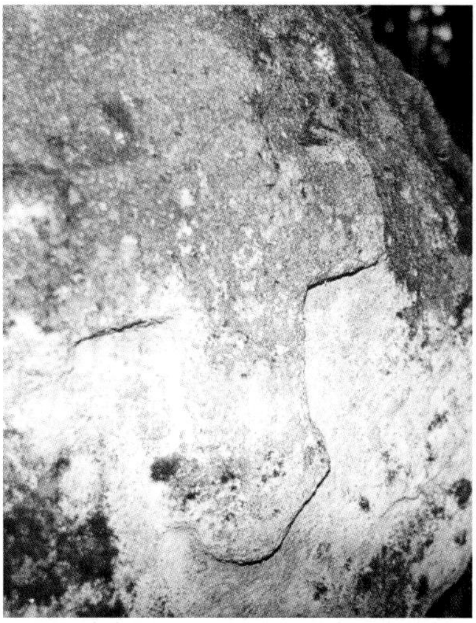

Das merkwürdige „Hüterkreuz" im Brunnwald

Die Via Leone

Rund um den Sternstein, den 1122 m hohen Hausberg von Bad Leonfelden, verbindet die „Via Leone" vier kulinarische Ausflugsziele: die Lebzelterei Kastner im Ort, das Schanzstüberl nahe der „Schwedenschanze" aus dem Dreißigjährigen Krieg, den Sternsteinhof bei der Talstation des Sternstein-Sessellifts und die Waldschenke am Südwestabhang des Berges. Dieser „Schlemmerpfad" besteht aus drei Rundwegen zwischen 11 und 23 km Länge. Er führt auch zu den Resten der historischen Glasöfen in Oberstern oder zum originellen „Pilzstein". Von der 1899 eröffneten Aussichtswarte auf dem Gipfel genießt man an klaren Tagen eine weite Rundsicht.
Info: www.oberoesterreich.at/bad.leonfelden

Hirtstein, 844 m

Auf dem Bergkräuterweg zum Thierberg

Ausgangspunkt: Hirschbach, 638 m.
Charakter: einfache Wanderung auf Güterwegen, Wald- und Wiesenpfaden.
Gehzeit: 4,5 h.
Höhenunterschied: 350 m.
Einkehr: in Hirschbach und Schenkenfelden, Kulturwirtshaus Pammer.

Anderswo mag man beim Wandern ermüden – in Hirschbach nicht: Da ist gegen (und für) alles ein Kraut gewachsen. Man gönne sich also zunächst eine belebende Tasse Bergkräuter-Tee und mache sich danach beim Stiegenaufgang vor der Pfarrkirche auf den Weg: Dort befindet sich das erste Schild zum Bergkräuterweg, der durch die Kräuterpforte in den Pfarrergraben leitet (Markierung „Hi 7“). Links und rechts des steilen Hohlwegs, der einst den einzigen Weg nach Linz bildete, gedeihen würzige Kräuter, die auf den ersten Höhepunkt der Route einstimmen: Der Kräutergarten beim Hof der Familie Freudenthaler, der mehr als 100 Arten zeigt, ist wirklich eine wahre Freude! Hier erreichen wir die mitteleuropäische Wasserscheide: Rechts fließt das kühle Nass zum Schwarzen Meer, links in die Nordsee. An

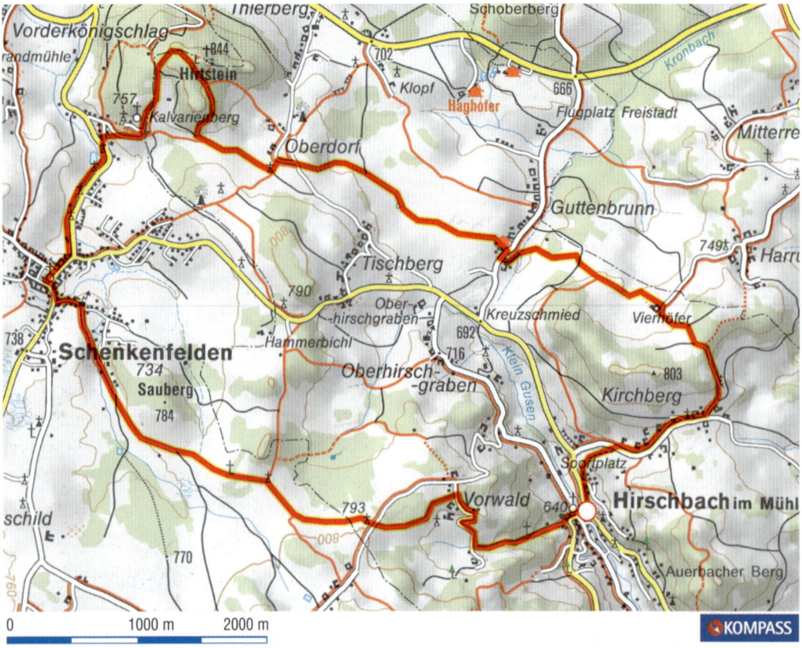

der Abrahamskapelle vorbei geht's nach Schenkenfelden.
Am Marktplatz mit dem alten Pranger mündet der Nordwaldkammweg ein – wir folgen seiner blauweißen Markierung kurz auf der Straße Richtung Reichental und dann rechts zum Kalvarienberg mit der achteckigen Barockkirche. Auf dem Kreuzweg steigen wir zum Thierberg an. Alternativ dazu kann man auch den liebevoll mit Figuren gestalteten Märchenweg begehen – bei den sieben Geißlein kommen beide Routen wieder zusammen. Bald darauf lohnt sich der kurze Abstecher nach links zum Gipfelkreuz des Hirtsteins. Der Nordwaldkammweg führt im sanften Abstieg durch den Wald zu den freien Wiesen um Oberdorf. Nördlich davon steht die Kräuterhalle, in der die erwähnten Teebestandteile getrocknet werden. Wir wandern jedoch auf dem Nordwaldkammweg in die Ortschaft Guttenbrunn, wo das Kulturwirtshaus Pammer zur Rast verlockt.
Dann führt uns ein letzter Aufstieg zum allein stehenden Vierhöfergut hinauf. Dort verlassen wir den Nordwaldkammweg nach rechts, wandern nach der Markierung „Hi 3" um den Seiserberg herum und genießen den Blick vom „Lurg" bis zum Ötscher. Von den Bauernhäusern von Kirchberg ist es nicht mehr weit bis zum Ausgangspunkt, wobei eine alte Fassbinderei am Weg liegt und die Hubertuskapelle im Zuge einer kleinen Wegvariante („Hi 2", „Hi 5") erreichbar ist.

Auf zum Kräuterwandern!

Kräuter vom Berg

Von alters her finden „unkultivierte" Wildkräuter wie Thymian oder Spitzwegerich in der regionalen Küche und – angesetzt in Öl oder Alkohol – auch in der Volksheilkunde Verwendung. 1986 begannen Mühlviertler Bergbauern mit dem kontrolliert-biologischen Anbau von Kräutern, um ihre Betriebe abzusichern. Auf den kargen Granitböden gedeihen Pflanzen ganz hervorragend. Getrocknet und geschnitten kommen sie aus drei Anbaugebieten in die Hirschbacher Zentrale. Dabei achtet man auf höchste Schonung: Spätestens zwei Stunden nach der Ernte sind die Kräuter in der Trocknungsanlage, damit die Inhaltsstoffe bestmöglich erhalten bleiben. Dann werden sie gemischt und verpackt. 60 t verarbeitet die Mühlviertler Bergkräuter-Genossenschaft inzwischen pro Jahr zu Teemischungen, Gewürz-Kompositionen oder für wohltuende Bäder. Kräutertee ist übrigens ideal zum Wandern: Lassen Sie die Kräuter 3 bis 4 Min. ziehen und Früchtetee bis zu 15 Min. – dann kommt der Geschmack so richtig zur Geltung!
Info: www.bergkraeuter.at

Der Zehn-Mühlen-Weg

Quetscher & Walzenstuhl

Ausgangspunkt: der Marktplatz in Reichenthal, 683 m.

Charakter: einfache Wanderung auf Forststraßen, Wald- und Wiesenwegen.

Gehzeit: 4 h.

Höhenunterschied: geringfügig.

Einkehr: Gasthöfe in Reichenthal, Mostbauern am Weg, Jausenstation Grasslmühle.

Was liegt im Mühlviertel näher, als sich einmal mit dem ehrsamen Handwerk rund um Mühlräder und Mehlerzeugung zu beschäftigen? Am besten tut man das in der Gemeinde Reichenthal, wo Idealisten eine 14 km lange Erlebnisroute realisiert haben: Der mit der Nr. 154 markierte Zehn-Mühlen-Weg führt zu-

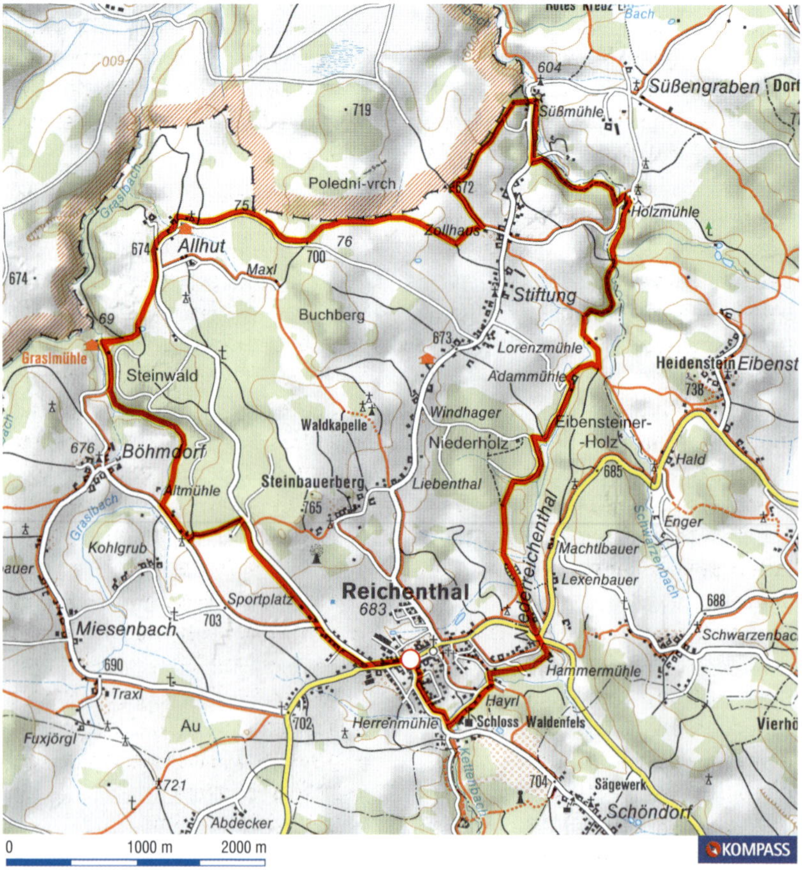

Auch in Reichenthal wird nicht aus jedem Frosch ein Märchenprinz ...

nächst zum Kettenbach, der sich durch zahlreiche, einst für die Mühlen geschaffene Ableitungsgerinne tatsächlich wie eine Kette dahinschlängelt. Dort findet man im Ortsteil Hayrl das Schloss Waldenfels, aber auch die liebevoll renovierte Hausmühle mitsamt angeschlossenem Venezianergatter, Brotbackhäusl, Hammerschmiede und – wer hätte dies hier erwartet? – der größten Blumenuhr Europas. Anschließend wandert man an an einer wahren Mühlenparade (Hof-, Hammer-, Niederholz-, Adam-, Lorenz-, und Holzmühle) vorbei und erreicht die tschechische Grenze. Genau davor steht die Süßmühle; in der Nähe laden zwei Bauern zu Most und Jause ein.

Die Stärkung kann man für den langen Weiterweg neben der Grenze nach Stiftung und Allhut gut gebrauchen. Die nächste Labestation erwartet Sie in der Grasslmühle, dann geht es ein Stück neben dem gleichnamigen Bach – dem zweiten Energiespender der Gegend – aufwärts. Vorbei an der Altmühle und über einen Hügel kommt man wieder in Reichenthal an – nun schon mit einigem Wissen über das Wesen von Mühlstein, Quetscher und Walzenstuhl!

Der Heidenstein

Ein ganz eigenartiges Granitgebilde erhebt sich über der Ortschaft Eibenstein bei Reichenthal: Der Heidenstein weist nicht nur etliche z. T. immer mit Wasser gefüllte Steinschalen auf, sondern auch geheimnisvolle Einkerbungen und Stufen. War der Fels eine Kultstätte oder Teil einer Befestigung? Radiästheten stellen hier eine starke Strahlung fest. Daher wurde ein 2,2 km langer „Chakra-Weg“ eingerichtet, auf dem man die positiven Energien dieses Platzes „tanken“ kann. Sicher wird man die Stille und den schönen Ausblick übers Mühlviertel genießen. Den Heidenstein erreicht man übrigens auch vom Zehn-Mühlen-Weg aus; zwei Routen führen vom Kettenbach zu ihm hinauf.

Info: www.heidenstein.at

Der Pferdeeisenbahn-Wanderweg

Hannibal, zah an!

Ausgangspunkt: Leopoldschlag Dorf nördlich von Rainbach, 730 m.
Charakter: einfache und gut beschilderte Wanderung auf Güter-, Wald- und Wiesenwegen.
Gehzeit: 1,5 h.
Höhenunterschied: 200 m.
Einkehr: Gasthaus Magerl am Ausgangspunkt.

Es hat vier Beine, frisst Hafer und wiehert. Was ist das? Eine Mühlviertler Lokomotive. Kein Witz: In Kerschbaum nördlich von Freistadt zieht noch heute ein Huftier die Waggons. Das Personal ist in biedermeierliche Tracht gewandet und erinnert damit an jene Epoche, in der Europas erste öffentliche Eisenbahn in Betrieb ging. 1832 rollte sie von Linz nach Budweis, vier

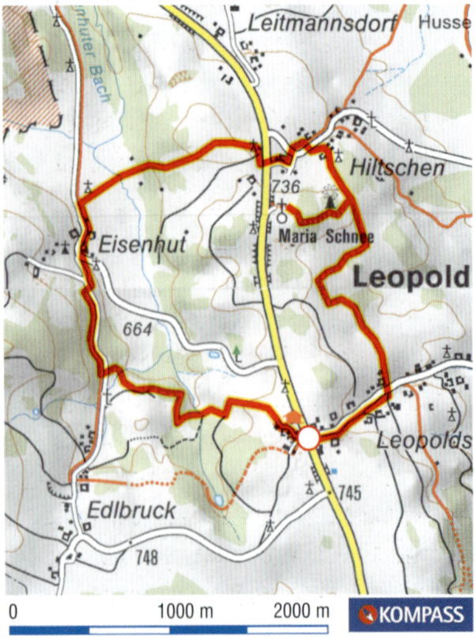

Jahre später verlängerte man sie noch bis Gmunden. Auf den hölzernen Schienen transportierte man vor allem Salz, und zwar auf besonders leichten Güterwagen, die meist nur ein einziges Pferd zog. Steile Stellen bewältigte man allerdings mit zwei Pferdestärken – so auch die Steigung über den Kerschbaumer Sattel, den die Planer Franz Josef von Gerstner und Matthias Schönerer in zwei weiten Streckenschleifen und mit großen Brücken überlisteten. Ein kurzes Stück dieses schon 1872 von der Dampfmaschine überrollten Verkehrsweges wurde auf liebevolle Weise restauriert und man kann sogar wieder mit dem noblen Salonwagen „Hannibal" 1. Klasse durch die Landschaft rollen.

Will man die Relikte dieses technischen Pionierwerks per pedes erkunden, kann man das auf einem 60 km langen und durchgehend beschilderten Wanderweg von St. Magdalena bei Linz bis Südböhmen tun. Ich stelle Ihnen hier ein besonders interessantes Teilstück dieser Route vor, das bei der Bushaltestelle Leopoldschlag Dorf beginnt. Gleich neben dem Gasthaus Magerl steht eine der gelben Info-Tafeln, auf denen die Streckenführung gut ersichtlich ist. Unser gelb markierter Weg führt zu einem Bauernhof und in den Wald. Wir erreichen die einstige Trasse der Pferdeeisenbahn bei der rekonsruierten Großen Edelbrucker Brücke. Wir überschreiten das mehr als 22 m lange und 18,5 m hohe Bauwerk, wandern weiter durch den Wald und gelangen zur noch eindrucksvolleren Kleinen Edlbrucker Brücke (Länge 7,5 m, Höhe 13,2 m). Der Wanderweg weicht dem folgenden Abschnitt der Bahntrasse, die durch einen Felseinschnitt führt, seitlich aus - es ist aber durchaus interessant, ihr zu folgen. Danach marschieren wir ein Stück auf dem Güterweg durch die Ortschaft Eisenhut. Hinter dem mit einem Glockenturm gekrönten Bauernhof zog der Schienenweg über die böhmische Grenze Richtung Budweis.

Wir zweigen dagegen rechts ab und gehen auf einem Karrenweg durch den Wald zum oberen Bereich der einstigen Bahntrasse hinauf. Die Reste einer großen Steinbrücke sind dort ebenso erkennbar wie die Anschlussdämme. Wir flanieren zwischen Feldern dahin, überqueren die verkehrsreiche Bundesstraße Linz - Prag und stehen bald im Dorf Hiltschen, durch das einst auch die Pferdeeisenbahn fuhr. Dort biegen wir rechts ab und erklimmen die Hiltschner Höhe, die eine weite Aussicht bietet. Hier empfiehlt sich rechts der kurze Abstecher zur Wallfahrtskirche Maria Schnee. Der Pferdeeisenbahn-Wanderweg berührt den historischen Verkehrsweg nochmals und führt nach Leopoldschlag Dorf. Auf der Bezirksstraße rechts ca. 500 m zum Ausgangspunkt.

Technische Innovation des 19. Jahrhunderts

Kulinarische Bahn

Eigentlich sind dampfende Rossknödel nichts besonders Appetitliches. In der ersten öffentlichen Bahnhofsrestauration des Kontinents schon: Seit im einstigen Scheitelbahnhof der Pferdeeisenbahn Linz – Budweis der Gastbetrieb wieder aufgenommen wurde, darf man sich auf diese kulinarische Spezialität genauso freuen wie auf den „Gleishupfa". Das Personal im Bahnhof bei Kerschbaum trägt biedermeierliche Tracht und macht damit das Ambiente komplett. Das Stationsgebäude, von dem die Pferdeeisenbahn zu einem 500 m entfernten „Salettl" fährt, beherbergt auch ein Museum zum Thema; auf dem großen Dachboden finden immer wieder Veranstaltungen und Ausstellungen statt. Besonders stimmungsvoll ist der Adventmarkt an den vier Sonntagen vor Weihnachten. Info: www.pferdeeisenbahn.at

Durchs „eiserne" Thurytal

Vom Kropfhammer zum Kreuzstein

Ausgangspunkt: Freistadt, 660 m, Böhmertor.
Charakter: einfache und über weite Strecken schattige Wanderung für die ganze Familie, ein kurzer Anstieg ist nicht markiert.
Gehzeit: 3–4 h.
Höhenunterschied: 200 m.
Einkehr: Gasthöfe in Freistadt.

„Gewerbe am Fluss" – unter diesem Motto führt ein mehr als 50 km lange Kultur- und Geschichtswanderweg von Freistadt bis ins Tschechische hinüber. Die ersten Schritte setzen wir vom Böhmertor Richtung St. Oswald der Stadtmauer entlang, bis die Finstere Promenade einmündet. Dort überqueren wir die Feldaist und biegen links in den Graben ab. Wir spazieren durch die alte Vorstadt Hafnerzeile, überqueren die Bundesstraße und folgen der „Wasserrad"-Markierung ins Tal hinein. Bald erreichen wir die renovierten Mauerreste des „Zweiten Thuryhammers", dessen Wasserrad reaktiviert wurde. Weiter geht's unterhalb der steilen Hammerleiten, vorbei am sagenumwobenen „Teufelsstein". Dann steigt der Weg etwas an, wir gehen aber nach einer Abzweigung wieder rechts zur Neumühle hinab. Bei der Brücke bleiben wir links des Flusses und wandern zur Kropfmühle. Hier verlassen wir das „Gewerbe am Fluss" und biegen links auf einen alten, unmarkierten Waldweg ab. Neben einem kleinen Bach und zuletzt kurz weglos kommen wir zum oberen Waldrand, von dem wir auf einem Feldweg zu einer Ansiedlung mit dem seltsamen Namen „Vierzehn" wandern. Wir überqueren die Prager Bundesstraße und fahnden nach der Beschilderung „Fr 4", die uns durch die Bockau zum Kreuz der Waldandacht führt. Dort links auf den Pfad „Fr 1" abzweigen, hinter einem Fischteich vorbei und zum Kreuzstein: Drei halb von Bäumen verdeckte Granitkreuze und zwei ar-

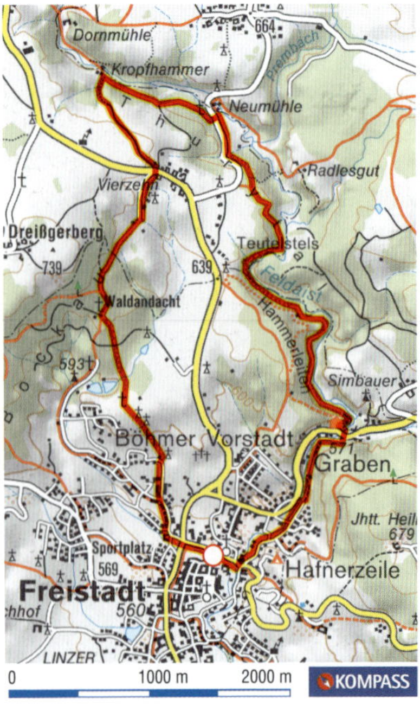

Oben: Erinnerungen an die Hammerschmiedg'selln im Thurytal. Unten: der seltsame Kreuzstein.

chaisch wirkende Figuren wachsen hier förmlich aus einem Steinblock, der bei genauerem Hinsehen seltsame Vertiefungen zeigt – ein Kultplatz mit vorchristlicher Vergangenheit? Vorbei an den „Sieben-Schmerzen-Kapellen" und einer Weide erreichen Sie bald wieder die Mühlviertler Kernland-Metropole Freistadt.

Freistadt

Die Mühlviertler-Kernland-Metropole zeigt sich bis heute als mittelalterliche Stadt – mit gut erhaltenen Befestigungsanlagen samt Wassergraben, zwei Stadttoren und einem mächtigen Bergfried, vier uralten Kirchen, einem Schloss aus dem 14. Jahrhundert (Museum), dem Salzhof, der einstigen Burg der Babenberger und Habsburger, idyllischen Gässchen und Plätzen. Ein erlebnisreicher Kulturweg erschließt alle Sehenswürdigkeiten im Rahmen einer einstündigen Stadtwanderung, die ihren Ausgang auf dem Hauptplatz vor der Pfarrkirche nimmt.

Info: www.oberoesterreich.at/freistadt

Braunberg, 912 m

Wallfahrt über einen Wanderberg

Ausgangspunkt: St. Oswald bei Freistadt, 625 m.
Charakter: einfache und an vielen Stellen schattige Wanderung auf einen aussichtsreichen Berg; einzelne steilere Abschnitte.
Gehzeit: 2,5–3 h.
Höhenunterschied: 300 m.
Einkehr: Gasthöfe in St. Oswald und Maria Bründl, Braunberghütte.

Auch Pferde rasten gern vor der Hütte.

Östlich von Freistadt steigen die Hügel des Mühlviertels bis gegen 1000 m Seehöhe an: Einer davon ist der Braunberg, von dem sich ein weiter Blick nach Süden bis zur Silhouette der Alpen auftut. Von der Pfarrkirche in St. Oswald folgen wir stets der blau-weißen Markierung des Nordwaldkammweges: Man geht über die Feistritzbrücke zur Kirchenwiese, rechts auf der Zufahrt Richtung Kollerbauer und dann links durch die Siedlung „Am Grabenhof". Aus einer Linkskurve rechts auf einem Wiesen- und Waldweg zur Straße und auf dieser ein kurzes Stück bergauf. Dann rechts auf einem steilen Pfad zum Bach

Auf geht's: Auch als Nordic-Walking-Ziel steht der Braunberg hoch im Kurs.

hinab und jenseits steil zum Höllerbauern hinauf. 250 m auf dem Güterweg weiter und links durch den Wald zum Gehöft Oberreitern. Hinter den Gebäuden links über die Wiese zum Waldrand und im Linksbogen zur Braunberghütte.

Weiter auf dem Nordwaldkammweg über den bewaldeten Braunberg (das Gipfelkreuz steht etwas abseits des Weges, kurzer Abstecher) und steil durch den Nordhang nach Witzelsberg hinab. Nach links und auf dem Güterweg zur Zufahrtsstraße, die rechts in die Ortschaft Stiftungsberg führt. Dort scharf nach links, gleich darauf wieder rechts abzweigen und in die Kreuzau. Auf der Landstraße (oder schon vorher auf einem Forstweg) links in den Einschnitt zwischen dem Stiftungsberg und der rechts gelegenen Raphaelshöhe. Nach ca. 600 m kürzt man eine Kehre rechts hinunter ab, dann gelangt man rechts in wenigen Minuten nach Maria Bründl.

Die kleine Wallfahrtskirche geht auf das Jahr 1650 zurück. Im Inneren des barocken Gotteshauses sprudelt das heilsame Nass noch heute. Nach der Einkehr im benachbarten Gasthaus gehen wir links auf dem 1930 gestalteten und mit meditativen Texten ergänzten Kreuzweg nach St. Oswald hinunter.

Buchberg, 813 m

Durch die Wandergemeinde Lasberg

Ausgangspunkt: Bahnhaltestelle Lasberg-St. Oswald zwischen Kefermarkt und Freistadt, 520 m.
Charakter: einfache Wanderung auf guten Wegen.
Gehzeit: 3 h (mit der Buchberg-Ersteigung um 1 h mehr).
Höhenunterschied: 300 m.
Einkehr: Wirt an der Haltestelle (Wittinghofer), Gasthöfe in Lasberg.

Mit einem freundlichen „Grüß Gott" begrüßt man Sie überall im Mühlviertel. Wenn Ihnen die Hand, die man Ihnen im Gemeindeamt Lasberg reicht, ein bisschen steif vorkommt, so hat das seinen Grund: Sie ist immerhin 371 Jahre alt. Diese „Handmumie" soll von einer protestantischen Bauerstochter stammen: Ein katholischer Bursch hatte um ebendiese Hand angehalten, worauf der fanatische Bruder dem Mädchen die rechte Schwurhand abhackte.

Solche Unholde waren nicht einmal die Bewohner der um 1200 erbauten Burg Dornach, dem ersten kulturellen Höhepunkt dieser Wanderung, die sehr beschaulich beginnt:

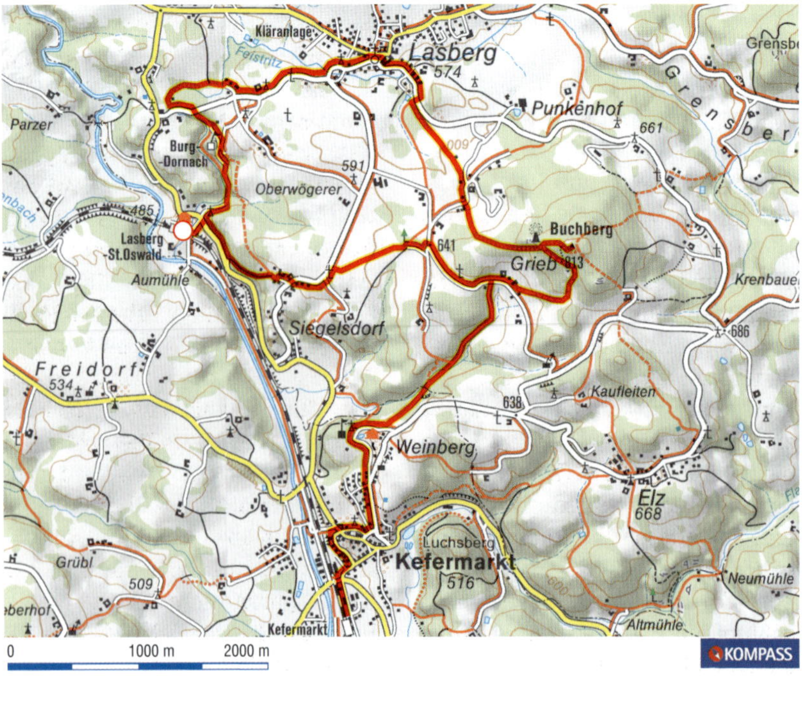

Wir schlendern zunächst auf dem „Meditationsweg“ in den romantischen Feistritzgraben hinein und unterhalb der Burg vorbei. Weiter geht's über die Straße zum Stausee und zum Fürstenhammer, wo der Bach seit 1570 den schweren Hammer über ein Wasserrad bewegt (Freilichtmuseum). Nun gehen wir auf der Straße ins ca. 1 km entfernte Lasberg, wo ein weiteres Museum auf uns wartet: die „Alte Marktschmiede“ in der Nähe des Pfarrhofes.

Es folgt der Aufstieg auf den bewaldeten, 813 m hohen Buchberg. Wir marschieren gegenüber der Kirche nach der Beschilderung „La 10“ los und verlassen den Ort auf dem Güterweg Richtung Punkenhof. Nach etwa 400 m zweigen rechts zwei markierte Wanderwege ab – wir folgen dem linken der beiden, der zwischen dem Güterweg und dem „La 10“ zu einem Bauernhof hinaufzieht. Davor nach rechts, bis man nach wenigen Schritten links auf den beschilderten Wanderweg zum Buchenberg abbiegt. Über die Wiese und einen Waldrücken gelangt man zum Sender hinauf. Von dort ist es nicht mehr weit zum Gipfel und seinem vorgelagerten Felskopf, den ein kleines Eisenkreuz ziert. Ob sich die Menschen, die hier in grauer Vorzeit die noch deutlich sichtbaren Stufen einer Wallanlage aufgeschichtet haben, auch so über den Tiefblick gefreut haben? Eine Felsgruppe bietet Unterschlupf und auch zwei Schalensteine fehlen nicht.

Der Buchberg – Gipfelpause im Wald.

Zurück zum Sender, dort links abzweigen und nach Grieb hinunter. Dort hat die Familie Kreindl ein Privatmuseum mit mehr als 1000 Werkzeugen in einer alten „Spiralschmiede“ untergebracht. Auf der asphaltierten Zufahrt (Markierung „La 5“) und einem Feldweg könnte man weiter nach Siegelsdorf wandern; von dort führt links ein Waldweg zum Ausgangspunkt hinab. Wer per Bahn angereist ist, sollte auf jeden Fall kurz nach Grieb links auf die Route mit der Beschilderung K 31 zum Schloss Weinberg und nach Kefermarkt einschwenken: Die Schlossbrauerei und der weltbekannte gotische Schnitzaltar in der Kirche garantieren ein würdiges Tourenfinale. Der Bahnhof liegt im Tal unterhalb des Ortes.

Im Naturpark Mühlviertel
Durch das „steinreiche" Land um Rechberg

Ausgangspunkt: Rechberg, 576 m, Parkplatz beim Gemeindeamt.
Charakter: landschaftlich interessante Wanderung auf gut begehbaren, aber stellenweise unmarkierten Wegen; mehrere kurze und ein längerer Anstieg.
Gehzeit: ca. 3 h.
Höhenunterschied: 300 m.
Einkehr: Gasthöfe in Rechberg.

Wackelt er oder wackelt er nicht? Leider: no swing. Schon Napoleons Soldaten haben vergeblich versucht, den Schwammerling bei Rechberg auszuhebeln. Mehr als 340 Millionen Jahre haben die Granitblöcke, die das Mühlviertel prägen, auf dem Buckel. Unter subtropischen Klimaverhältnissen, wie sie hier vor 1,5 Millionen Jahren herrschten, kam es zur typischen „Wollsack-Verwitterung", der auch der Naturpark Mühlviertel seinen originellen Steinschmuck verdankt. Wir wandern zunächst vom Dorfwirt bzw. dem Gemeindeamt, den Wegweisern zum Schwammerling folgend, auf einem asphaltierten Güterweg zum Bauernhof Hinterwinkler. Von dort geht's rechts zum

pilzförmigen Steinwahrzeichen von Rechberg. Nach seiner Besichtigung marschieren wir wieder Richtung Rechberg zurück, bis bei einer Bank der Wegweiser „Fuchsmauer" unsere Schritte nach links lenkt. Wir folgen dem grün-weiß markierten Waldweg auf einen Höhenrücken, auf dem wir rechts abbiegen (hierher gelangt man auch direkt vom Schwammerling, und zwar auf einem unbezeichneten Feldweg). Wir wandern über den

Links: Blick in einen Schalenstein. Oben: der mystische Schwammerling.

Waldrücken und an der „Blockburg" der Fuchsmauer vorbei. In einem Sattel nach dem Wegweiser rechts zur Jausenstation Knöblsteiner hinab. Auf der Zufahrtsstraße durch die Siedlung, bis wir links auf den Güterweg Richtung Kienzlhofer einschwenken (Markierung 150). Bei der nächsten Abzweigung folgen wir rechts der Beschilderung des Mühlviertler Mittellandweges und wandern zum Bauernhof Lindner. Von dort rechts auf der Asphaltstraße zur Kreuzung hinter dem Erbrechthof und kurz zum Großdöllnerhof, der ein Bauernmuseum samt Naturgarten birgt. Daneben dokumentiert ein Steinlehrpfad die geologische Vielfalt Oberösterreichs.

Nun folgt der steile, aber schattige Anstieg auf den Plenkaberg. Bei klarer Luft bietet die Karl-Weichselbaumer-Warte auf dem 706 m hohen Gipfel eine Fernsicht bis zur Alpenkette vom Ötscher bis zum Dachstein. Auf der südseitigen Wiese staunt man über einen ganze Menagerie steingewordener Monster. Flott geht's dann wieder nach Rechberg hinunter. Wie gut, dass am steinernen Zehenttisch bei der Raiffeisenkasse heutzutage kein Obolus mehr gefordert wird – der ist nach so viel „steinerner Materie" für eine bodenständige Stärkung durch die örtliche Gastronomie bestimmt besser angelegt!

Info: Naturpark Mühlviertel, Tel. ++43(0)7264/4655-16, Fax 4655-4, www.naturpark-muehlviertel.at

Der Wollnessweg

Wandern mit Wolle

Ausgangspunkt: Weitersfelden, 733 m, Textilwerkstatt westlich des Ortszentrums.
Charakter: einfache Rundwanderung auf Güter-, Wald- und Wiesenwegen.

Gehzeit: ca. 4 h.
Höhenunterschied: 200 m.
Einkehr: in Weitersfelden, Mostheuriger Maisnester.

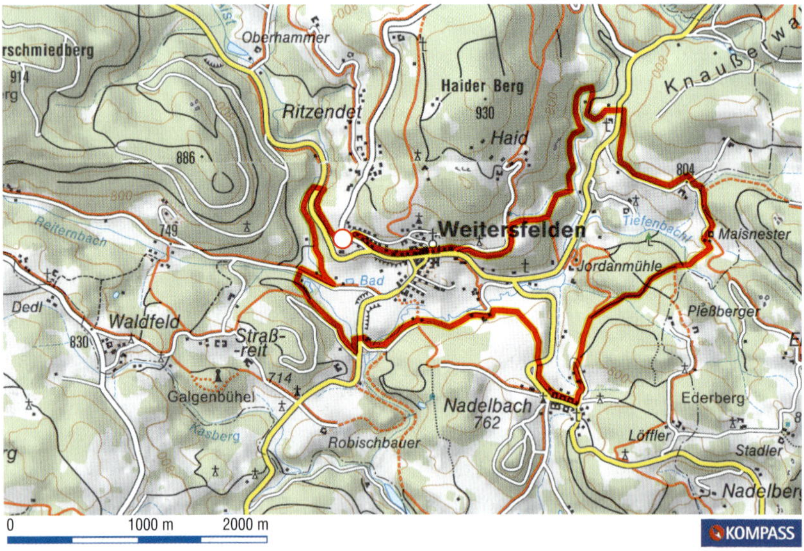

Dieser 12 km lange Rundweg steht ganz im Zeichen der Schafwolle. Unterwegs begegnen die Wanderer verschiedenen Rassen der blökenden Nutztiere. Daneben findet man aber auch Besonderheiten der Natur wie die „Zwischenstromwies'n", wo Schwarze und Weiße Aist zusammenfließen, oder die Aistschlinge. Im ersten Naturkino der Mühlviertler Alm haben kleine und große Wanderer die Gelegenheit, die Geschichte des Ortes Weitersfelden auf ganz besondere Weise zu erleben.

Zur Stärkung wird in der „Wollstub'n" beim Maisnester eine gesunde Jause vom Schaf aufgetischt. Auf kulinarische Weise befassen sich aber auch der örtliche Bäcker und die Wirte mit dem Thema.

Der ideale Startplatz für diese Wanderung ist die Textilwerkstatt Weitersfelden, wo Interessierte Einblicke in die Verarbeitung der Schurwolle und in die Vielfalt ihrer Produkte bekommen. Wer genügend Zeit mitbringt, sollte die Gelegenheit zu einem Wollbad im Wollnesscenter der Textilwerkstatt nützen. Von dort wandern wir auf einem Feldweg parallel zur Straße Richtung Freistadt, dem wir rund 400 m weit folgen. Dann die Straße überqueren und scharf links auf einen Karrenweg abzweigen, der der Schwarzen Aist entlangführt. Vor dem Freibad scharf rechts über die „Sportplatzbrücke" zum Sportzentrum. Nach den Sportanlagen gehen wir rund um den Teich, bevor wir nach der Stockhalle links in ein Waldstück einbiegen. Nach 600 m erreichen wir die Straße nach St. Leonhard, auf der wir links über die Schwarze Aist gehen und sofort wieder rechts Richtung Hammermühle abzweigen. An dieser Stelle vereinigen sich Weiße und Schwarze Aist zur Waldaist. Auf gemütlichen Liegen mit Schafwollunterlagen lässt sich hier beobachten, wie sich das helle Wasser des einen Flusses mit dem dunklen Nass des anderen vermischt.

Nach der Überquerung der Weißen Aist geht's links weiter. Wir marschieren zwischen Wald und Wiesen flussaufwärts. Kurz führt der Weg auf der Asphaltstraße dahin, dann folgen wir geradeaus dem Weg nach Nadelbach. Mitten in dieser kleinen Ortschaft biegen wir links auf den Weg mit der Markierung Nr. 54 Richtung Knaußer ein. Nach einer längeren Wegstrecke erreichen wir die Brücke über das Tiefenbachl und bald darauf den Bauernhof Maisnester, wo uns in der gemütlichen „Wollstub'n" eine Stärkung erwartet. Nach Voranmeldung (Tel. ++43(0)7952/6414) zeigt uns der Bürgermeister höchstpersönlich die Verarbeitung der Wolle auf einer Kempmaschine.

Bei der nächsten Abzweigung nach links, an einem weiteren Bauernhof vorbei und zur Straße Richtung Liebenau. Nach wenigen Metern verlassen wir die Straße wieder und biegen links auf einen Feldweg ab. Er führt ins Tal der Weißen Aist, der wir nun ein Stück flussabwärts folgen. Dann führt unser Weg rechts gegen den Weiler Haid hinauf, wo wir eine 450 Jahre alte Linde besichtigen können. Schließlich geht's links auf dem Güterweg nach Weitersfelden zurück.

Der Park der Märchen

Bitte helft dem Jäger Averr bei der Suche nach dem magischen Kristall! Wo? Auf dem 1,6 km langen Rundwanderweg durch den Jagdmärchenpark Hirschalm zwischen Unterweißenbach und Königswiesen. Dort laden mehr als 40 Spielestationen wie die Märchenhöhle, das Wildererversteck, der Tastpfad oder ein „Betritt-nicht-den-Boden-Weg" zum Sehen, Hören, Riechen, Betasten und Erforschen ein. Neben Minipferden, Zwergziegen und Kamerunschafen lernt man auf der Hirschalm sogar Rentiere aus dem hohen Norden kennen. Weitere Highlights: Hüttendorf und Naturspielplatz, Duft- und Aromagarten, Sommerrodelbahn und Family Coaster (30. April bis 30. Oktober täglich 10–18 Uhr).

Info: www.hirschalm.at

Der Kulturweg

Bergauf, bergab durch die Geschichte

Ausgangspunkt: St. Leonhard bei Freistadt, 810 m.
Charakter: einfache Wanderung auf problemlosen Wegen – erst in ein Tal hinab und dann über einen Waldberg; einige steilere Abschnitte.
Gehzeit: ca. 2 h.
Höhenunterschied: 400 m.
Einkehr: Gasthöfe in St. Leonhard.

Manche Wege haben eine seltsame Geschichte: Diese Rundtour habe ich ursprünglich in den Oberösterreichischen Nachrichten beschrieben. Die Wanderer, die daraufhin in großer Zahl kamen, veranlassten den Gemeinderat von St. Leonhard dazu, sie als Themenweg auszugestalten und damit so manche Besonderheit vor dem Vergessen zu

bewahren. Allerdings: Im Mühlviertel geht auch die Wissensvermittlung in die Beine! Dabei beginnt die Wanderung gleich mit einem Abstieg, und zwar vom Platz vor der Kirche in St. Leonhard nach den Wegweisern „Kulturwanderweg“ (Markierung Nr. 72). Kurz die Hauptstraße hinunter und dann rechts in die Steinleitensiedlung II. Am „Blinden Kreuz“ vorbei kommen wir zu den eng aneinander gelehnten „Weltuntergangssteinen“. Einst sollen zwischen den beiden Felstrümmern noch ganze Heufuhren durchgekommen sein – und wenn sie sich dereinst berühren, dann tagt das Jüngste Gericht! Links am Stoaninger-Haus vorbei, rechts durch die steile Steinleiten zum Haus Haunschmied hinab und von dort links durch den Graben zur Zigeunerbuche hinauf. Über die nahe Bezirksstraße, weiter auf dem Güterweg Reith und bei einer Wiese scharf links zum Bauernhof Wimmer mit dem historischen Zehentkasten, in dem einst die Naturalgaben für den Pfarrer gespeichert wurden.

Wer trittsicher und vor allem ganz schwindelfrei ist, sollte auf dem Güterweg Reith zum Gehöft Großer Haider weitergehen und von dort rechts auf unmarkierten Steigspuren auf den 811 m hohen Herzogreither Berg steigen. Der glattfel-

Spritziges Wandervergnügen bei St. Leonhard

sige Gipfelfels lässt sich nur auf einem kurzen Klettersteig erklimmen; der Blick vom Gipfelkreuz ist wirklich atemberaubend.

Doch zurück zu unserem Kulturweg, der vom Wimmer dem alten Kirchenweg (Beschilderung „Burgen- und Schlösserweg") in einen Sattel und rechts zur Straße folgt. Auf dieser links und nach 130 m rechts zum Ulanen-Kreuzstöckl hinauf. Durch die Siedlung unterhalb von St. Leonhard zur Bezirksstraße und nach St.Leonhard zurück.

Zuletzt empfiehlt sich der kurze, aber steile Abstecher auf den Predigtberg. Von der Susi-Wallner-Warte auf dem 892 m hohen Gipfel bietet sich ene traumhafte Aussicht. Weiter zum Eidechsenstein, auf einem steilen Waldweg zur Bründlkapelle hinab und links in den Ort.

Die Ruine Prandegg

„Stark und wohlversehen" seien die Mauern gewesen und „die Gemächer sommerlich, luftig und licht". Aber die Winterkälte! Die hat – auch das ist überliefert – so manchen Burgherrn von Prandegg zu den Bauern ins Tal getrieben. 1287 schien die Burg zwischen St. Leonhard, Gutau und Schönau im Mühlviertel zum ersten Mal in einer Urkunde auf. Bis zur Mitte des 18. Jahrhunderts wurde sie nie belagert und nie eingenommen; dann ließ man sie verfallen. Die umbaute Fläche betrug stolze 2435 m² – das bedeutet nach der Schaunburg bei Eferding Rang zwei in Oberösterreichs Burgen-Hitparade. Schwindelfreie können den 26 m hohen Bergfried ersteigen, der Blick von dort oben ist fantastisch. Zufahrt von Pregarten durch das Waldaisttal zum Riedlhammer und knapp 2,5 km Richtung Schönau zur Abzweigung des Burgweges (von dort 30 Min.).
Info: www.oberoesterreich.at/schoenau

Durchs Tanner Moor

Besuch bei einem Natur-Kleinod

Ausgangspunkt: Rubner Teich bei Liebenau, 980 m. Zufahrt ab Liebenau Richtung Arbesbach und nach der Beschilderung „Tanner Moor" zum Parkplatz vor dem Teich.
Charakter: einfache Wanderung durch ein ökologisch sehr sensibles Wald- und Moorbiotop. Bitte bleiben Sie ausschließlich auf dem Moorlehrpfad – das Naturschutzgebiet ist Ruhe- und Rückzugsgebiet für gefährdete Tierarten.
Gehzeit: 1,5 h (von Liebenau und zurück 3–4 h).
Höhenunterschied: 100 m.
Einkehr: Gasthöfe in Liebenau.

Das Hochland im Nordosten des Mühlviertels ist eine wunderbare und eigenwillige Landschaft. Nahe der Landesgrenze zu Niederösterreich verbirgt sich das Tanner Moor. Entstanden ist dieses 122 ha große Hochmoor aus einem See, der im Lauf der Zeit verlandete. Im wuchernden Torfmoos finden nur Pflanzenspezialisten ihr Auskommen - etwa die Spirke, eine hoch wachsende Verwandte der alpinen Legföhren (Latschen).

Vom dunklen Wasser des Rubner Teichs, der einst für die Holztrift aufgestaut wurde, führt ein markierter Moorlehrpfad in diese fremdartige Szenerie. Vom Parkplatz gehen wir über den Damm, der den Teich aufstaut, und folgen dem links abzweigenden, grün-weiß markierten Moorlehrpfad. Durch den Wald und über mehrere kleine Holzstege gelangen wir ins eigentliche Moorgebiet. Nach etwa einer halben Stunde Gehzeit biegt der Weg unvermittelt nach rechts ab und führt zwischen verwachsenen Spirken zu einem hölzernen Aussichtsturm im Zentrum des Moores (Infotafel). Seine Plattform gewährt einen interessanten Rundblick - von oben erkennt man gut, dass sich im einstigen See sogar eine kleine Insel befand. Über eine Wiese („Kuhwamp'n") gelangt man zum östlichen Rand des Moores (links

Oben: Sommer am Rubner Teich. Unten: Winter im Herzen des Tanner Moores.

steht ein großer Hochstand). Bald erreichen wir eine Forststraße, auf der man rechts wieder zum Ausgangspunkt gelangt. Schöner ist es jedoch, dem markierten Weg auf die felsenreiche Anhöhe der 978 m hohen Lehrmüllermauer zu folgen – dahinter geht's in die Senke vor der Schneidermauer hinab und rechts zum Rubner Teich zurück. Übrigens: Man kann auch schon in Liebenau starten und auf einer markierten Route durch das nordisch anmutende Hochland zum Tanner Moor wandern.

Rund um den Blasenstein

Stoanaschau'n beim g'selchten Pfarrer

Ausgangspunkt: St. Thomas am Blasenstein, 723 m.
Charakter: einfache Wanderung auf Güterwegen, Wald- und Wiesenpfaden.
Gehzeit: 3–4 h.
Höhenunterschied: 300 m.
Einkehr: in St. Thomas.

Die Begegnung mit der „b'soffenen Nonne“ empfiehlt sich erst am Ende unserer heutigen Wanderung: Diese „geistige“ Spezialität gibt's – neben anderen Köstlichkeiten – im Gasthaus Ahorner unterhalb der Wallfahrtskirche St. Thomas am Blasenstein. Ein wenig oberhalb davon kann man die kleine Sünde tilgen, indem man sich durch die enge „Buckelwehluck'n“ des Blasensteins zwängt. Dieses mythische

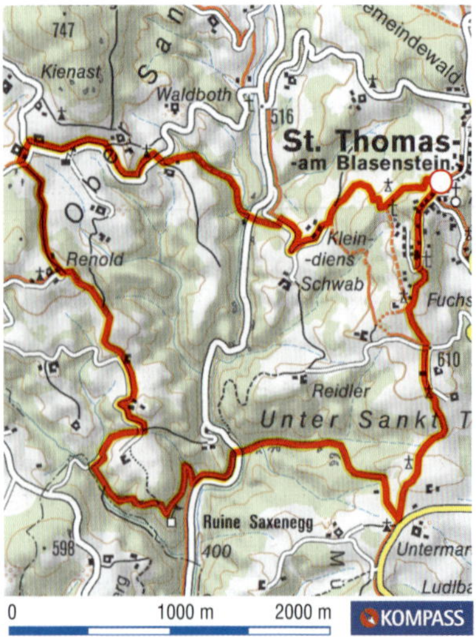

Steinheiligtum erhebt sich gleich neben der gotischen Kirche. Der archaische Brauch des Abstreifens von Sünden und Krankheiten ist übrigens weltweit verbreitet. Das Untergeschoss des Gotteshauses birgt ein weiteres Geheimnis, und zwar den auf mysteriöse Weise mumifizierten Leichnam des um 1746 verstorbenen Geistlichen Franz Xaverius Sydler, den der Volksmund etwas respektlos den „g'selchten Pfarrer“ nennt. Die Kirche selbst steht auf dem so genannten Burgstall, auf dem sich, wie Funde aus dem 11. Jahrhundert beweisen, tatsächlich eine Burg befunden hat.

Rund um St. Thomas warten noch Dutzende von Schalen-, Opfer-, Wackel-, Loch-, Einsiedler-, Phallus- und Pechölsteinen aufs Entdecktwerden, dazu alte Bildstöcke und gewaltige Granitfelsen, eine geheimnisvolle Steinstiege und die steinernen Überreste zweier Burgen. Einen guten Überblick vermittelt der Wanderweg S 4, der Sie nach Süden zum Heimkehrerkreuz und in die Ortschaft Unter St. Thomas hinunterleitet. Knapp vor der Kapelle an der Landesstraße (gegenüber dem Bauernhof Untermartaler) müssen Sie scharf nach rechts abbiegen – so kommen Sie durch ein romantisches Waldtal zum Kefermühlbach hinunter. Auf dem dortigen Güterweg spazieren Sie kurz

Ein Ort voller Merkwürdigkeiten: St. Thomas mit seiner „Buckelwehluck'n".

talaus, bis rechts ein Weg zur stark verfallenen Ruine Saxenegg hinaufführt. Unterhalb davon geht's durch einen romantischen Wald mit unzähligen Granitblöcken zu einer Forststraße, die zur Elmböckalm führt. Dort rechts abzweigen, über die Wiese und vor dem Waldrand links zum Gehöft Renold. Davor nach rechts und zum Großöllinger (im Wald links des Weges verbergen sich die Schwärzermauer und der „Einsiedlerstein" mit der größten Sitzschale des Mühlviertels). Auf der bald erreichten Gemeindestraße wandern Sie rechts 1 km Richtung St. Thomas. Bei der Kapelle des Hofes Dechtlgruber ist ein großer Pechölstein zu sehen – auf blattförmig gerillten Steinplatten wie dieser brachte man einst Holz zum Schwelen, um heilkräftige Essenzen daraus zu gewinnen.

Dann biegen Sie rechts auf den Wanderweg S 4 ab. Es geht durch einen bewaldeten Graben abwärts (in den gegenüber aufragenden Felsen verbergen sich die zwei kleinsten Pechölsteine des Landes). Unten gehen Sie kurz links auf dem Güterweg neben dem Kefermühlbach, um dann rechts auf Güter- und Feldwegen zum Gehöft Kleindienst und an einem Bildstock vorbei zum Ausgangspunkt zurückzuwandern.

Durch die Wolfsschlucht

Badekultur anno dazumal

Ausgangspunkt: Bad Kreuzen, Ortsteil Neuaigen unterhalb der Burg Kreuzen, 474 m (zu Fuß vom Ortszentrum auf dem Villa-Böck-Weg und dem Aignerberg erreichbar).
Charakter: kurze oder längere Wanderung auf Güterwegen, Waldpfaden und einem gut angelegten Schluchtsteig.
Gehzeit: kurze Runde ca. 1,5 h, längere Wanderung 2,5–3 h.
Höhenunterschied: 200 m.
Einkehr: in Bad Kreuzen, Speckalm.

Die Wolfsschlucht unterhalb der Burg von Bad Kreuzen ist ein wildromantisches Ausflugsziel. Im 19. Jahrhundert war sie jedoch mehr als das: Gemäß den Lehren des Naturheilers Vinzenz Priessnitz funktionierte man dort Wasserfälle zu Duschen und natürliche Wasserbecken zu Wellenbädern um. 1988 entdeckte man sogar einen sauber aus Granit gemeißelten „Badstein" wieder. Von den vielen Holzbauten in dieser „Heilklamm" sind heute nur noch Fundamente und Pfostenlöcher übrig, dafür weisen Schilder auf ihre Lokalitäten wie etwa die „Neptunsgrotte" hin. So ist hier ein origineller „Badekultur-Wanderweg" entstanden.
Wir beginnen am besten mit einem Besuch der 900 Jahre alten Burg, die zeitweise nachmittags zugänglich ist: Der Blick von ihrem Turm eröffnet ein herrliches Panorama bis zu den Alpen. Der Weg zu unserem Wanderziel beginnt beim Gasthof

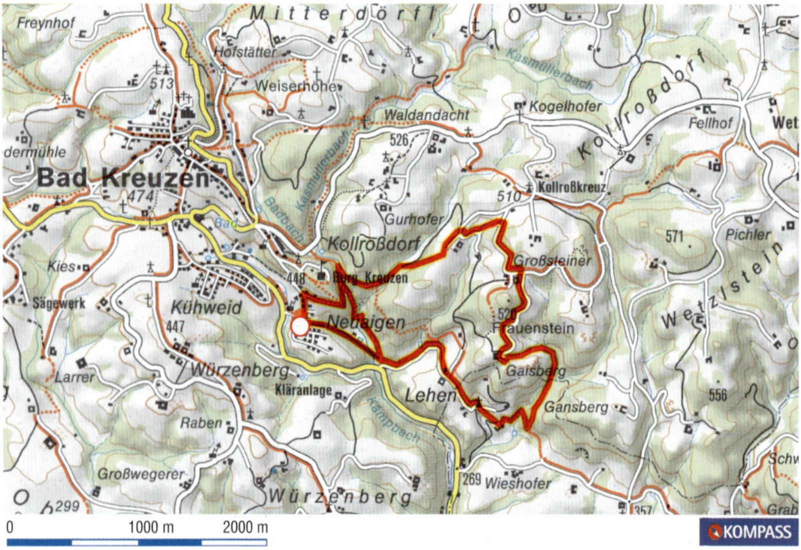

Aichinger neben der Wallfahrtskapelle Aigner-Kreuz. Wir folgen der alten Straße links ins Kempbachtal hinunter und zweigen dort nach der Brücke links auf den Waldweg ab. Er leitet uns zum unteren Eingang der Wolfsschlucht.
Der Bach hat sich hier tief in 390 bis 400 Millionen Jahre alten Weinsberger Granit eingegraben. Ihren Namen hat die Schlucht übrigens nach einer Sage, der zufolge sich ein Mönch durch einen waghalsigen Sprung vor einem Wolf rettete. Wo Sie den ersten Steg überqueren, befanden sich einst die „Greiner Duschen"; die „Wiener Wellen-Bäder" garantierten weiter oben bei einem Wasserfall für Abhärtung. Auf vielen Stufen geht's neben dem wilden Wasser zur „Anton-Bruckner-Zuflucht", zur „Neptunsgrotte" und zur „Herzogsquelle" empor; rechts des Weges lag ein eigenes „Damenbad". Hier findet man auch den erwähnten „Badstein". Auf dem Höhenweg kann man links nach Neuaigen zurückwandern.
Wer länger Zeit hat, sollte hier die Möglichkeit für eine „Zusatzrunde" auf dem Frauensteinweg (Nr. 5 und 5 b) ergreifen. Über Kollroßdorf kommt man dabei zum Bauernhof Großsteiner unter dem 520 m hohen Frauenstein. Dessen Gipfelfelsen weist eine Sitzmulde und eine stets mit Wasser gefüllte Steinschale auf - hier soll sich die Muttergottes die Füße gewaschen haben. Vorbei am Gaisbergerhof und der Speckalm gelangt man wieder ins Tal der Wolfsschlucht hinab.

Einst Heilbad, heute Themenweg.

Schlucht-Erlebnisse

Ein interessanter „Wasser-Weg" führt auch durch die 1 km lange Klamschlucht. Ihr Name leitet sich vom althochdeutschen Begriff für „einsam" her. Ausgangsort für ihre Erkundung ist die Ortschaft Klam bei Grein, die am Fuße der mächtigen Burg Clam liegt (hin und retour ca. 1 h).
Auch der Markt Königswiesen im Herzen der „Mühlviertler Alm" ist auf eine Schlucht stolz: Eine Wanderung durch die Klammleiten führt Sie zu so merkwürdigen Stationen wie dem Kanzelstein, der Einsiedlermauer oder der Himmelsleiter. Die kurze Erkundung dieses spritzigen Naturwunders nimmt etwa 1,5 h in Anspruch; eine längere Rundtour führt über den 893 m hohen Diesenberg und die Ortschaft Haid (4,5 h). Besichtigen Sie auf jeden Fall die Pfarrkirche von Königswiesen, sie birgt ein einzigartiges Schlingrippengewölbe mit 480 Feldern.

Die Stillensteinklamm

Wasser ade!

Ausgangspunkt: Grein an der Donau, 239 m.
Charakter: einfache und interessante Wanderung auf Güterwegen, Wald- und Wiesenpfaden bzw. einem gut abgesicherten Schluchtweg. Ein kurzer Abschnitt ist nicht markiert.
Gehzeit: 3–4 h.
Höhenunterschied: 200 m.
Einkehr: Gasthöfe in Grein und St. Nikola, Aumühle, Moststation Burner.

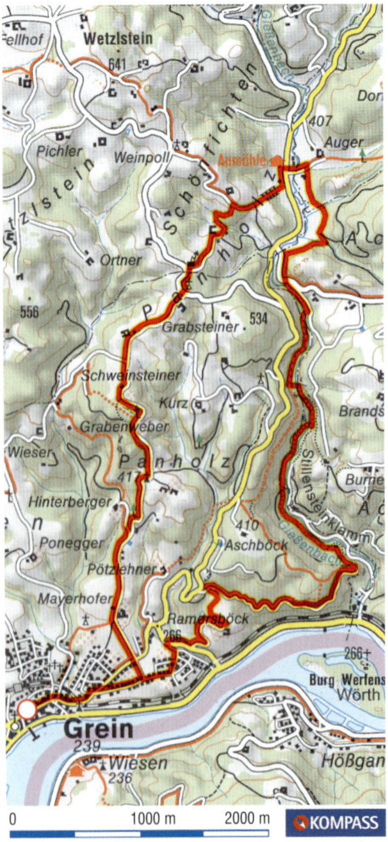

Zu dieser verschlungenen Tour im Herzen des Strudengaus starten wir in Grein, und zwar am östlichen Rand der historischen Altstadt: Man überquert dort den Greinbach und auf der Jubiläumsstraße und dem Wienerweg in eine Siedlung. Dort wandern wir zum Flammbach, überqueren wir die Straße und marschieren auf dem Güterweg zum Bauernhof Ramersböck empor. Dort links auf einem Schotterweg zum Waldrand hinauf. Nun geht's etwa 100 m über dem Donautal durch die Kreuzleiten (Blick zur Insel Wörth). Rechts auf der Forststraße im sanften Auf und Ab zum Einschnitt der Stillensteinklamm. Wo man schon hinuntersieht, wenden wir uns rechts auf einem verwachsenen Karrenweg zum breiten Wanderpfad, der links neben dem – kraftwerkshalber wasserreduzierten – Gießbach ins Tal hineinzieht.

Bald kündigen die ersten Granitblöcke den Beginn der Stillensteinklamm an. Über steile Stufen geht es aufwärts, kleine Wasserfälle und Kaskaden erfreuen das Auge. Dann ist es ganz plötzlich still: Ein riesiger, überhängender Fels bildet ein Dach über der „Steinernen Stube", wo sich der Bach tief unter großen und kleinen Blöcken versteckt. Einst soll hier ein Bergmännlein einem armen Mädchen Wunderkräuter fürs kranke

Rastplatz mit Regenschutz: in der Stillensteinklamm.

Mütterlein gezeigt haben – damit verschwand jedoch auch das kühle Nass. Geologen konstatieren hier einen gewaltigen Bergsturz. Ein kleines Stück weiter oben gurgelt das Wasser, wie es sich gehört, wieder an der Oberfläche, und es lohnt sich, ihm zu einem kleinen Stausee und zum Gasthof Aumühle zu folgen.

Etwas südlich davon führt dann ein Wanderweg nach Westen zur bäuerlichen Landschaft um das Panholz, über die Dimbacher Straße und südwärts nach Grein zurück. Rechts gäbe es dagegen eine Weg-Alternative zu einem Steinbruch, zum Bauernhof Ober-Holzhacker und zur einladenden Jausenstation Burner, danach geht's auf einem Karrenweg, später einer Forststraße, nach St. Nikola, von wo man mit der Donauuferbahn nach Grein zurückkehrt.

Grein

Dichter nannten das alte Donauschifferstädtchen die „Perle des Strudengaus" – und das ist es bis heute geblieben: Die Altstadt von Grein birgt u. a. das älteste weltliche Theater Österreichs, das im ursprünglichen Zustand erhalten ist – inklusive Sperrsitzen, einem originellen „stillen Örtchen" und einem angebauten Gefängnis. Über der Stadt thront das Renaissanceschloss Greinburg. Im dort untergebrachten Schifffahrtsmuseum erfährt man viel vom jahrhundertelangen Transportwesen auf der Donau, die ganz in der Nähe eine ihrer gefürchtetsten Engstellen aufweist: Der „Struden" – ein Wasserstrudel unterhalb der Insel Wörth – gab dem ganzen Umland seinen Namen. Eine schöne Wanderung führt über das Gasthaus Binderalm zur 484 m hoch gelegenen Gobelwarte im Südwesten der Stadt (hin und retour ca. 2 h). Info: www.grein.at

Kranzberg, 874 m

St. Georgen und seine Einsiedler

Ausgangspunkt: St. Georgen am Walde, 787 m.
Charakter: einfache Wanderung für die ganze Familie.
Gehzeit: 2 h.
Höhenunterschied: 200 m.
Einkehr: in St. Georgen.

Sind die St. Georgener, die hoch im Norden über dem Strudengau „am Walde“ leben, menschenscheu? Der freundliche Herr, der uns am Dorfplatz die Wanderwege aufzählt, und die nette Wirtin, die später Suppe und Knödel auftischt, sind es jedenfalls nicht. Und auch die Erbauer des Naturlehrpfades am Kranzberg haben ein Herz für Besucher, sonst hätten sie dieses wunderbare Ausflugsziel sicher nicht so liebevoll mit Stufen, Geländern, Schautafeln und Holzunterständen gestaltet. Doch zumindest manche ihrer Vorfahren müssen die Stille geliebt haben – anders sind die zehn „Einsiedelsteine“ im Gemeindegebiet kaum zu erklären. Dabei handelt es sich um riesenhafte Granitblöcke, die nicht nur die überall im Mühlviertel verbreiteten Schalen tragen, sondern auch Felsvorsprünge oder höhlenartige Nischen aufweisen, die der Überlieferung nach frommen Eremiten als Unterschlupf gedient haben. Auch der Teufel soll bei einigen dieser Block-

Manche Einsiedler müssen kletterkundig gewesen sein!

burgen seine rußigen Finger im Spiel gehabt haben: Über den kaum zu findenden „Einsiedelstein" auf dem Eitenreiterberg erzählt die Sage beispielsweise, die Leute dort hätten so fromm gebetet, dass ihm der Gottseibeiuns voller Zorn einen Tritt verpasst habe – die kleine Vertiefung dort ist wirklich auffallend dunkel.

Viel leichter findet man den „Einsiedelstein" auf dem Kranzberg: Er erhebt sich über der Hubertuskapelle; ein Wegweiser zeigt den kurzen Abstecher zu seiner scharfrandigen, stets mit Wasser gefüllten Schale. Ganz in der Nähe findet man auch einige Granitblöcke mit flacheren Mulden, in denen vermutlich so genannte Krautfeuer zur Warnung vor Räubern abgebrannt wurden. Mitten auf dem Acker vor der Kapelle liegt ein ebenfalls sagenumwobener Riesenstein, die „versteinerte Heufuhre". Aber auch rundherum gibt es allerhand zu entdecken: Der Waldlehrpfad, der beim Tennisplatz unterhalb des Ortszentrums beginnt, führt an interessanten Infotafeln über Waldbewirtschaftung und Waldverjüngung oder an Hinweisen auf die Entstehung der Granitformationen vorbei. Im abwechslungsreichen Auf und Ab gelangen wir zu einem Feuchtbiotop, dann können wir einen Abstecher zu einem Aussichtsplatz unternehmen und eine beschilderte Ameisenstraße begutachten.

Schließlich sollten wir uns in der kleinen Holzhütte, die mitten im Wald den höchsten Punkt des Berges markiert, vor dem steilen Abstieg ausrasten. Gleich daneben ragen einige weitere, mit Schalen geschmückte Felsblöcke empor – richtig geraten, noch ein „Einsiedelstein".

Innviertel
und Hausruckwald

Stille Schönheit: der Heratinger See im Innviertel.
Oben: Herbstwanderung im Hausruckwald.

Zu den Huckinger Seen
Verschlungene Wege durch den Weilhartforst

Ausgangspunkt: Holzöster, 490 m, Seebad am Holzöstersee.
Charakter: einfache Wanderung auf stellenweise unmarkierten Forst- und Wanderwegen.
Gehzeit: 3,5 h.
Höhenunterschied: geringfügig.
Einkehr: in Holzöster und Haid.

Am Anfang war das Eis: Noch vor 10 000 Jahren quoll es überschwänglich aus den Salzburger Alpen ins Innviertel hinaus. Als die Sonne dem glazialen Treiben ein Ende setzte, blieb eine seltsame Landschaft zurück: Schotter von fernen Bergen, Hügel, Moränenwälle – und Seen,

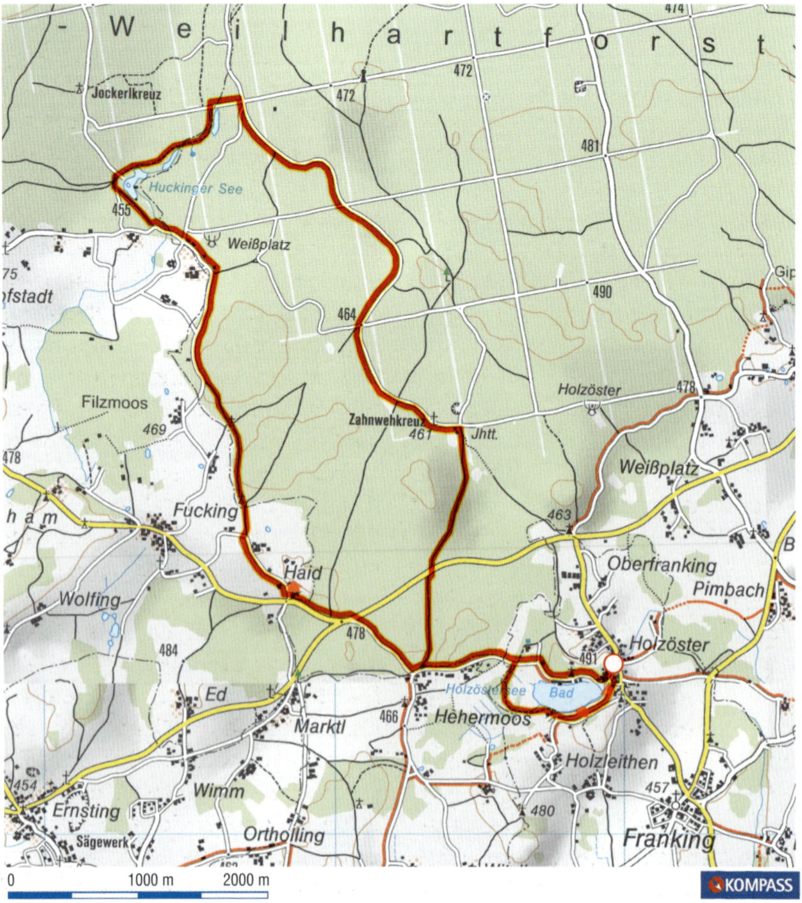

Die Huckinger Seen zählen bestimmt zu den stillsten Wassern Oberösterreichs.

die langsam verlandeten und sich in Moore verwandelten. Einige sind aber erhalten geblieben: Die Oberinnviertler Seenplatte zählt zu den reizvollsten Landschaften des Landes und der Holzöstersee zu seinen wärmsten Badegewässern. Doch wer kennt die Huckinger Seen? Vergessen und versteckt liegen sie am Südrand des riesigen Weilhartforsts, in dem es unbedarften Wanderern wie Hänsel und Gretel ergehen könnte: Im Gewirr der (mit eigenen Namensschildern versehenen) Forstwege verliert man leicht die Orientierung ...

Diese ist zumindest am Beginn unserer Wanderung kein Problem – wir wandern vom Holzöstersee nach Westen zum angrenzenden Hehermoos und nach der Markierung Nr. 252 in den gleichnamigen Weiler. Geradeaus weiter, am Pestkreuz vorbei und in Marktl rechts über die Hauptstraße zum Waldgasthof Lindlbauer in Haid. Nun wandern wir auf dem mit der Markierung 252 gekennzeichneten Fahrweg zwischen dem Filzmoos und dem Weilhartforst zum Pflanzengarten des Forsthauses Weißplatz. Dahinter beginnt der Wanderweg zu den Huckinger Seen, der in den Wald und dann ein wenig abwärts führt. Rechts durch ein Drehkreuz, dann stehen wir bald am Ufer des größeren der drei einsamen Waldseen, in dem sogar eine „schwimmende Insel" herumdümpelt. Zwischen ihnen gurgelt ein Bächlein, dessen Wasser schließlich im moorigen Boden versickert. Dort erreichen wir die Rauher-Poschen-Forststraße, auf der wir rechts weitergehen. Bald darauf zweigen wir rechts auf die Pongatalstraße ab, der wir über den 464 m hohen Bramesberg und die längst zugewachsene Kornwies zum Zahnwehkreuz folgen. Gleich danach verbirgt sich der winzige Krottensee im Gehölz. Dort biegen wir rechts auf die Hehermoosstraße ab, überwinden ein Gatter und überqueren alsbald die Hauptstraße. Weiter durch den Wald gelangen wir wieder nach Hehermoos, von wo wir links zum Ausgangspunkt zurückkehren.

Im „Wald der Kinder"

Familienspaß auf dem Weg zur Pettenfirsthütte

Ausgangspunkt: Zell am Pettenfirst, 550 m.
Charakter: einfache Wanderung auf Güterwegen und problemlosen Waldpfaden mit vielen Spiel-Stationen.
Gehzeit: zur Pettenfirsthütte 45 Min. (mit Spielen entsprechend länger!), Rückweg 30–45 Min., größere Runde ca. 2 h.
Höhenunterschied: 400 m.
Einkehr: in Zell und Ampflwang, Pettenfirsthütte.

Mitten in Oberösterreich gibt es ein Mini-Gebirge, das eigentlich ein Tal ist: Vor etwa 17 Millionen Jahren verlandete hier ein Meer, dessen Boden der Flussschotter aus den gerade entstehenden Alpen auffüllte. Zehn Millionen Jahre später gedieh darauf ein Zypressenwald, der auch bald unter dem Geschiebe verschwand. Erst in geologisch jüngster Zeit begann die Abtragung der mehr als 200 m hohen Schotterdecke: So entstanden die Höhenzüge des Hausruck- und des Kobernaußerwaldes. Die Relikte der Urzeitbäume nutzte man im 19. und 20. Jahrhundert in Form von Kohle.

Auf einem südseitigen Ausläufer des Hausrucks steht die Pettenfirsthütte. Der schönste Weg dorthin führt durch den einzigartigen „Wald der Kinder": Wir starten bei der Wallfahrtskirche in Zell am Pettenfirst, die einen wunderbaren Barockaltar von Thomas Schwanthaler birgt. Bei der Volksschule verrät ein Infostand, wie's weitergeht. Bald zeigt ein Wegweiser links die Richtung zur Pettenfirsthütte an. Hinter einigen Häusern überquert man eine Wiese bis zum Waldrand hinauf. Dort folgt man links der Asphaltstraße, die kurz darauf zum Karrenweg wird. Und nun geht's los: Wir finden schwimmende Blätter und Hüpfpilze, besuchen ein Speck-

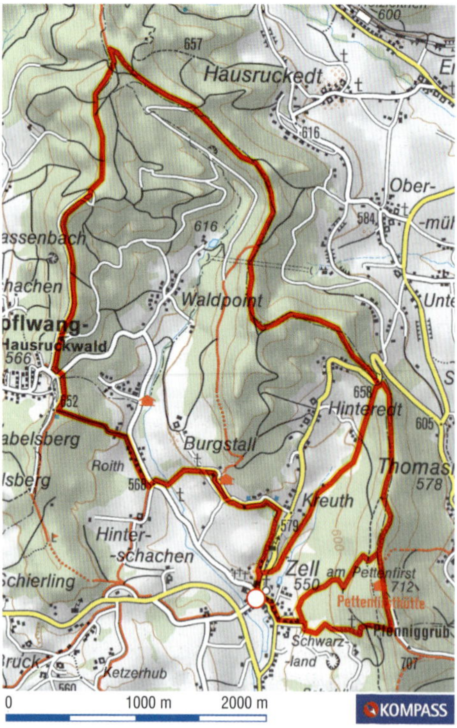

Der liebevoll ausgestaltete „Wald der Kinder“ steckt voller Überraschungen.

steinnest und besuchen nach einer Hängebrücke den Froschkönig. Bald zweigen wir links auf den Mitterweg ab – nicht ohne zuvor den Barfußweg inspiziert zu haben. Wenig später wenden wir uns wieder nach rechts, um steil zum Kamm des Hausruckwaldes anzusteigen. Vorbei an Waldbetten, Windspiel und Klettergitarre erreichen wir eine Baumschaukel. Schießlich wandern wir rechts über die mit Geländern abgesicherte Schneide aus versteinertem Schotter zur Märchenstation bei der Hütte, u. a. an einem Fuchsbau und einem Baumhaus vorbei. Diesen Weg kann man ruhig öfter gehen – kleine und große Wanderer werden immer wieder Neues entdecken!

Wer nicht auf dem gleichen Weg zurückgehen möchte, kann unter mehreren Rückweg-Varianten wählen. Die kürzeste zweigt 200 m südlich von der Hütten-Zufahrtsstraße rechts ab. Kehrt man dagegen wieder zum Sattel im Norden der Hütte zurück, so empfiehlt sich die Kammüberschreitung bis zur Straße nach Thomasroith; dort findet sich links ein Abstiegsweg über Kreuth. Oder man folgt dem Waldkamm im Auf und Ab bis zur Einmündung des Ampflwanger Höhenweges. Auf diesem links bis zur Straße von Ampflwang nach Zell, kurz weiter und dann links nach Roith hinunter. Von dort gelangt man auf Wiesen- und Güterwegen zum Ausgangspunkt zurück.

Göblberg, 801 m

Höhenflüge im Hausruckwald

Ausgangspunkt: Pramet, Badesee, 580 m.
Charakter: einfache Waldwanderung auf breiten Wegen und Pfaden.
Gehzeit: auf den Göblberg und zum Wirt am Hoblschlag ca. 2 h, Rückweg 1 h.
Höhenunterschied: 250 m.
Einkehr: in Pramet, Wirt am Hoblschlag.

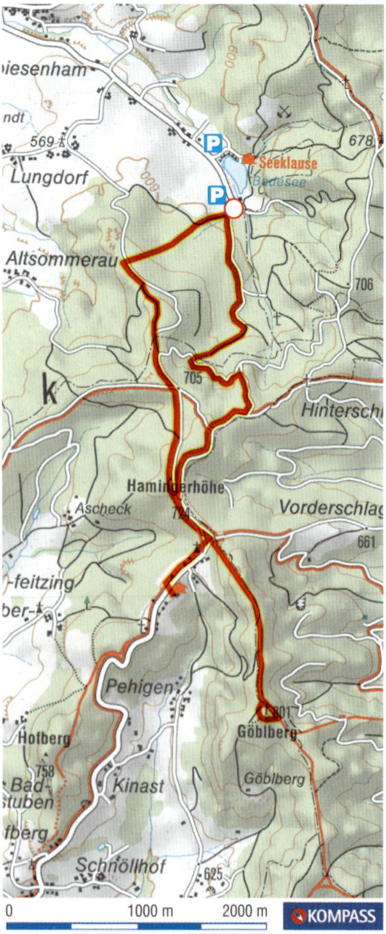

„Bi dort und da gwen
Schon mit Fahrn und mit Gehn,
Und han gseha, wia d' Gegendn han,
Wild oder schen.
Und as hätt ma scho dert
Hin und wieder wo gfalln.
Doh am bestn nu alleweil:
Bo üns, inter alln.“

„Bo üns“, das ist im Hausruck. Der Verfasser dieser Hymne in heimischem Idiom musste es ja wissen: Franz Stelzhamer kam am 29. November 1802 am Nordabhang dieses Höhenzuges zur Welt. Dass die Gegend eine gesunde ist, zeigt die Tatsache, dass Oberösterreichs größter Mundartdichter trotz seines unsteten Lebens 80 Jahre alt und mit fast 70 noch zweimal Vater geworden ist. Sein Geburtshaus, das „Vordernhaus“ in Großpiesenham, steht noch heute in seiner holzgeschindelten Pracht. Ganz in der Nähe hat die Gemeinde Pramet einen schönen Badeteich angelegt; gleich dahinter beginnt der Hausruckwald. Unsere Route folgt vom Badesee dem Wanderweg nach Süden hinauf, immer rechts des Grabens. Zwei links abzweigende Wege ignorieren. Weiter oben erreicht man einen quer verlaufenden Weg, dem man links und bald darauf rechts zu einer Asphaltstraße folgt. Auf dieser rechts über die Hamingerhöhe und dann, der Markierung 120

Winterlichers Gipfelglück im Hausruckwald: der Göblberg

folgend, südwärts zur Kreuzung oberhalb von Hoblschlag. Wer den höchsten Punkt des Hausruckwaldes sehen möchte, geht geradeaus auf einem anfangs steilen Schotterweg Richtung Göblberg weiter, bis rechts ein kurzer Abstecher zum mitten im Wald und daher aussichtslos gelegenen Gipfelkreuz führt. Ansonsten gelangt man auf der Straße rechts in Kürze zum Wirt am Hoblschlag hinunter. Dort genießt man ein traumhaftes Panorama bis zum Attergau und zum Dachstein – und wenn nicht, dann schmecken die Knödel in der Stube. Bei der Rückkehr folgen wir der Asphaltstraße bis zur Hamingerhöhe, wo wir links auf einen Schotterweg einschwenken. Kurz darauf geradeaus und zum Hausruck-Höhenweg, den wir jedoch gleich wieder rechts auf dem Bierweg (Nr. 375) verlassen. Auf dieser Route wurde früher der Gerstensaft aus der Brauerei Zipf ins Innviertel transportiert. Etwa 1 km durch den Wald hinab und dann rechts auf den Romantikweg einschwenken. Er leitet uns zum Badesee von Pramet zurück.

Kleine Knödel-Kunde

Oberösterreich ist ein „Knödelland". Offenbar wurden die runden Köstlichkeiten hier schon in grauer Vorzeit geschätzt: Unter den Relikten der Mondseer Pfahlbauten fand man mehr als 3000 Jahre alte Teigreste. Kaum woanders wird eine derartige Knödel-Vielfalt geboten wie hier: Regionale Kochbücher und Speisekarten vermelden u. a. Suppenknödel, Schwemmknödel (als Suppeneinlage), Semmel- und Serviettenknödel, Schwammerlknödel, Brandknödel, Erdäpfelknödel (wahlweise aus rohen oder gekochten Erdäpfeln), Mehl- und Grießknödel, Speck- und Leberknödel, Fleisch-, G'hack-, Haschee- oder Grammelknödel (auch überbacken), Hirn- und Milzknödel, Butter- und Bröselknödel, Räuberknödel, Käseknödel, Einmach- und Eierspeisknödel, Fischknödel, geröstete Knödel, Germknödel, Mohnknödel, Topfenknödel, Marillen- oder Zwetschkenknödel etc. Knödel gibt's als Haupt- oder Nachspeise, aber auch als Beilage. Eine Besonderheit sind die Innviertler Knödel: klein, aber in mindestens drei Arten (mit Grammel-, Fleisch- und Speckfüllung) zum Sauerkraut.
Rezepte unter www.genussland.at

Der Weg der Sinne

„Sinnvoll" auf den Hausruck

Ausgangspunkt: Haag am Hausruck, 505 m, Parkplatz bei der Talstation des Sessellifts.
Charakter: einfache Wanderung auf einem besonders originellen und interessanten Themenweg. Problemlose, aber stellenweise schmale und bei Nässe rutschige Pfade.
Gehzeit: Weg der Sinne bis zur Aussichtswarte 1,5–2 h, zurück auf dem Waldlehrpfad 2 h.
Höhenunterschied: insgesamt 400 m.
Einkehr: Gasthöfe in Haag, Waldschänke auf der Luisenhöhe.

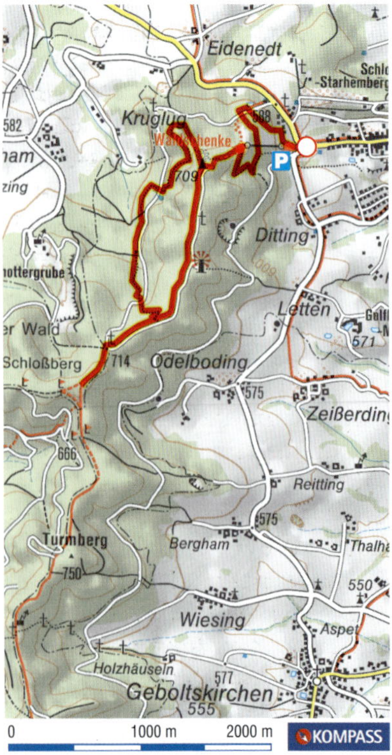

Von Haag surrt ein Sessellift auf die Luisenhöhe, den nördlichsten Gipfel des Hausruckwaldes. In seinem Bereich lockt eine außergewöhnliche Themenroute: der Weg der Sinne, der Ihnen einen ganz bewussten Zugang zu den Erscheinungen der Natur, ihren Elementen und ihren Gesetzmäßigkeiten bietet. Er beginnt bei der Talstation oberhalb des Ortes und führt zunächst über die große Wiese zum „Sammelplatz" beim Josefsbrunnen. Gleich daneben findet man eine archimedische Schraube. Vorbei an der Rohrlacke geht's weiter. Eine Straße wird überquert, dann kann man versuchen, sich im „Labyrinth" zurechtzufinden. Die nächsten Erlebnisstationen: optische Scheiben, ein Wasser-Prisma und Informationen über heimische Sträucher – dann können Sie auf einem Wiesen-Sofa verschnaufen.
Ein kurzer Abstecher führt zum Drei-Zeiten-Pendel, dann peilt man die Balancier-Scheiben, die Impuls-Kugeln und die Schwing-Seile an. Sind Sie zu zweit unterwegs, werden Sie sicher die Partner-Schaukel nützen – der nahe Hör-Trichter ist auch alleine interessant. Nach einer Kehre steht man vor dem Summ-Stein, überschreitet eine Hängebrücke und landet schließlich in der Klang-Station kurz unter der Luisenhöhe: Eine Rast in der Wald-

Geheimnisvolle Gesteinsbrocken säumen den „alten" Lehrpfad Symbrunn.

schänke ist fällig; Kinder finden dort auch einen Spielplatz.

Hier beginnt der insgesamt 64 km lange Hausruck-Höhenweg, der über den gesamten Rücken des Bergzugs zieht. So weit wollen wir heute nicht, es reicht schon der erste Abschnitt, vorbei an Informationen über den Wald, seine Böden und seine Ameisen. Nach der Laubmauer kommt man an einem Funkturm vorbei – Sie können aber auch das Baum-Telefon in Betrieb setzen. Es folgen eine Baum-Galerie, das Lebens-Netz und ein Barfuß-Parcours, die Wald-Einsichten und eine Duft-Orgel. Dann stehen Sie vor einer 32 m hohen Aussichtswarte; die tolle Aussicht müssen Sie sich jedoch über 156 Stufen verdienen.

Man kann dem Kammweg noch bis zum alten bayerischen Grenzstein folgen.

Dazwischen zweigt der schon seit vielen Jahren bestehende und mit Dreiecken markierte Waldlehrpfad Symbrunn nach Westen ab. Er führt zu einer Holzhütte hinab und weist dann 16 beschilderte Stationen auf, etwa die Wallburg „Eiserne Hand" oder den Symbrunn, die einsame Quelle der Pram. Unterhalb der Forststraße liegen eigenartig verkieselte, fast an Beton erinnernde Quarzitkonglomeratblöcke aus der ersten Aufschüttungsperiode vor etwa 15 bis 12 Millionen Jahren. Nahe der Waldschänke mündet der Waldlehrpfad wieder in den Weg der Sinne ein. Zuletzt wandern wir auf dem Weg der Sinne wieder zum Ausgangspunkt hinunter. Noch mehr „Kick" bringt natürlich ein Ritt auf der Sommerrodelbahn, die sich daneben talwärts schlängelt!

Bahnwege & Bergpfade

Auf den Spuren des Kohlenbergbaus im Hausruck

Ausgangspunkt: Gschwendt bei Geboltskirchen, 617 m.
Charakter: einfache Wanderung auf Forststraßen und Waldwegen, jedoch stellenweise nicht markiert.
Gehzeit: 3 h.
Höhenunterschied: 150 m.
Einkehr: unterwegs keine, Gasthöfe und Mostheurige in Geboltskirchen und seiner Umgebung.

Wie beginnt ein idealer Wanderweg? Eben und gemütlich, garniert mit schöner Aussicht. Genau das bietet der Hausruckwinkel, das versteckte Bauernland im Nordosten des lang gezogenen und viel gegliederten Waldrückens, der das Hausruck- vom Innviertel trennt. Südlich von Geboltskirchen sendet er einen Höhenzug gegen Wolfsegg und quer durch seine nördlichen Abhänge schlängelt sich ein bretterlebener Forstweg. Was heute zum beschaulichen Dahinspazieren verleitet, war noch vor 35 Jahren harte Arbeitswelt: Die horizontale Trasse stammt von einer Bahnlinie, die die zahlreichen Braunkohlenbergwerke in diesem Bereich des Hausruckwaldes miteinander verband. Im 19. Jahrhundert entstanden mehrere Schienenwege Richtung Hausruck, auf denen man das begehrte Brennmaterial zu den Salinen im Salzkammergut brachte. Einer davon führte seit 1843 von der heutigen Westbahn-Station Breitenschützing (zwischen Lambach und Schwanenstadt) in eine Bergwerkssiedlung bei Wolfsegg, die heute noch den sprechenden Namen „Kohlgrube" trägt; ab 1923 transportierte die 11 km lange, „beschränkt-öf-

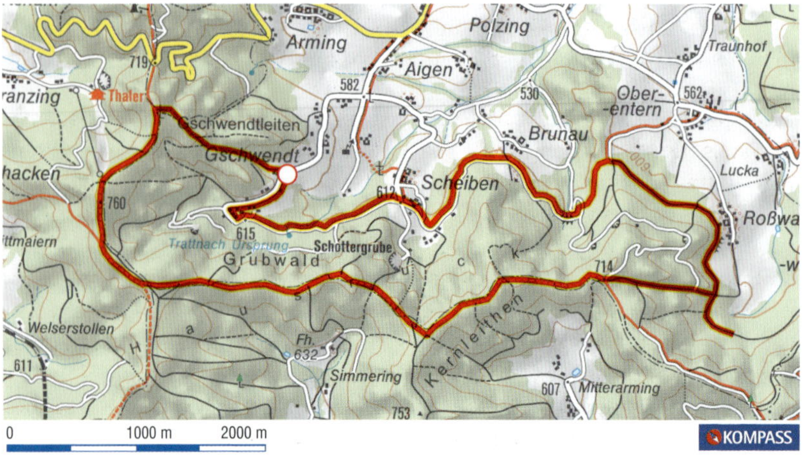

Ein frischer Schluck aus der Quelle der Trattnach – was könnte mehr erquicken?

fentliche" Schmalspurbahn sogar Passagiere. Am 10. März 1966 ratterte der letzte Zug durch das Ostrevier der Wolfsegg-Traunthaler Kohlenwerks AG. Die Schienen sind längst verschwunden, aber sonst sind in der Landschaft noch einige Spuren der einstigen Betriebsamkeit zu entdecken: als Wohnhäuser adaptierte Industriegebäude, zerwühltes Gelände, Dämme und das renovierte Tunnelportal unterhalb der Straßenkurve im Talschluss von Gschwendt. Dazwischen geht der Blick immer wieder ins Weite – hinaus ins „Landl", ins hügelige und von unzähligen Mostobstbäumen bewachsene Tal der Trattnach. Der von einer Mauer eingefassten Quelle dieses Flüsschens begegnet man bereits 500 m nach dem Start und mit einem frischen Schluck gestärkt ist das folgende Wegstück kein Problem. Oberhalb des Weilers Oberenten erreichen wir den „Erlebnisweg Hausruckeck", dem wir rechts nach Roßwald folgen. Dort hat sich jemand eine richtige Burg gebaut. Gleich nachdem man wieder in den Wald eintaucht, quert ein schnurgerader, aber nicht markierter Hohlweg, auf dem wir rechts hinaufwandern (zuvor sollte man jedoch den Abstecher geradeaus zum nahen Schaustollen machen). Der Hohlweg führt auf den gut 700 m hohen Hausruck-Kamm, auf dem man eine rot-weiß-rot gekennzeichnete Route erreicht- Auf dieser Richtung „Haag" über den bewaldeten Rücken, bis sie in den Hausruck-Höhenweg (Nr. 810) einmündet.

Dort rechts über den Grubberg zur Bergstation eines Skilifts hinüber. Bald danach zu einem Andachtsbild, das an die Folgen einer Gotteslästerung erinnert, und zu einem originellen Steintisch. Rechts abzweigen und auf einem Hohlweg durch die Gschwendtleiten zum Waldrand bei Gschwendt hinunter. Dann steht der Mosteinkehr nichts mehr im Wege!

Zur Fronholzwarte, 592 m

Vom Kubinschlössl zur Schärdinger Hütte

Ausgangspunkt: Wernstein, 319 m.
Charakter: einfache, aber nur stellenweise markierte Wanderung auf Güterwegen und problemlosen Pfaden. Der Abstieg über die Schärdinger Hütte ist sehr steil und bei Nässe nicht zu empfehlen (kann aber umgangen werden).
Gehzeit: Aufstieg 1,5–2 h, Abstieg 1,5 h.
Höhenunterschied: 300 m.
Einkehr: in Wernstein und Schardenberg, Gasthaus bei der Fronholzwarte.

Kaum zu glauben, dass die sanfte Landschaft des westlichen Sauwaldplateaus den Hintergrund für bizarre Zeichnungen bildet: Zwischen 1906 und 1959 lebte der Graphiker und Schriftsteller Alfred Kubin in Zwickledt, und zwar im so genannten Schlössl, das heute als Museum und Gedenkstätte zugänglich ist. Es bildet die erste Station einer erlebnisreichen Rundtour, die wir beim Gemeindeamt Wernstein beginnen. Wir gehen ostwärts über die Bahnlinie und am Pfarrhaus vorbei ins Lindenbachtal, wo die Beschilderung des Kubinweges beginnt. Durch das Gelände eines Sägewerks gelangen wir in den hinteren Bereich der Siedlung, aus der wir auf dem Kubinweg (Nr. VIII)

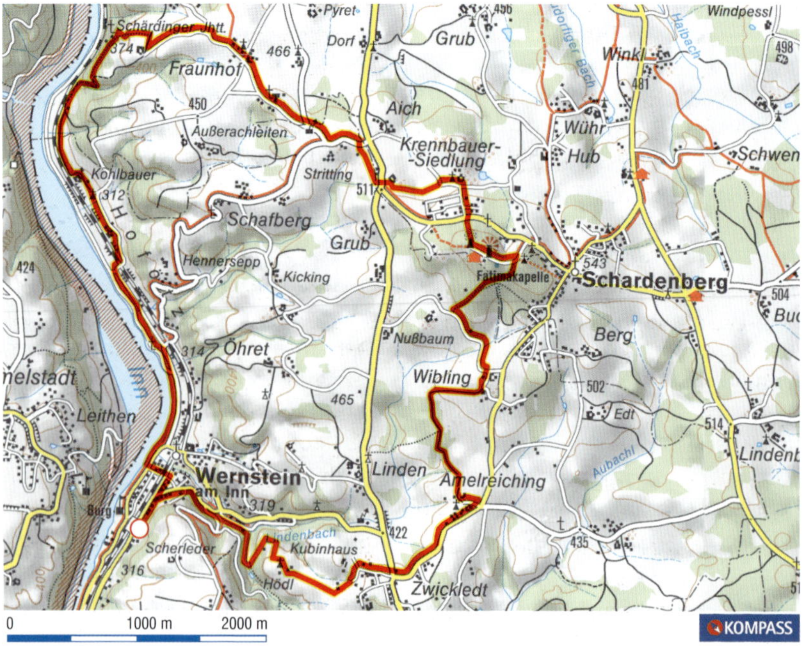

zur Hochfläche des Sauwalds ansteigen. Bei einem Hof mit Kapelle erreichen wir einen Güterweg, der nach Zwickledt zum Kubinschlössl mit seinem kleinen Holzturm führt. Wir überqueren die Hauptstraße von Schärding nach Passau und gehen nach der Markierung VIII in die Ortschaft Amelreiching, wo wir links abbiegen. Nach einiger Zeit weist uns die Markierung rechts nach Wilbing. Dort links und kurz parallel zur Hauptstraße, dann links auf einem Güterweg weiter. Schließlich geht's rechts auf einem Weg ins Fronholz und auf den Hügel mit der Fatimakapelle hinauf (kurzer Abstecher nach rechts). Links gelangt man zur Aussichtswarte auf dem höchsten Punkt der Kuppe. An klaren Tagen schweift der Blick von dort oben vom Böhmerwald über die Gegend um Passau bis zur Alpenkette.

Beim Sender zweigen wir rechts ab, steigen nordwärts zu einer asphaltierten Fahrbahn ab und wandern jenseits durch die Krenbauersiedlung zum gleichnamigen Gehöft. Dort nach links, bald darauf nochmals links abzweigen und zu einem weiteren Bauernhof nahe der Hauptstraße. Auf dieser links zur nahen Abzweigung, dort rechts über die Fahrbahn und hinter einigen Häusern vorbei zum Güterweg nach Wernstein. Auf diesem nach links und gleich nach der Einfahrt zum Gehöft Stritting rechts abbiegen. Bald darauf zweigen wir nach der Markierung links ab. Zwischen dem Wald und einem Gehöft weiter,

Schärding – ein barockes Gesamtkunstwerk

dann rechts zum Weiler Fraunhof. Über eine Querstraße, beim hinteren Gebäude links weiter und zu einem schönen alten Bauernhof am Rande der Sauwald-Hochfläche. Rechts daran vorbei, auf einem schmalen Weg über die Wiese und durch den Wald zur unbewirtschafteten, aber bezaubernd auf einem Felsvorsprung gelegenen Schärdinger Hütte hinab. Dann geht es nochmals steil hinunter und auf dem breiteren Weg zum Inn. Nach links und auf dem „Natur-Erlebnis-Weg" neben dem Fluss und der Bahn zum Ausgangspunkt zurück.

Schärding

Architektonisch ist die mittelalterliche Wehrstadt am Inn von allen Epochen geprägt, ihr Prunkstück ist jedoch die barocke Silberzeile im Zentrum: Giebel an Giebel präsentiert sich hier ein unvergleichliches Häuserensemble in bunten „Zunftfarben". Hier wohnten einst reiche Handels- und Kaufleute. Die Innschiffe brachten Tuffstein und Salzburger Marmor, Weine aus Italien und Venedigerware aus dem Orient.

Info: www.oberoesterreich.at/schaerding

Zum Jungfraustein, 630 m

Swingin' Sauwald

Ausgangspunkt: Natternbach, 434 m.
Charakter: einfache Wanderung auf Güterwegen, Wald- und Wiesenpfaden.
Gehzeit: zum Jungfraustein 2 h, Rückweg 1,5–2 h.
Höhenunterschied: 300 m.
Einkehr: Gasthöfe in Natternbach, Reiterhof Pühringer, Gasthof Litzlbauer in Tal.

Einer der wenigen Wackelsteine, die wirklich noch wackeln, liegt mitten im Sauwald: der Jungfraustein. Drei Jungfrauen sollen diese beiden Felsblöcke herbeigetragen haben - die Mädels müssen olympiareife Stemmerinnen gewesen sein. Es ist jedenfalls ein eigenartiges

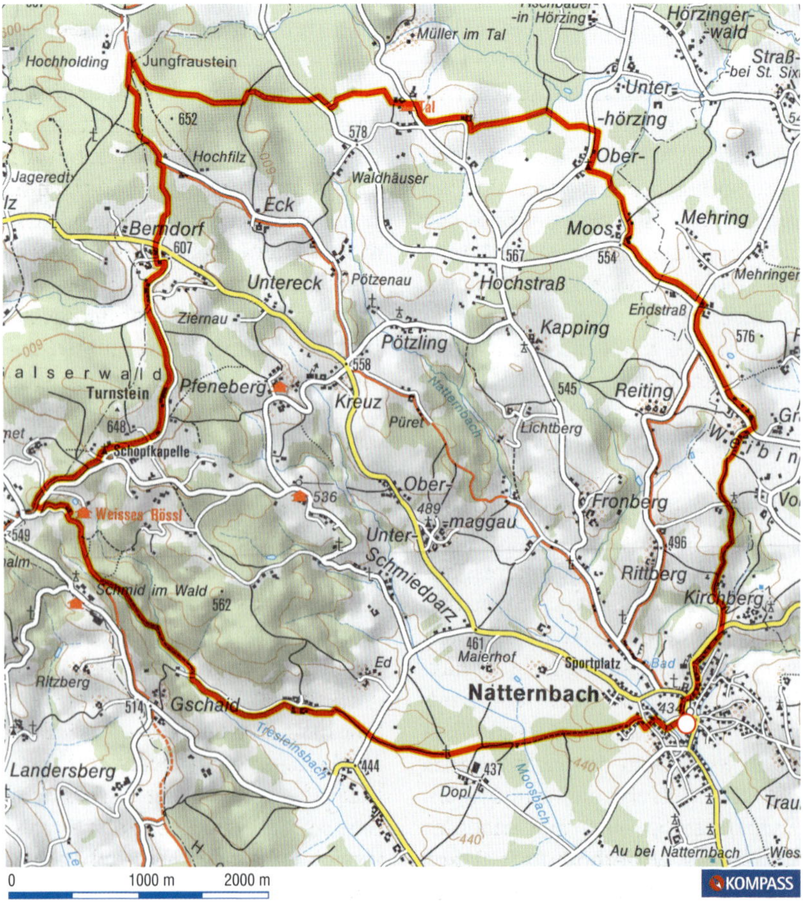

Auf dem von Legenden umwobenen Jungfraustein lassen sich alle gern verschaukeln.

Gefühl, auf dem oberen der beiden Felsen zu sitzen und sanft auf ihm zu schaukeln. Nicht weit entfernt steht zudem ein mehr als 200 Jahre alter, gut erhaltener Grenzstein. Er markiert die mittlerweile weit nach Westen „gewanderte" Grenze zwischen Bayern und Österreich, die heute nur mehr das Inn- vom Hausruckviertel trennt.

Der kürzeste Weg zum Jungfraustein beginnt in der Ortschaft Berndorf und nimmt bloß 20 Min. Gehzeit in Anspruch. Der Wanderweg II führt dagegen von Natternbach herauf, für ihn muss man eine gute Stunde veranschlagen. Weitaus länger, aber wunderschön ist der Wanderweg I, der gegenüber der Pfarrkirche beginnt und auf dem Steinweg zum Natternbach führt. Danach quert man den Vorauweg und die Aulandstraße, um auf der Birkenstraße den Ort zu verlassen. Durch das Maierhofholz gelangt man zu einer Abzweigung nahe dem Gestüt Moosbachhof in Dopl, von der man geradeaus auf dem Wanderweg IV zur Landesstraße und weiter nach Au bei Edt geht. Vor der Gscheidmühle rechts und durch ein Waldtal zum Römerweg, einer historisch belegte Route aus der Römerzeit. Auf dieser rechts zum Reiterhof Pühringer, dann rechts zur Schopfkapelle und weiter nach Berndorf (dazwischen lohnt sich der kurze Abstecher auf den Turmstein). Hier überqueren wir die Hauptstraße und wandern durch den Hochfilzwald unserem „swingenden" Tourenziel entgegen. In der Folge führt der Wanderweg in die Ortschaft Tal. Links zum Bauer am Berg, weiter nach Oberhörzing und Moos. Nun geht's ein Stück auf dem Güterweg nach Endstraß und von dort rechts nach Weibing. Bei der Tischlerei rechts auf den markierten Wanderweg abzweigen und nach Natternbach zurück.

Rund um Esternberg

Naturerlebnisse im nördlichen Sauwald

Ausgangspunkt: Esternberg, 510 m.
Charakter: beschauliche Wanderung auf Waldwegen, Forststraßen und Güterwegen, besonders empfehlenswert für botanisch Interessierte.
Gehzeit: 3 h.
Höhenunterschied: 150 m.
Einkehr: Gasthöfe in Esternberg.

Mit dieser Wanderung im Nahbereich der bayerischen Grenzstadt Passau schließt sich der Kreis der Touren zur Donau. Nach dem Start in der Sauwald-Gemeinde Esternberg folgen wir der Hauptstraße etwa 1 km Richtung Passau. Nach dem Gasthaus Pfistermüller gehen wir links nach Unteresternberg. Auf der rechten Straße durch diese Ortschaft und dann bald auf Pfaden durch die bewaldete Donauleiten zur Straßenabzweigung an der Donau hinunter. Dort, beim Gasthof Höllmühle, mündet links der Kösslbach ein (überdachte Holzbrücke), dem wir nun auf einem Ziehweg taleinwärts entlangwandern. Unterwegs treffen wir auf eine siebenstämmige Flatterulme, ein eindrucksvolles Naturdenkmal. Etwa 50 m danach zweigt rechts ein

Über allen Sauwald-Wipfeln ist Ruh –

Waldweg zu den fast schon vergessenen, aber inzwischen unter wissenschaftlicher Leitung wieder freigelegten Mauern der mittelalterlichen Burg Königstein ab.
Nach der Rast wandern wir wieder zum Kösslbach zurück und weiter taleinwärts. Bei der Winklmoar-Saag biegen wir links ab und folgen nun der Forststraße neben dem Riedlbach, der durch eine ebenso einsame wie romantische Waldschlucht plätschert. Nach ca. 3 km erreichen wir die Kläranlage in der Riedlau und bald darauf die Straße, auf der wir, links ansteigend, zum Ausgangspunkt zurückkehren.

und seit kurzem eine spektakuläre Weganlage!

Der Baumkronenweg

Wanderer kommen ja mitunter hoch hinauf. Aber nirgends so hoch wie in der Gemeinde Kopfing: Hier kann man nämlich zwischen Baumwipfeln herumspazieren. Der spektakulär im Nordosten von Kopfing angelegte „Baumkronenweg" macht's möglich. Diese 2,5 km lange und höchst originelle Wanderung beginnt beim Parkplatz nahe der Ortschaft Knechtelsdorf (beschilderte Zufahrt von Kopfing bzw. von der Straße nach St. Aegidi; Eintrittsgebühr) und dauert etwa 2 h. Einen ersten „Höhenflug" bietet der „Kleine Baumkronenweg" mit seinen solide gebauten und gut abgesicherten Holztreppen und -stegen. Die angebrachten Tafeln informieren über die verschiedenen Baumarten, die man hier wie ein Vogerl von oben betrachten kann. Der Abstieg führt auf einem leicht fallenden „Holzweg" zum Boden zurück.
Dann steht man vor der 250 m langen Konstruktion des „Großen Baumkronenweges". Hier sind 174 Stufen zu ersteigen, von Plattform zu Plattform, bis man schließlich 22–40 m über den Wurzeln der Bäume wandelt. An klaren Tagen schweift der Blick weit ins Innviertel und über das tief eingeschnittene Donautal hinweg zum Böhmerwald. Der Abstieg birgt noch eine Überraschung: Als Alternative zum Hinuntertrippeln locken eine 50 m lange Rutsche und die Hängebrücke „Schaukel-Liese". Wer auf nicht alltägliche Weise übernachten möchte, kann dies in zwei Baumhäusern tun; für bodenständige Stärkung sorgt die gemütliche Einkehrstation „Oachkatzl" (für Nicht-Oberösterreicher: Eichhörnchen).
Info: www.baumkronenweg.at

Nationalpark
Kalkalpen Region

Vom Hohen Nock schweift der Blick über das östliche Sengsengebirge.
Oben: Apfelblüte im Ennstal.

Schoberstein, 1285 m
Fünf Zacken über dem Ennstal

Ausgangspunkt: Gasthof Klausriegler, 652 m. Zufahrt von Ternberg über Trattenbach (zu Fuß vom Bahnhof Trattenbach 1–1,5 h).
Charakter: einfache Bergwanderung auf einem problemlosen, aber stellenweise steilen Weg.
Gehzeit: Aufstieg 1,5–2 h, Abstieg 1 h (längere Variante über Mandlmais 2 h).
Einkehr: Gasthof Klausriegler, Schobersteinhütte.

„Drum lob i ma den Schoberstoan mit seine fünf Zacken ...“ heißt es in einem alten Gstanzl aus dem Ennstal. Tatsächlich ist der markante Felskamm hoch über Ternberg seit jeher ein besonders beliebtes Wanderziel, und zwar zu jeder Jahreszeit. Meist startet man ja droben beim Klausriegler; Genießer gehen aber schon unten im engen Trattenbachtal los, wo man ein komplett erhaltenes Ensemble von Messerschmieden und dazugehörigen Handwerksbetrieben bestaunen kann.
So ein „Trattenbacher Zauckerl“ (Taschenmesser) wäre übrigens ein praktisches Souvenir – es muss ja nicht gleich so groß sein wie das „Weltrekord-Messer“ gegenüber dem Bahnhof! Der mit der Nr. 481 bezeichnete Schobersteinweg führt vom Klausriegler, wo sich ein schöner Blick über das Tal und zum benachbarten Kletterzacken der Kreuzmauer auftut, steil in den Wald hinauf. Felstürme sind überhaupt ein Charakteristikum des Trattenbachtals – mit scharfen Augen machen Sie auch das bizarre „Zapfl“, auf das einige der schärfsten Sportkletter-

Der Schreibachfall bildet ein spritziges Etappenziel der Schoberstein-Tour.

routen Mitteleuropas hinaufführen, im Bergbauernland aus. Der Pfad ist meistens sogar im Winter gut ausgetreten – es sei denn, Sie sind nach einem kräftigen Neuschneefall der Erste hier, aber dann haben Sie sich das Bier oder Kracherl droben zumindest doppelt verdient ... Bald erreicht man einen Schlag, von dem man zum Sattel unter der Pfaffenmauer ansteigt. Dort nach rechts über eine kleine Wiese, dann ist es nicht mehr weit zum gastlichen Ziel. Die Aussicht vom gleich hinter der Hütte aufragenden Hauptgipfel ist das Heraufschnaufen auf jeden Fall wert: An klaren Tagen reicht der Blick vom Ötscher bis zum Böhmerwald.

Die meisten Besucher, die vom Klausriegler kommen, steigen auch auf der gleichen Route wieder ab. Länger und landschaftlich recht abwechslungsreich ist die Überschreitung des Kammes nach Westen zum Koglerstein und in den Mandlmais-Sattel. Dort – noch vor dem großen Steinbruch – biegt man rechts ab und wandert auf einem Pfad zum Trattenbach hinunter. Weiter auf der Forststraße, von der man beim Schreibachfall rechts abzweigt, um zum Ausgangspunkt zurückzukehren.

Hohe Dirn, 1134 m

Höhlenabenteuer & Vogelschau

Ausgangspunkt: Wendbach-Mündung im Ennstal, 335 m. Zufahrt von Trattenbach, zu Fuß vom Bahnhof Trattenbach 30 Min.
Charakter: abwechslungsreiche Bergwanderung auf stellenweise schmalen und steilen Steigen (bei Nässe rutschig). Taschenlampe nicht vergessen!
Gehzeit: zum Nixloch (Nixluck'n) 1,5 h, zur Anton-Schosser-Hütte 1,5–2 h, Abstieg 2 h.
Höhenunterschied: zum Nixloch 400 m, auf die Hohe Dirn insgesamt 850 m.
Einkehr: Anton-Schosser-Hütte.

Bestimmt kennen Sie den „Erzherzog-Johann-Jodler": „Wo i geh und steh ..." Getextet hat ihn der Losensteiner Nagelschmied Anton Schosser, nach dem die Schutzhütte auf der Hohen Dirn benannt wurde. Die Bezeichnung des Berges geht jedoch nicht auf die holde Weiblichkeit zurück, sondern auf die „Türn" (Türme) seiner felsigen Nord- und Westseite. Die birgt ein besonderes Naturwunder: das Nixloch, eine

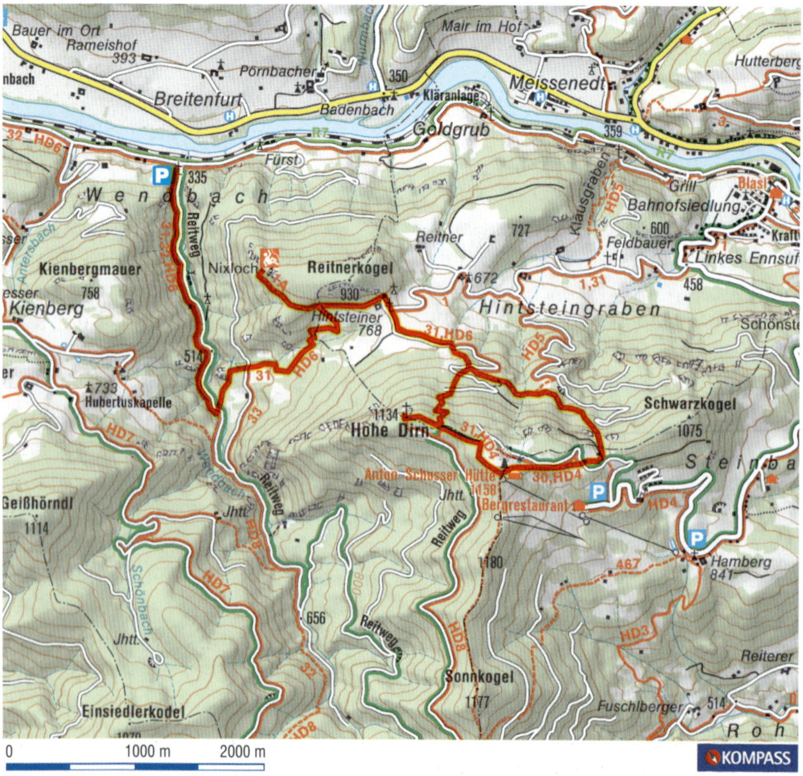

Ennstaler Bergpanorama von der Hohen Dirn zum Schieferstein

kleine Tropfsteinhöhle, die wir am besten aus dem Wendbachtal ansteuern. Die Forststraßen-Wanderung durch den romantisch-felsigen Graben, in dem einst nach Erz geschürft wurde, steht unter dem Motto: „Über sieben Brücken musst du gehn" - der Bach wird mehrmals überschritten, bis ein Wegweiser links den markierten, aber steilen Weg zur Nixluck'n anzeigt. Er führt zu einer Wiese, quert eine Forststraße und windet sich zum Hintsteinerhof hinauf. Kurz davor zweigt links ein schmaler, oft rutschiger Waldsteig zur Nixluck'n ab. Gleich nach dem Hintsteiner erreichen wir eine Straßenteilung, von der wir geradeaus der Hohen Dirn entgegengehen. Gleich darauf nach links und zum Waldrand, wo wir rechts auf den beschilderten Steig abzweigen: Dieser kürzt die Straßenkehren ab und zieht dann steil zum Kamm der Hohen Dirn empor. Dort gelangen Sie rechts mit wenigen Schritten zum exponierten Gipfelkreuz, das zwar nicht auf dem höchsten Punkt steht, aber einen tollen Tiefblick ins Ennstal verschenkt. Links geht's - ein letztes Mal ansteigend - zur Anton-Schosser-Hütte.

Der Rückweg erfolgt auf der gleichen Route (oder ostwärts über die steile Wiese, von der weiter unten links ein Pfad zum Hintsteiner hinüberführt).

Schieferstein, 1206 m

Zum Stoanernen Jaga

Ausgangspunkt: Jausenstation Prenn nördlich von Reichraming, 723 m. Zufahrt von der Reichraminger Kreuzung an der Eisenstraße auf dem Güterweg Arzberg (Beschilderung „Jausenstation Prenn").
Charakter: eindrucksvolle Bergwanderung auf einem schmalen Waldpfad, der im Gipfelbereich Trittsicherheit und Schwindelfreiheit erfordert (Sicherungen).
Gehzeit: Aufstieg 2 h, Abstieg 1–1,5 h.
Höhenunterschied: 500 m.
Einkehr: Jausenstation Prenn.

Rechts: Das Gipfelkreuz auf dem Stoanernen Jaga steht auf einem exponierten Felszacken.

Unübersehbar ragt der Schieferstein über die sanften Ennstaler Voralpen hinaus. Wie eine Felsburg erscheint der Stoanerne Jaga, ein sagenumwobener Felsturm auf seiner Nordseite.
Zum Aufwärmen wandern wir 1 km auf der Asphaltfahrbahn zum letzten Bauernhof und folgen dort der Schotterstraße ca. 100 m nach rechts. Am Weidezaun weisen uns ein Schild und die rot-weiß-rote Mar-

kierung Richtung Schieferstein. Über eine saftige Wiese und einen steilen Waldpfad zum Bergkamm hinauf, wo links der von Losenstein heraufführende Weg einmündet. Nach rechts abbiegen, dann auf bzw. neben dem felsigen Kamm bis zur Abzweigung zum Stoanernen Jaga. Der kurze Verbindungsgrat zu diesem steilen Felsturm, auf dem das große Gipfelkreuz steht, ist sehr schroff und abschüssig; trotz des Stahlseils ist hier absolute Schwindelfreiheit notwendig (Kinder sollten sicherheitshalber ans Seil genommen werden). Der eigentliche Gipfel befindet sich einige 100 m weiter östlich am Hauptkamm; man erreicht ihn auf schmalen Felsbändern in der linken Flanke, dann direkt über die Gratschneide (Vorsicht, rechts sind Felsabbrüche). Hier genießt man einen grandiosen Panoramablick auf das Waldmeer des Hintergebirges, die steilen Gesäuseberge, das lang gezogene Sengsengebirge und die wilden Kalkbastionen des Toten Gebirges. Im Osten blicken wir weit ins Mostviertel hinein und südlich davon entdecken wir die grünen Ybbstaler Alpen mit dem unübersehbaren Dreikant des Ötschers.
Zurück auf der gleichen Route.

Die Eisenstraße

Das oberösterreichische Ennstal war ein wichtiger Teil der „Eisenwurzen“, des Landes um den Steirischen Erzberg. Ab dem 14. Jahrhundert blühten dort der Handel und die Verarbeitung des Eisens auf – es war die große Zeit der „Schwarzen Grafen“, wie man die mächtigen Hammerherren auch nannte. In allen Orten entlang der historischen Eisenstraße, die durch das Ennstal führte, stellten Schmiede vielerlei Werkzeug, aber auch Messer, Nägel oder Waffen her. Die weitum geschätzten Produkte der Eisenwurzen exportierte man bis nach Venedig und in den Orient. Noch heute erinnert viel an die „eiserne“ Vergangenheit – auch in kulinarischer Hinsicht: Die Eisenstraße-Wirte offerieren beispielsweise ein authentisches „Hammerherrenmenü“, z. B. mit Brotsuppe, Flößerbraten (gesurtem Schopf) und Mostpofesen. Info: www.eisenstrasse.at

Der Kohleweg

Glück auf im Pechgraben!

Ausgangspunkt: Gasthof Schraml im Pechgraben bei Großraming, 440 m. Zufahrt Richtung Laussa.
Charakter: einfache Wanderung auf Güter-, Wald- und Wiesenwegen.
Gehzeit: kurze Runde 1,5–2 h, längere Runde 3,5–4 h.
Höhenunterschied: 300 m.
Einkehrmöglichkeit: Gasthof Schraml.

Schade: Heute gräbt sie nur mehr der Dachs aus dem Berg, die schöne Glanzbraunkohle. Mit Adleraugen entdeckt man seinen Bau rechts vom neuen Knappenweg, gleich oberhalb vom einstigen Klausriedl-Stollen. Dieser war zwischen 1832 und 1882 eine von mehreren Abbaustellen im - nomen est omen - Kohlgraben, einem Seitental des Pechgrabens. Der Heimatforscher Josef Wilhelm scharte Gleichgesinnte um sich, um dieses fast vergessene Relikt der Wirtschaftsgeschichte auf 28 Schautafeln wieder ans Tageslicht zu fördern. Da die Stollen, aus denen man einst Kohle für die Eisenindustrie geholt hatte, natürlich längst verstürzt sind, symbolisierte man einige „Grubenzimmerungen". Dies lässt erahnen, wieviel hochwertiges Holz damals für Stollenlängen bis zu 2500 m verbraucht worden ist.
Von der Übersichtskarte beim „Steigerwirt" Schraml (der Steiger war der Aufsichtsbeamte des Bergbaus) geht man ca. 200 m auf der Straße Richtung Großraming, biegt dann links ab und steigt gegen den Kohlgraben-Sattel unter dem Rabenreitkogel an. So erreicht man nicht nur etliche Bingen (trichterförmige Vertiefungen durch den Einsturz von Rainer-, Klausriedl-, Barbara-, Franz- und Ignazstollen), sondern auch die Stelle einer Kohle-Wasch-

Die Granitfindlinge inmitten der Kalkalpen erinnern an Leopold von Buch.

anlage und eines Knappenhauses, Halden mit „taubem" Gestein, einen Schürfversuch aus der Zeit nach dem Zweiten Weltkrieg und einen Teich, dessen kühles Nass durch die unterirdischen Aktivitäten auf Nimmerwiedersehen versickert ist. Dazu erfährt man viel über die Geologie des Gebietes, die Besitzverhältnisse oder woher die Namen der Stollen kamen, von der Bergbau-Schutzpatronin Barbara oder von jenem Bauernhof, dessen Erzeugnisse die Knappen ernährte. Schöne Obstbaumwiesen (die Knappen vertrugen einiges an Most) runden die Wanderfreuden ab und am Schluss veranstaltet die Natur noch einen geologischen Paukenschlag: Die moosüberzogenen Granitklippen des Buch-Denkmals, das nach dem Erdwissenschafter Leopold von Buch (1774–1853) benannt wurde, liegen wie Stein-Kuckuckseier im Kalkgestein der Voralpen. Warum? Vermutlich wurden sie bei der Alpenauffaltung aus dem Untergrund herausgerissen.

Die kurze Wegvariante führt nördlich des Kohlgrabens wieder talwärts, die längere zieht mit der Markierung Nr. 6 in den Sattel zwischen Höhen- und Arthofberg, biegt dann links Richtung Buchschachen bzw. Waldbauer ab und inkludiert auch die sehenswerte Fuchsienausstellung der Familie Schwarzlmüller.

Zur Anlaufalm, 982 m

Die kleine und die große Hintergebirgsrunde

Ausgangspunkt: Brunnbach südwestlich von Großraming, 522 m. Zufahrt durch den Lumplgraben.

Charakter: Der „Wanderklassiker" im Reichraminger Hintergebirge ist eine einfache Rundtour im Almbereich. Es gibt aber auch eine „schwarze" Variante – eine lange, anspruchsvolle Bergwanderung mit ausgesetzten, aber gut gesicherten Passagen (Schlucht-Klettersteig, Hochschlacht).

Gehzeit: kurze Tour 4–5 h, lange Tour 6–8 h.

Höhenunterschied: kurze Tour 500 m, lange Tour 1000 m.

Einkehr: Anlaufalm.

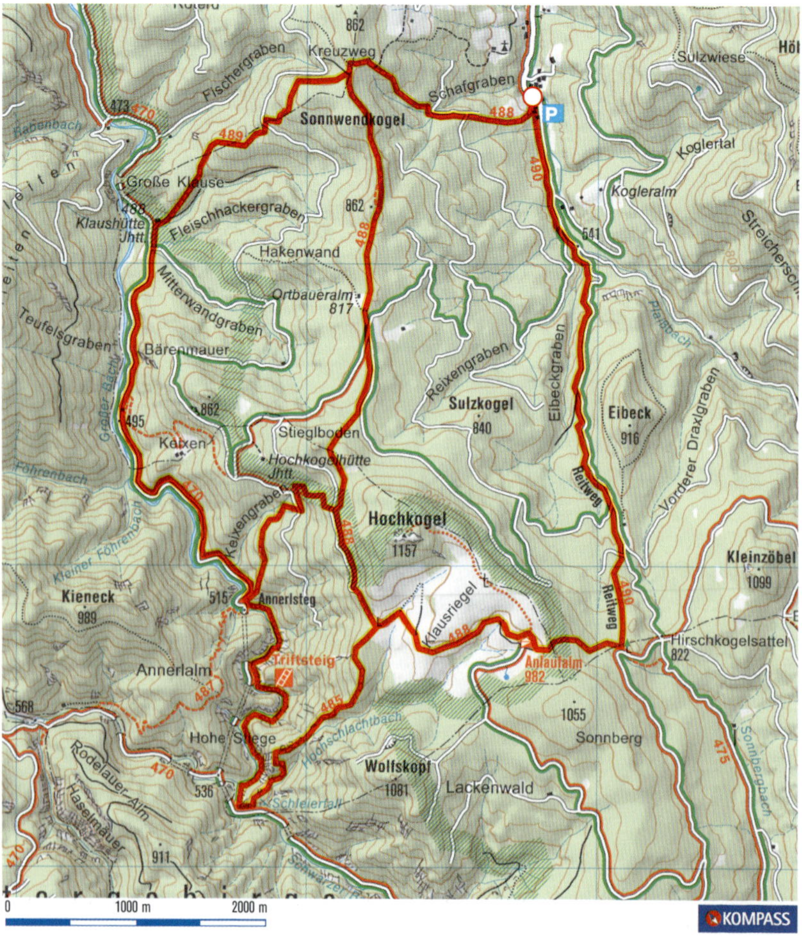

Die wohl schönste Tagestour durch das Hintergebirge erschließt den zentralen Bereich dieses riesigen Waldgebiets. Zielpunkt ist in jedem Fall die im Sommer bewirtschaftete Anlaufalm (eigentlich Anlaufbodenalm) der Weidegenossenschaft Großraming. Sie entstand 1936 auf einer Windwurffläche unter dem Hochkogel; auf dem 86 ha großen Wiesenboden verbringen fast 100 Galt- und Jungrinder sowie einige Milchkühe den Sommer.

Wanderziel Anlaufalm

Vom Parkplatz am Ende der öffentlich befahrbaren Straße im Brunnbachtal wandern wir auf dem Weg Nr. 488 – eine Forststraße kurz berührend – zum Kreuzweg-Sattel hinauf. Hier teilt sich die Route: Die „Kleine Hintergebirgsrunde“ folgt dem links abzweigenden Weg 488 über den Waldrücken nach Süden zur Wiese der Ortbaueralm. Auf der linken Forststraße ansteigen, kurz darauf rechts abbiegen und auf dem Steig über einen Sattel zu einer weiteren Straße, der man bis zu ihrem Ende folgt. Links hinauf, quer durch den steilen Westhang des Hochkogels zum Almboden und über diesen zur Anlaufalm. Nun gehen wir auf dem Weg Nr. 490 über eine bewaldete Anhöhe zu den „Drei Bildern“. Dort links abbiegen und zur Forststraße, die neben dem Eibeckgraben steil nach Brunnbach hinabzieht. Unten auf der ebenen Asphaltstraße zum Startpunkt zurück.

Die schwierigere „Große Hintergebirgsrunde“ führt vom Kreuzweg nach der Markierung 489 auf einem einen Waldrücken westwärts zur Großen Klause hinunter (rechts kurzer Abstecher zur Klaushütte und durch einen Tunnel in die felsige Engstelle). Unser weiterer Weg folgt dagegen links der flachen Forststraße neben dem Großen Bach taleinwärts. Beim Annerlsteg ist die nächste Entscheidung fällig: Links führt ein steiler, aber einfach zu begehender Pfad neben dem Keixengraben zur Anlaufalm hinauf. Geradeaus geht's dagegen durch drei lange Tunnels neben der Großen Schlucht zum Haselbach. Dort links und durch einen weiteren Tunnel zum Schleierfall. Spannender ist natürlich der mit Stahlseilen und Trittklammern gesicherte Triftsteig, der im luftigen Auf und Ab – stets nur knapp über dem Bach – schroffe Felsflanken quert und kurz vor dem Schleierfall in die Straße mündet. Dort zeigt der Wegweiser „Anlaufalm – nur für Geübte“ nach links: Wir steigen auf dem steilen, stellenweise felsigen und gesicherten Hochschlachtsteig auf eine Anhöhe, dann geht's über den Grat zwischen den Katarakten des Hochschlachtbaches und der Großen Schlucht zum Weideboden der Anlaufalm hinauf (herrliche Tiefblicke). Von dort auf dem beschriebenen Weg nach Brunnbach hinüber.

Gamsstein, 1275 m

Im Reich der Gschwendtalm

Ausgangspunkt: Gschwendthöhe zwischen dem Lumplgraben und Brunnbach, 634 m. Zufahrt von Großraming.
Charakter: einfache Bergwanderung auf gut markierten Wegen bzw. einer Forststraße.
Gehzeit: zur Gschwendtalm 1,5 h, auf den Gamsstein 45 Min., Abstieg 1,5–2 h.
Höhenunterschied: 650 m.
Einkehr: Gschwendtalm.

Im Osten des Reichraminger Hintergebirges erheben sich die bis hoch hinauf bewaldeten Gipfel des Dürrensteigkammes. Almkogel und Bodenwies heißen seine beliebtesten Highlights, die zumeist vom Ennstal aus erstiegen werden. Der Gamsstein ist eine niedrigere Vor-

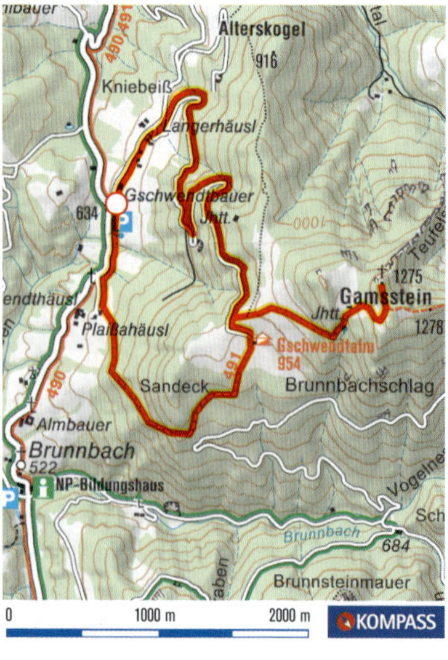

lagerung im Nordosten dieses Höhenzugs – klein, aber ganz besonders fein! Der Weg hinauf ist nicht schwer zu finden und auch für Kinder ein Erlebnis. Zur „Halbzeit" erwartet Sie eine gemütliche Almhütte und als Lohn für die Aufstiegsmüh' winkt ein fantastisches Panorama von den Ennstaler Bergen über den Nationalpark Kalkalpen bis zu den Haller Mauern im Süden.
Schon die Fahrt durch den Lumplgraben zum Startpunkt ist zauberhaft. Dann marschieren wir aus dem liebevoll gepflegten Bergbauernland um die Gschwendthöhe los, wobei es für die erste Etappe zwei Möglichkeiten gibt: den asphaltierten Güterweg, der nordwärts zum Langerhäusl führt und dann in eine Forststraße übergeht, oder den schmaleren, aber gut beschilderten und markierten Almweg, der um das Sandeck herum zur 954 m hoch gelegenen Alm hinaufzieht. Dort oben liegt Ihnen schon ein guter Teil des Reichraminger Hintergebirges zu Füßen.
Nach einer zünftigen Einkehr – die Alm gehört zu den ursprünglichsten in Oberösterreich – nehmen wir den zweiten Teil des Weges unter die Wanderschuhe: Es geht zunächst über die steile Wiese hinter der Hütte bergauf, dann im Wald an einer Quelle vorbei und zuletzt

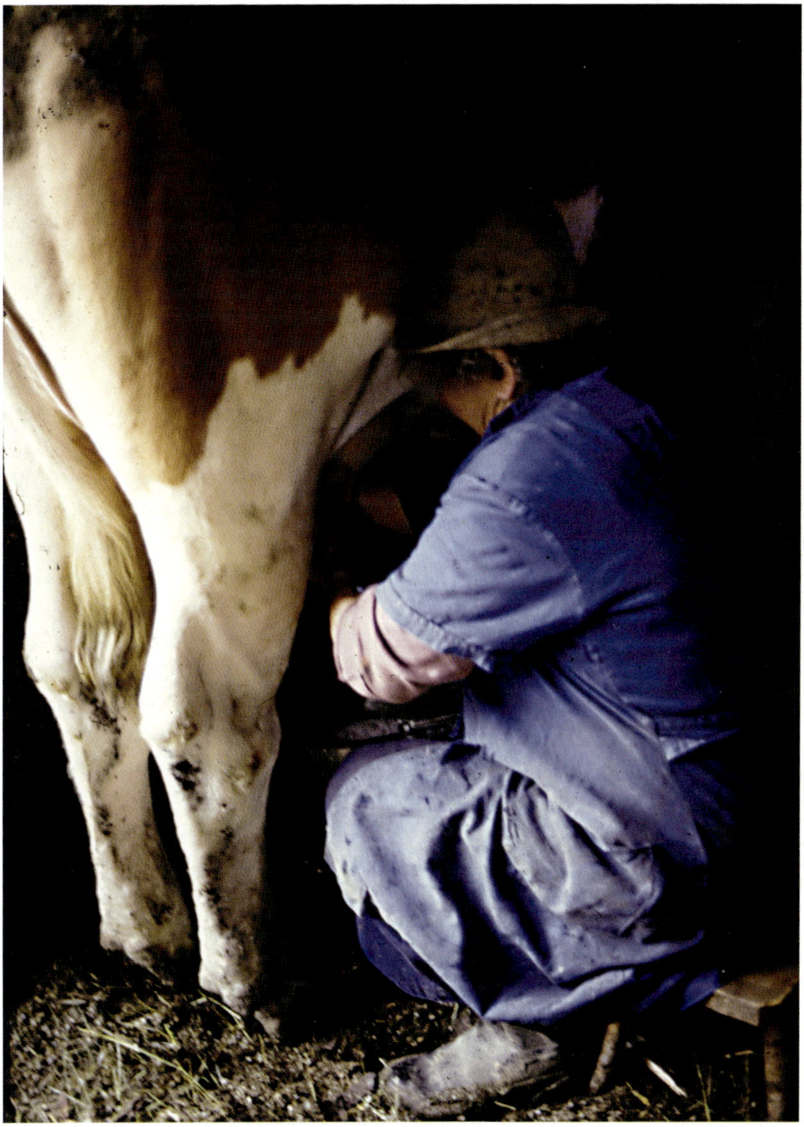

Anna Großschartner – die legendäre „Annerltant'" – bewirtschaftete einst auch die Gschwendtalm.

über eine steile Grasschneide auf den Gipfelgrat und zum Kreuz auf dem höchsten Punkt.
Vom Grat weist ein Schild auf den abzweigenden Weg zur Ennser Hütte und auf den Almkogel. Wir steigen aber wieder zur Gschwendtalm ab und entscheiden uns dort neuerlich, auf welcher Route wir zum Ausgangspunkt zurückkehren.

Almkogel, 1513 m

Die Schauwarte am Rand des Nationalparks

Ausgangspunkt: Parkplatz am Beginn der Forststraße nach dem Haus Bamacher in Oberpleißa, 759 m. Zufahrt von Großraming über die Ennsbrücke und der Beschilderung „Almkogel" oder „Ennserhütte" folgen (6 km).
Charakter: beliebte Bergwanderung auf guten Wegen und Pfaden.
Gehzeit: auf den Almkogel 2,5 h, zum Burgspitz 45 Min., Abstieg 1,5 h (vom Bahnhof Großraming bis Bamacher ca. 1 h).
Höhenunterschied: 750 m.
Einkehr: Ennser Hütte.

Ein sprechender Name: Einst trug der Almkogel wirklich Hochweiden, die längst aufgegeben und vom Wald zurückerobert wurden. Geblieben ist jedoch die herrliche Aussicht von seinem Gipfel: Nirgendwo kann man sich einen besseren Eindruck von der Landschaft des Hinter- und Sengsengebirges verschaffen. Der Almkogel überhöht das Gewirr der Täler und Schluchten beträchtlich. Also wandern wir nach der Beschilderung „Ennser Hütte, Almkogel" vom Bamacher los, überqueren bald eine Forststraße und marschieren durch den Mischwald in einen Graben. Nochmals die Forststraße querend, gelangen wir zu einer Jagdhütte (hier zweigt rechts ein markierter Steig zur Gschwendtalm ab). Wir folgen aber dem Weg zur 1293 m hoch gelegenen Ennser Hütte und auf den Kamm zwischen Brunnbacheck und Almkogel (hier findet man auch eine botanische Rarität, das unscheinbar rot blühende Heilglöckchen). Wir halten uns nun nach rechts (Süden) und steigen auf dem Rücken zum Gipfelkreuz des Almkogels an.
Abstieg auf der gleichen Route. Es lohnt sich übrigens auch der Abstecher über das Brunnbacheck zum Burgspitz, der eine herrliche Sicht ins niederösterreichische Voralpengebiet gewährt.

Zauberhafter Almkogel: der Sonnenaufgang und die Ennser Hütte.

Lindaumauer, 1103 m

Der Felsklotz über dem Mostland

Ausgangspunkt: Jausenstation Hochramskogler in Großgschnaidt, 850 m. Zufahrt von Weyer Markt, Gaflenz oder aus Richtung Waidhofen an der Ybbs, Großraming oder Maria Neustift; Abzweigung des Güterwegs Hochramskogel am Neustifter Sattel.
Charakter: kurze Wanderung auf einen kleinen, aber im Gipfelbereich felsigen Aussichtsberg.
Gehzeit: Aufstieg 1,5 h, Abstieg 1 h.
Höhenunterschied: 250 m.
Einkehr: Jausenstation Hochramskogler.

Die Lindaumauer ist ein kleiner, aber schroffer und sagenumwobener Felsklotz im Norden von Weyer Markt, nahe der niederösterreichischen Landesgrenze – und damit genau zwischen dem Land der Mostschädel und dem Mostviertel im Land unter den Enns.

Von der Jausenstation Hochramskogler folgen wir der ansteigenden Schotterstraße ca. 300 m. Danach zweigt der Weg links ab und führt uns, steiler werdend, über eine bunte Blumenwiese mit zahlreichen Heil- und Wildkräutern. Nach einem kurzen Steilstück durch den Wald gelangt man zu einem Sattel, auf dem der Wanderweg von der Platten einmündet.

Nach links, auf dem schmaler werdenden Steig unter der Südflanke der Lindaumauer vorbei und links zum Gipfelkreuz hinauf. Zuvor sollte man der knapp oberhalb des Weges gelegenen Felshöhle einen Besuch abstatten (Taschenlampe mitnehmen).

Wer trittsicher und schwindelfrei ist, kann über den felsigen, etwas ausgesetzten Kamm nach Nordosten zum 30 Min. entfernten Lindauer Berg hinübergehen – er bietet ebenfalls eine herrliche Aussicht. Der Rückweg erfolgt auf gleichem Weg. Dann haben wir uns eine bodenständige Bauernjause redlich verdient.

Oben: Gemütliche Gipfelrast auf der Lindaumauer. Links unten ruht sich der heilige Sebaldus aus.

Zum heiligen Stein

Zwischen Gaflenz und Weyer erhebt sich ein 782 m hoher Felshügel, auf dem wohl schon die Menschen der Urzeit ihre Götter verehrten. Ähnlich wie in St. Thomas am Blasenstein befindet sich auf seiner Spitze ein „Durchkriechstein“, an dem man Sünden und Krankheiten abzustreifen versuchte. Schon anno 1413, als man daneben eine erste Kirche errichtete, war der Berg als „Heiligenstein“ bekannt. Nach einer frommen Legende soll der heilige Sebaldus, ein dänischer Königssohn, hier 15 Jahre lang als Einsiedler gelebt haben. Die Wallfahrt auf den Heiligenstein hat sich bis heute erhalten – und auch das „Mann-Beten“ heiratswilliger Frauen. Ein beschilderter Themenweg führt von Gaflenz über Pettendorf – und im Bergbereich als steiler Rundkurs – zur Sebaldikirche und ihrer Jausenstation (2–3 h).

Bodenwies, 1540 m

Eine Aussichtsloge über den Almen

Ausgangspunkt: Niglalm und Viehtaleralm, 823 m. Zufahrt von Kleinreifling.
Charakter: lange Rundwanderung über einen Bergkamm und auf Forststraßen; Vorsicht bei den schmalen und felsigen Stellen (nur bei trockenem Wetter losgehen).
Gehzeit: auf die Bodenwies 2–2,5 h, Abstieg zur Schüttbauernalm 1 h, zurück zum Ausgangspunkt 1,5–2 h.
Höhenunterschied: 800 m.
Einkehr: Viehtaleralm, Niglalm, Schüttbauernalm.

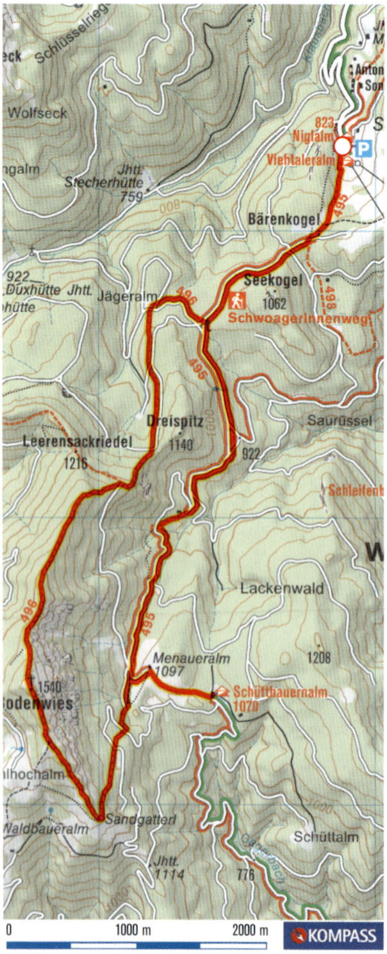

Die zwischen dem Reichraminger Hintergebirge und den Gesäusebergen aufragende Bodenwies zählt zu den exklusivsten Aussichtsbergen Oberösterreichs. Der kürzeste Zustieg führt von der Schüttbauernalm herauf – ich empfehle Ihnen jedoch die lange Überschreitung, die ein ganz besonderes Erlebnis ermöglicht: Der Anstieg auf dieser „Himmelsleiter" komplettiert den im Gipfelbereich durch einige Bäume verstellten Ausblick, ein paar Felsen erzeugen beim Abstieg wohliges Magenkribbeln und nach der gemütlichen Einkehr auf einer urigen Alm flaniert man durch ausgedehnte Wälder zum Startpunkt zurück.
Wir wandern von der Liftstation nach der Markierung 495 neben der Skipiste zu einem flachen Sattel hinauf, folgen dann der Forststraße nach rechts und überqueren eine Kreuzung. Vorbei am Seekogel erreichen wir eine Abzweigung: Rechts zur Jägeralm (Jagdhütte), dort links auf den beschilderten Wanderweg Nr. 496 abbiegen und – teils wieder auf der Forststraße –

in den Sattel unter dem Dreispitz empor. Hier beginnt die Kammroute, die zum Ende einer Forststraße ansteigt (rechts zweigt hier der Pfad über den Dürrensteig-Kamm ab) und dann über die Aufschwünge der großteils bewaldeten Schneide emporzieht. Zuletzt über einen schütter bewaldeten Hang zum Gipfelkreuz der Bodenwies.
Abstieg über den Kamm nach Süden - erst flach, dann steil. Einzelne Felstürme werden rechts umgangen, bis man das Sandgatterl erreicht. Hier scharf nach links und schräg durch die steile Waldflanke - zuletzt mehrmals die Forststraße querend - zur Hütte der Menaueralm. Rechts über den Almboden und einen flachen Sattel zur nahen Schüttbauernalm.
Wieder zurück zur Menaueralm, gleich danach jedoch rechts abbiegen und auf der Forststraße nach der Markierung 495 durch das sanft abfallende Waldgelände am Fuße der schroffen Bodenwies zur Viehtaleralm zurück. Eine weitere Möglichkeit wäre der Abstieg zum einst für die Holztrift aufgestauten Borsee und nach Schönau an der Enns. Um die kürzlich renovierte Schleifenklause - das letzte Bauwerk dieser Art in Oberösterreich - zu erreichen, müsste man allerdings schon in Kleinreifling losmarschieren; die Forststraße zum Borsee bzw. nach Schönau an der Enns zweigt etwa in der Mitte zwischen Menauer- und Viehtaleralm rechts ab (Gesamtgehzeit ca. 7 h, Rückfahrt per Bahn).

Die Bodenwies zeigt Felszähne.

Der Borsee

Von den einst zahlreichen Klausen, die den Transport geschlägerter Baumstämme auf dem Wasserweg ermöglichten, besteht in Oberösterreich nur mehr eine einzige: die Schleifenbachklause zwischen Schönau an der Enns und der Bodenwies. Schon im 16. Jahrhundert baute man im engen Schleifengraben eine Stauanlage aus Lärchenholz, hinter der sich der kleine Borsee bildete. 1992 zerstörte ein Hochwasser die morschen Reste dieses Baudenkmals, doch vier Jahre später baute man sie nach alten Plänen als Steinkastenklause wieder auf. Im nur 2 bis 3 m tiefen Wasser des Sees hat sich eine reichhaltige Fauna und Flora angesiedelt, am südlichen Ufer entstand ein Niedermoor (von der Bahnhaltestelle Schönau ca. 1 h).

Hochbuchberg, 1273 m

Der „Hausberg" der Grünburger Hütte

Ausgangspunkt: Parkplatz Seebachergut im Rodatal, 580 m. Zufahrt von Grünburg bzw. Steinbach an der Steyr über die Haunoldmühle und auf dem Güterweg Forstau.
Charakter: einfache Hütten- und Bergwanderung auf gut markierten, aber stellenweise steilen Wegen und Pfaden.
Gehzeit: auf den Hochbuchberg 2 h, Abstieg zur Grünburger Hütte 30–40 Min., zum Ausgangspunkt 1 h.
Höhenunterschied: 700 m.
Einkehr: Grünburger Hütte.

Der Hochbuchberg im Süden von Steinbach an der Steyr ist ein altbekannter und – dank der Grünburger Hütte – das ganze Jahr über gern besuchter Aussichtspunkt. Wir erreichen ihn, indem wir vom Parkplatz auf dem Güterweg bergwärts gehen, vorbei am Bauernhof Freidhager und einer Kapelle. Bei der folgenden Straßenteilung geradeaus auf dem Wanderweg Nr. 15 neben dem Bach zu einer Weide. Am Waldrand entlang, zwei Forststraßen queren und zum Sattel des Messerer Gscheid hinauf. Wie der Name schon sagt, waren hier einst die Händler der Messerer aus Steinbach und Trattenbach unterwegs, sie verkauften ihre scharfe Ware in halb Europa. Von dort wandern wir auf dem rechts wegführenden Pfad, einem Teilstück der Weitwanderwege 404 und 409, Richtung Grünburger Hütte. Durch den Waldhang des Krennkogels und über eine Wiese gelangen wir zu einem weiteren Sattel. Rechts über den Sulzboden (kleine Hütte) zur breiten Senke unter dem Hochbuchberg empor. Seinen Gipfel erreichen wir auf dem links abzweigenden Steig, der sich durch den steilen Waldhang zum Kreuz hinaufwindet (schöne Aussicht vom Flachland bis zum Toten Gebirge).

Hinunter auf der gleichen Route. In der Senke am Fuße des Berges biegen wir nun jedoch links ab, um auf dem beschilderten Weg neben der großen Wiese und rechts durch ein Waldstück zur Grünburger Hütte hinabzugehen. Das urgemütliche und perfekt bewirtschaftete Schutzhaus wurde 1926/27 erbaut; im Brennpunkt mehrerer Zustiegs-

Eine Herberge und ihr Hausberg: Grünburger Hütte und Hochbuchberg.

wege ist es bis heute eines der beliebtesten Ausflugsziele der Region. Nach der Einkehr geht's auf dem Weg Nr. 480 in gleicher Richtung in den Wald hinab. Dort zweigen wir nach etwa 10 Min. rechts auf den schmaleren Pfad Nr. 16 ab, der durch den Hang zu einem Forstweg und weiter über Wiesen zum Ausgangspunkt hinabzieht.

Start für viele Touren: Steinbach

„Messerer-Steinbach"

Messer braucht man immer. In Steinbach an der Steyr wurden sie durch Jahrhunderte hergestellt, und zwar in so großer Vielfalt und ausgezeichneter Qualität, dass man sie bis in den Orient exportierte. Auch im benachbarten Grünburg und in Trattenbach im Ennstal florierte das Gewerbe der Klingenschmiede und Schleifer, doch die Steinbacher Messerhändler wurden im 16. Jahrhundert so wohlhabend, dass sie angeblich mit goldenen Schuhbändern protzten. Nach 1850 begann der Niedergang der Kleineisenindustrie, und 1967 schloss das letzte Werk seine Pforten. Erst mit einem breit angelegten Dorferneuerungsprozess begann die Entwicklung des schmucken, aber krisengeschüttelten Ortes zur Mustergemeinde, die heute Ziel von Exkursionen aus aller Welt ist. Das örtliche Messermuseum erinnert an die „eiserne" Vergangenheit; ein mit zahlreichen Tafeln versehener Themenweg, der beim Bahnhof der Steyrtal-Museumsbahn am anderen Ufer des Flusses beginnt, veranschaulicht den „Steinbacher Weg" (ca. 2 h). Info: www.oberoesterreich.at/steinbach

Kleiner Landsberg, 854 m

Ein Berg mit zwei Gesichtern

Ausgangspunkt: der Bauernhof Rohregg oberhalb von Pernzell, 530 m. Zufahrt von der Steyrtal-Bundesstraße auf dem Güterweg Pernzell (Abzweigung 4 km südlich von Grünburg, nahe dem Gasthaus Priller); nach ca. 500 m links auf den Güterweg Landsberg abzweigen, vorbei am Ferienhof Raffetseder (Unterrohregg) und am Bauernhof Rohregg, dann beschränkte Parkmöglichkeit.
Charakter: kurze Bergwanderung mit felsigem „Gipfelfinale"; die längere Umrundung der Landsberge erfolgt auf einer Forststraße.
Gehzeit: auf den Kleinen Landsberg 45 Min., rund um die Landsberge 2 h.
Höhenunterschied: 300 m.
Einkehr: Gasthaus Priller, Jause am Ferienhof Raffetseder.

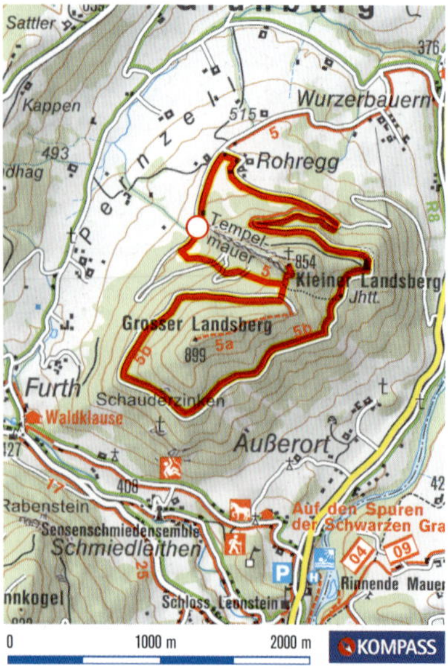

Der Große Landsberg, genau 899 m hoch und westlich über dem mittleren Steyrtal aufragend, ist ein sanfter, bis obenhin bewaldeter Hügel. Sein nördlich vorgeschobener „kleinerer Bruder", auch „Tempelmauer" genannt, protzt jedoch mit einem Felsgrat, der sich wie ein steinerner Zaun bis zum Fuße des Berges hinabzieht. Oft nur knapp über den Waldsaum lugend, dann aber wieder jäh emporschießend, bietet er eine Reihe von Kletterpassagen im I. und II. Schwierigkeitsgrad. Selbst der kurze „Normalweg" aus dem Sattel zwischen den beiden Landsbergen bietet ein wenig Felsabenteuer; wer trittsicher ist, kommt aber ohne besondere Probleme zum Gipfelkreuz.
Vom Rohreggerhof folgen wir noch ein Stück der Straße, bis links der Wanderweg zum Landsberg abzweigt. Er führt über die Wiese und durch den Wald parallell zum erwähnten Felsgrat in einen Sattel hinauf, wobei er zwei Kehren einer Forststraße abkürzt. Vom Sattel erklimmt man links in 15 Min. über einen felsigen Kamm den Kleinen Landsberg mit seinem Gipfelkreuz – rechts führt dagegen ein Waldpfad auf den höchsten Punkt des Großen Landsberges.
Knapp oberhalb des Sattels beginnt aber auch jene Forststraße, auf der sich die beiden Erhebungen um-

Kletterspaß am Kleinen Landsberg

runden lassen: Man wandert erst im sanften Abstieg um den Großen Landsberg herum, dann geht's ziemlich eben durch seinen Südosthang zu einem Sender - schöne Ausblicke ins Steyrtal inklusive. Links um den Kleinen Landsberg herum, in einer weiten Kehre zu einer Abzweigung hinab und links zum Rohreggerhof zurück.

Die Rinnende Mauer

Südlich der Landsberge zwängt sich die smaragdgrüne Steyr durch eine einzigartige Konglomeratschlucht, die in den Schotterablagerungen aus der letzten Eiszeit entstanden ist. Neben zahlreichen botanischen Raritäten birgt sie die so genannte Rinnende Mauer. Dort tropft auf einer Länge von 50 m Wasser aus unzähligen Öffnungen der ostseitigen Schluchtwand, während sich eine wunderschöne Quellflur wie ein grüner Teppich über den Untergrund zieht. Ein beschilderter Naturerlebnisweg führt vom Gasthof Stefaniebrücke zwischen Molln und Leonstein (in 10 Min. vom Nationalparkzentrum erreichbar) in die Steyrschlucht hinab, übersetzt die Krumme Steyrling und zieht durch den Wald oberhalb der Schlucht, aus dem man schließlich auf einem schmalen und abschüssigen Steig zur Rinnenden Mauer hinuntergelangt (ca. 2 h hin und zurück).

Ebenforstalm – Trämpl, 1424 m

Naturerlebnis Hintergebirge

Ausgangspunkt: Parkplatz Scheiblingau im Tal der Krummen Steyrling (500 m). Zufahrt von Molln (18 km). Von Pfingsten bis zum 26. Oktober an Sonn- und Feiertagen Kutschenfahrten bis zur Blumauer Alm, Anmeldung Tel. ++43(0)7584/3651.
Charakter: abwechslungsreiche Alm- und Bergwanderung auf guten, aber stellenweise steilen Steigen (nach Regen rutschig).
Gehzeit: zur Ebenforstalm 2 h, Themenweg 1 h, auf den Trämpl 1 h, Abstieg 2,5 h.
Höhenunterschied: 600 m bis zur Alm, weitere 300 m auf den Gipfel.
Einkehr: Jagerhaus im Bodinggraben, Ebenforstalm.

Es grünt so grün – kein Wunder in einem Nationalpark! Doch im Grün verbergen sich Besonderheiten: geheimnisvolle Quellen, Fleisch fressende Pflanzen oder Löcher, in denen ganze Bäche verschwinden ... Auf der Ebenforstalm, einer idyllischen Hochweide im Westen des Hintergebirges, wird dies alles auf einem Lehrweg sichtbar. Das Wandervergnügen beginnt jedoch schon unten an der Krummen Steyrling: Wir marschieren auf der Schotterstraße an einer alten Triftklause vorbei in die winzige Siedlung Bo-

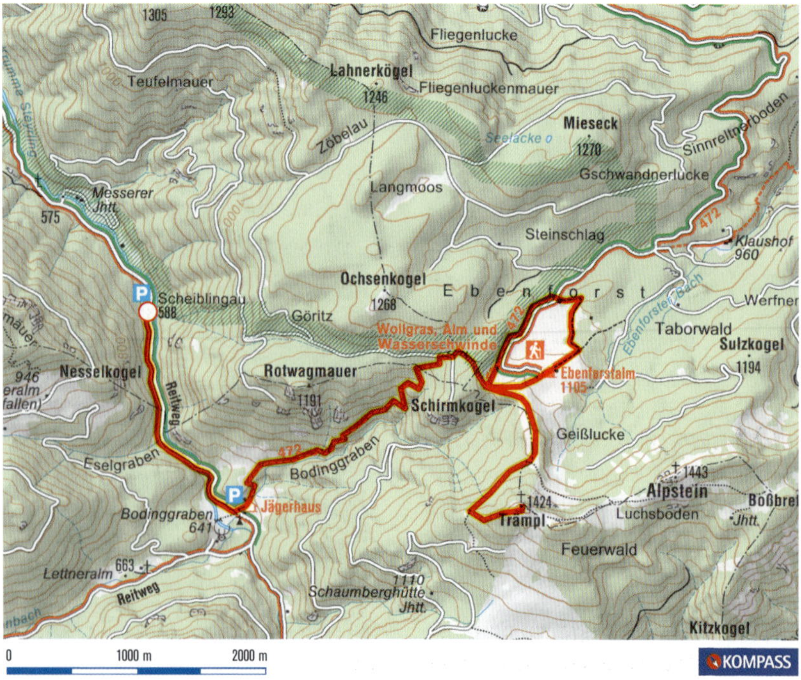

Die Ebenforstalm zählt zu den beliebtesten Tourenzielen im Nationalpark.

dinggraben. Neben der renovierten Annakapelle locken bodenständige Köstlichkeiten im historischen Jagerhaus, das zum benachbarten Jagdschloss der Grafen Lamberg gehörte.
Hier biegen wir links ab und wandern auf dem Pfad Nr. 472 durch den Bodinggraben – als „Boding" bezeichnete man die vielen ausgewaschenen Tümpel des Baches – zur Ebenforstalm hinauf. Hier, am Fuße von Trämpl und Alpstein, beginnt der Themenweg „Wollgras, Alm und Wasserschwinde". Auf der sanft abfallenden Forststraße erfährt man bald Interessantes über die Quellen und das Gestein der Alm. Von der Thementafel „Karst" geht's rechts auf einem Weg, der stellenweise auf Stegen verläuft, zu einer Wasserschwinde. Über eine wunderschöne Wollgras-Wiese gelangt man ins Ebenforster Moor. Seine bis zu 2 m tiefen Torfmoospolster begannen vor 7800 Jahren zu wachsen. Weiter wandern wir zum „Baumhotel", in dessen „Totholz" sich viele gefährdete Tierarten wohl fühlen. Bald ist die Almhütte wieder erreicht und spätestens jetzt ist eine kräftige Jause angesagt. Solcherart gestärkt wandern wir flott wieder ins Tal zurück. Genießer mit entsprechender Kondition werden aber sicher noch den Trämpl „anhängen". Der felsbewehrte Gipfel ist viel leichter zu erklimmen, als es von unten ausschaut: Vom Sattel im Westen der Alm führt ein guter Steig südwärts über den Rücken in den Waldhang und dann links zum Gipfelkreuz hinauf.

Feichtaualm – Hoher Nock, 1963 m

Almleben im Urwald

Feichtausee ! Polzhütte ***

Ausgangspunkt: Parkplatz Scheiblingau im Tal der Krummen Steyrling, 500 m. Zufahrt von Molln (18 km).
Charakter: landschaftlich beeindruckende Wanderung; der Weg ist gut ausgetreten, aber anfangs nur karg markiert. Der „schwarze“ Pfad auf den Hohen Nock ist gut bezeichnet, aber nur bei sicheren Wetterverhältnissen zu empfehlen!
Gehzeit: zur Feichtaualm 2,5–3 h, zu den Feichtauseen 30 Min., auf den Hohen Nock 2 h, Abstieg insgesamt 3,5 h.
Höhenunterschied: 760 m bis zur Alm, weitere 600 m auf den Gipfel.
Einkehr: Jagerhaus im Bodinggraben, Polzhütte.

Mit 600 ha ist die Feichtau die größte der 20 „bestoßenen“ (bewirtschafteten) Almen im Nationalpark Kalkalpen. Der urige Wald rundum wurde viele Jahrzehnte nicht mehr genützt. Die wieder errichtete Almhütte umfasst einen Stall und eine Käserei, Solarenergie sorgt für das nötige Warmwasser.
Vom Bodinggraben führt eine 3,3 km lange Forststraße dem Blöttenbach entlang nach Westen. Vorbei an der Lettneralm kommen wir nach etwa 30 Min. zur idyllisch im Talschluss gelegenen Blumaueralm. Unser Weg führt über die Wiesenfläche

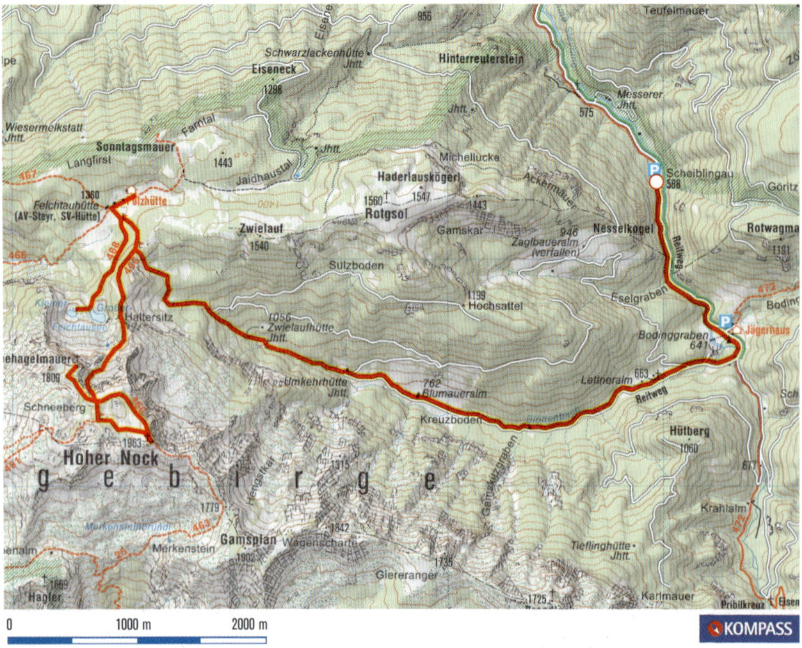

Uriger Wald und bizarr aufgefaltete Felsflanken im Sengsengebirge

und geht dann bei einer großen Kehre (Umkehrhütte) in einen Karrenweg über, der dem Bach entlangführt. Stets hat man einen prächtigen Blick auf die gewaltigen Nordabstürze des Nockmassivs. Einzigartig ist hier, dass sich der Bergmischwald unmittelbar bis in die Felsregionen hinauf erstreckt. Schließlich beginnt der Weg im Wald etwas stärker zu steigen. Vor dem Haltersitz kommen wir am „Herzerlsee" vorbei, der im Frühjahr ein Refugium für orangebauchige Bergmolche ist. Danach halten wir uns rechts und gelangen auf den Verbindungskamm zwischen Nock und Rotgsoll. Nun trennt uns nur noch eine Viertelstunde von der Feichtaualm: Auf dem rot bezeichneten Nock-Anstiegsweg gelangt man rechts durch urigen Fichtenwald zur bewirtschafteten Polzhütte und zur ÖAV-Selbstversorgerhütte.

Nach der Jause hat man die Wahl zwischen der kurzen Wanderung durch den so genannten Feichtauer Urwald zu den beiden Feichtauseen und der schwierigen Bergtour auf den Hohen Nock, den höchsten Gipfel im 20 km langen Sengsengebirge. Wählen Sie letztere Route, folgen Sie dem Weg 466 zurück zum Haltersitz, gehen kurz durch die Westflanke und dann wieder auf dem Grat bis vor einen großen Latschenriedel. An einem kanzelartigen Felsen vorbei und durch Latschengassen unter den überhängenden Felsen des Nordgrats ins weite, schutterfüllte Nockkar. Durch dieses im stetigen Anstieg zu einer kleinen Mulde, aus der man über Geröll und kleine Felsstufen eine schräge, schluchtartige Rinne erklimmt. Sie gibt den Weg auf das wellige Plateau mit seinen Dolinen frei (rechts lohnt sich der Abstecher zum Kreuz auf dem Seehagel – herrlicher Tiefblick zu den Seen). Links zur nahen Gipfelwiese. Retour auf der gleichen Route.

Grillenparz – Burg Altpernstein

Der Kremstaler Höhenweg

Ausgangspunkt: Schlierbach, 478 m, Bahnhof. Retour von Micheldorf mit der Bahn.
Charakter: einfache Wanderung im voralpinen Gelände.
Gehzeit: auf den Grillenparz 1,5 h, über Altpernstein nach Micheldorf 2,5–3 h.
Höhenunterschied: 500 m.
Einkehr: in Schlierbach und Micheldorf, Gasthaus Ratscher.

Als westlicher Eckpfeiler der Gemeinde Oberschlierbach erhebt sich ein Hügel, der sich das ganze Jahr über als Ausflugsziel empfiehlt: der Grillenparz, von dem ein wunderbarer Höhenweg nach Süden zur Burg Altpernstein zieht. Los geht's mit einem kulturellen Paukenschlag: Das bereits 1355 gegründete, 1672 vollkommen neu erbaute Zisterzienserstift Schlierbach ist einer der schönsten Sakralbauten des Landes. Hier harmoniert barocke Verspieltheit mit moderner Kunst – das Stift besitzt eine eigene Glasmalerei. Dass sich die Mönche auch kulinarisch auskannten, beweist die Käserei, in der u. a. der aromatische „Schlierbacher" hergestellt wird.
Durch den Torbogen des Stifts wandern wir zum Weiler Haslach und auf dem Waldweg Nr. 15 südwärts. Eine Straße wird überquert, dann zweigt man rechts ab und kommt an einem alten Gehöft mit Kapelle vorbei. Auf der bald erreichten

Kuppe des Grillenparz empfängt Sie nicht nur von Wind und Wetter zerzauster Lärchenschmuck, sondern

auch eine Rundsicht bis zu den Bergen im Süden.
Über ein paar Stufen geht's zum Gehöft „Poidl zu Oberndorf" hinab, auf dem Güterweg zum „Dorf" und in den Sattel mit dem Habingerkreuz. Hier quert die Straße von Kirchdorf nach Oberschlierbach. Wir wenden uns wieder nach Süden, genießen auf dem folgenden Höhenrücken den „Traunsteinblick" und erreichen schließlich das Gasthaus Ratscher im nächsten Sattel. Wer schon müde ist, steigt hier rechts auf dem Weg Nr. 18 nach Kirchdorf ab. Wer dagegen noch Schmalz in den Waden hat, wandert - teils auf der Straße - zum Bauernhof Riegler empor, zu einer Kreuzung (Feuerwehrhaus) hinab und in einem letzten Anstieg zur Burg Altpernstein. Ein Karrenweg - immer noch mit der Markierungsnummer 15 - zieht von dort ein Waldtal unter dem Hirschwaldstein hinein. Nach dem anschließenden Stück Forststraße quert der „Prälatenweg" (Nr. 23), der rechts durch den steilen Waldhang in den Sattel vor dem Georgenberg bei Micheldorf hinunterzieht. Der kurze Abstecher zur barocken Bergkirche lohnt sich sehr - dort tut sich noch einmal eine umfassende Rundsicht auf über das Kremstal und seine Bergumrahmung auf. Der Turm war übrigens der „Feuermelder" für die Hammerwerke, deren Gedröhn Micheldorf einst erfüllte.
Dort sind wir nun rasch unten und im museal ausgestalteten Gradnhammer ließe sich zum Schluss eine Zeitreise in diese Epoche unternehmen. Näher als der Ortsbahnhof liegt allerdings die Haltestelle Ober Micheldorf am Fuße des Georgenberges: Auf dem Themenweg „Sengstschmiedroas" und durch eine Straßenunterführung kommen Sie hin.

Im Reich der Ritter: Burg Altpernstein

Sensen aus Micheldorf

Ein Micheldorfer Schmiedemeister namens Konrad Eisvogel nutzte ab 1584 Hämmer, die von Wasserrädern betrieben wurden, zum „Breiten" von Sensenblättern. Diese Innovation führte zu einem ungeahnten Aufschwung – 1775 exportierte die Kirchdorf-Micheldorfer Schmiedezunft 650.000 Sensen allein nach Russland.
Die „Micheldorfer Sengstschmiedroas" führt von einem der einstigen Sensenwerke zum nächsten, aber auch auf den 595 m hohen Georgenberg, dessen Kirche auf keltisch-römischen Fundamenten steht (Start beim Bahnhof Micheldorf, Gehzeit 1,5–2 h).
Info: www.oberoesterreich.at/micheldorf

Kremsmauer, 1604 m

Die Schneide über den Schmieden

Ausgangspunkt: Steyrling, 520 m (zu Fuß vom Bahnhof Steyrling 40 Min.).
Charakter: anspruchsvolle Bergtour mit gesichertem Gipfelanstieg (oder Gratüberschreitung, Kletter-Schwierigkeitsgrad I–II).
Gehzeit: Aufstieg 3,5 h (über den Westgrat 30 Min. länger). Abstieg 2,5 h.
Höhenunterschied: 1100 m.
Einkehr: unterwegs keine, Gasthöfe in Steyrling.

Dieser Blick! Ein Foto im Sensenschmiedemuseum von Micheldorf zeigt das obere Kremstal mit den Standorten der ehemaligen Sensenwerke, die sich einst wie eine Perlenkette entlang der Krems aneinander reihten. Aufgenommen wurde das Bild auf der „Pyramide“, wie der 1604 m hohe Hauptgipfel der Kremsmauer nach seinem trigonometrischen Vermessungspunkt heute noch genannt wird. Entsprechend eindrucksvoll ist auch die umgekehrte Sicht von unten nach oben: Die schroffen Felsabbrüche reizten schon die Topographen des 17. Jahrhunderts zu etwas übertriebenen Darstellungen, die die Kremsmauer als überhängende Felswoge zeigen. Der Weg auf ihren Gipfel ist sehr eindrucksvoll, aber nicht ungefährlich: Unterhalb des Törls, eines 4 m hohen Felsloches zwischen den Steinflanken der Krems- und der Falkenmauer, liegt der harte Altschnee mitunter bis in den Sommer hinein, und dann helfen selbst die dort angebrachten Stahlsicherungen wenig. Einfacher ist der Aufstieg von Süden: Die Markierung 442 beginnt im Ort Steyrling und folgt der Forststraße in den Kaltauer Graben. Sollte Ihnen die Steigung zu stark werden, dann denken Sie an die Holzknechte, die in halsbrecherischer Schlittenfahrt meterlange Stämme zu Tal bringen mussten: Die Steyrling war ein Zentrum der Forstwirtschaft, die die nimmersatten Hammerwerke an der Eisenstraße zu versorgen hatte.

Die Schneide der Kremsmauer

Auf der Kaltau, einem kleinen Wiesenboden am Fuße der immer noch recht hoch aufragenden Kremsmauer, ist der Straßenmarsch zu Ende. Reste alter Stollen erinnern hier noch an die einstige Bergwerkstätigkeit. Der rechts abzweigende Steig führt zielstrebig dem Gipfel entgegen, teilt sich aber 300 Höhenmeter weiter oben: Die rechte Route zieht ein Stück unter den felsgesprenkelten Steilhängen dahin und wendet sich dann beherzt dem Gipfel zu; zwei gesicherte Passagen, Schutt und Felstürmchen geben dem Anstieg die richtige Würze. Der linke Steig leitet Sie steil, aber ohne besondere Felshindernisse zum Törl, das durchaus als eigenständiges Wanderziel zu empfehlen ist. Kurz davor weist rechts eine Tafel „Nur für Geübte“ auf den unmarkierten Zustieg zum Westgrat der Kremsmauer: Die Warnung sollte man ernst nehmen, denn bald steht man auf der scharfen Schneide, die sich insgesamt 8 km weit vom Kalksteinbruch über dem Klauser Stausee bis zu den Zuflüssen des Almtals hinzieht. Wohin zuerst schauen? Links in die Tiefe, zur Krems, die einen Kilometer weiter unten entspringt? Nach hinten zum Voralpen-Matterhorn der Falkenmauer, das sich direkt vor dem ferneren Traunstein aufbaut? Oder doch besser nach vorne, wo man nun eine halbe Stunde lang über mehrere luftige Erhebungen zum hohen Gipfelkreuz klettert?
Der Abstieg erfolgt jedenfalls auf dem gesicherten Gipfelweg und der Forststraße nach Steyrling.

Der Almweg am Hengstpass

Von Sünd' keine Spur

Ausgangspunkt: Almstube Karlhütte knapp unter dem Hengstpass (Richtung Unterlaussa), 910 m. Zufahrt von Windischgarsten oder Altenmarkt.
Charakter: einfache Alm- und Waldwanderung für die ganze Familie.
Gehzeit: Almweg 2 h, mit dem Abstecher zur Egglalm 1 h mehr.
Höhenunterschied: ca. 200 m.
Einkehr: Karlhütte, Laussabaueralm, Puglalm, eventuell Egglalm.

Auf der Alm, da gibt's ... Nein, die Sünd' gab es wirklich kaum, dafür blieb gar keine Zeit. „Die Arbeit war sehr hart", sagt die Resi, die seit mehr als 30 Jahren allsommerlich die Puglalm bewirtschaftet, „sie hat nichts damit zu tun, den ganzen Tag jodelnd im Dirndlkleid durch Almwiesen zu spazieren." Derlei Lustbarkeiten sind höchstens uns Wanderern vergönnt – z. B. auf diesem 4 km langen Rundwanderweg. Zu Beginn ist es gar nicht so einfach, von der gastlichen Karlhütte wegzukommen. Wir wandern auf dem breiten Fahrweg zwischen den Weiden ins Tal des Laussabaches hinab.
Der erste Blickpunkt: die Rotkreuzkapelle, die vor mehr als 100 Jahren von den Almleuten an einer heilsamen Quelle erbaut wurde. Kurz davor erreichen wir den historischen „Proviantweg", auf dem einst Eisen vom Erzberg ins Garstnertal und Lebensmittel retour transportiert wurden. Wenn wir ihm rechts (bergauf) folgen, kommen wir zur Egglalm.
Der Almweg folgt dem „Proviantweg" jedoch nach links und leitet uns neben dem munteren Bach zur nächsten Erlebnisstation: „Horch, der Bach". Bald danach erreichen wir die Wie-

Wer würde hier nicht gern einkehren? Die Puglalm unter der Kampermauer.

sen um die gemütliche Laussabauernalm, die auf 780 m Seehöhe den tiefsten Punkt unserer Wanderung markiert. Gut gestärkt geht's weiter, und zwar zunächst zum nahen Aussichtspunkt, auf dem Tafeln das „Leben im Fels" der Kampermauer erklären. Wir überqueren die Straße und steigen durch den urigen Wald am Fuße des imposant-schroffen Berges zur Station „Auf der Weide" an. Der letzte Wegabschnitt zieht hinüber zur Puglalm – sie ist die dritte Versuchung zur Einkehr. Vorüber am Panoramablick, bei dem man die unglaubliche Wandlung der Landschaft „vom Meer zu den Kalkalpen" erfährt, gelangen wir schließlich wieder zum Ausgangspunkt zurück.

Wasserklotz, 1505 m

Eine Aussichtswarte im südlichen Hintergebirge

Ausgangspunkt: Zickerreith am Hengstpass, 985 m. Zufahrt von Windischgarsten über Rosenau am Hengstpass oder von Altenmarkt bei St. Gallen.
Charakter: einfache Bergwanderung auf Forststraßen und guten Steigen, im Gipfelbereich sind jedoch Trittsicherheit und Schwindelfreiheit erforderlich.
Gehzeit: 1,5–2 h, Abstieg 1,5 h.
Höhenunterschied: 550 m; steiler Gipfelaufstieg.
Einkehr: Zickerreith, Puglalm und Karlhütte jenseits des Hengstpasses.

Der Wasserklotz erhebt sich ganz im Süden des Reichraminger Hintergebirges. Wer ihn ersteigt, wird mit einer überraschend weiten Aussicht belohnt: Im Westen zeigen sich das Tote Gebirge mit dem Großen Priel und das Sengsengebirge mit seinen einsamsten Bereichen, im Süden tritt die Zackenreihe der Haller Mauern auf, im Osten erscheinen die Gesäuseberge, das Hochschwabgebiet und das Ötscherland, und im Norden breiten sich endlose Wälder gegen das Ennstal hin aus – an ganz klaren Tagen in weiter Ferne flankiert vom Böhmerwald und den Waldviertler Hügeln. Etwa 200 m südlich unter dem Gipfel klafft ein großes Felstor.

Hinter der Zickerreith-Hütte zweigt eine Forststraße nach Norden ab, die zum Waldrand und hoch über einem Graben zur Wiese der Kreuzau hinaufführt. Geradeaus weiter, wieder durch Wald aufwärts und unter dem Zeitschenberg vorbei (bei allen Abzweigungen gerade auf der markierten Forststraße bleiben). Bald erreicht man die Weiden der Dörflmoaralm. Hier rechts abzweigen und auf dem beschilderten Wanderweg quer durch den Wiesenhang zum Ahornsattel (Bildstock). Hier nach rechts und auf einem unmarkierten und steilen, aber gut ausgetretenen Waldpfad in Kehren neben einer Rinne auf den Grat empor. Links über einige Schrofenstufen zum Gipfelkreuz.
Der Abstieg erfolgt auf der gleichen Route.

Augen-Blicke: oben von Norden zum Wasserklotz, unten von dort zum Großen Pyhrgas.

Wurbauerkogel – Leitersteig

Naturerlebnisse am Rande des Nationalparks

Ausgangspunkt: Windischgarsten, 602 m, Talstation des Wurbauerkogel-Sessellifts nördlich des Ortszentrums (zu Fuß vom Bahnhof 15 Min.). Auffahrt zur Bergstation, 858 m. Zufahrt auch mit dem Auto: Richtung Rosenau am Hengstpass, nach 1,5 km (nach dem Gasthof Schafflmühle) links zum Bauernhof Kleiner hinauf.
Charakter: landschaftlich sehr schöne Bergwanderung auf guten, aber stellenweise steilen Pfaden, die Trittsicherheit erfordern.
Gehzeit: 3–4 h.
Höhenunterschied: 450 m.
Einkehr: auf dem Wurbauerkogel.

Der Wurbauerkogel gehört nicht zu den höchsten Erhebungen über dem Garstnertal - aber von seinem neuen Panoramaturm erblickt man sie alle! Die futuristische Konstruktion ist zudem mit einer Nationalpark-Infostelle und einer bodenständigen Einkehrstation verbunden, und schließlich bildet die nahe Bergstation des Sessellifts auch den Startplatz für den „Alpine Coaster", eine schnittige Sommerrodelbahn. Gleich über dem Wurbauerkogel beginnt der Naturraum des Nationalparks Kalkalpen.

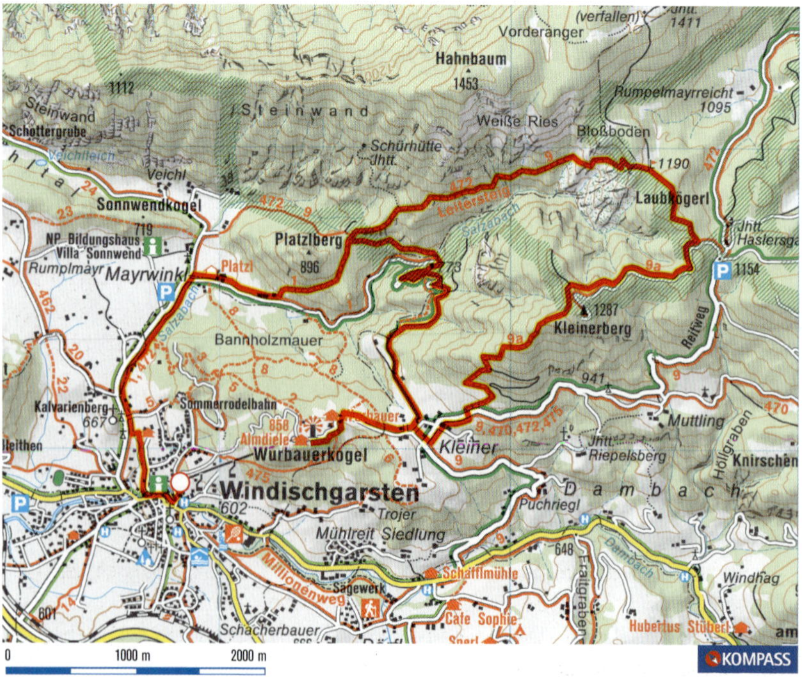

Wer ihn erkunden möchte, geht zunächst auf der flachen Asphaltstraße zu den Häusern in der Senke unter dem Kleinerberg, links zu den Kleinerhöfen und auf dem Güterweg Richtung Haslersgatter hinauf. Bald zweigt links der Schafsteig (Nr. 9 A) ab, auf dem wir zu einer Forststraße und weiter über einen steilen Waldrücken aufsteigen. Bald lichtet sich der Baumbestand ein wenig und wir gehen unterhalb des Kleinerbergs (Sender) zu einer weiteren Forststraße, die zum Sattel des Haslersgatters führt.

Wir schwenken jedoch schon vorher auf den links abzweigenden Fahrweg ein (Wegweiser „Leitersteig, Mayrwinkel“, Nr. 472). Er führt im sanften Anstieg zur Wiese am Bloßboden. Hier beginnt links der Leitersteig, der als schmaler Pfad durch die steilen, mit Felsen und Geröllhalden durchsetzten Südhänge des östlichen Sengsengebirges („Weißries“) dahinzieht. Tief unten klafft das Salzatal, in das wir - in einem Waldsattel scharf links abzweigend - hinabwandern. Dort erreichen wir eine Forststraße, auf der wir links wieder zum Wurbauerkogel ansteigen - immerhin locken die Einkehr im neuen Gasthaus „Beim Turm“ und die rasante Abfahrt mit dem „Alpine Coaster“! Man kann aber auch durch das enge, romantische und waldschattige Salzatal zur gemütlichen Jausenstation Platzl hinauswandern und links auf der Straße - vorbei am Kalvarienberg - nach Windischgarsten zurückkehren.

Schau, die Haller Mauern!

Proviant & Steine

Bei der Pfarrkirche von Windischgarsten beginnen der „Proviant-“ und der „Millionenweg“. Der eine ist eine uralte Route, auf der einst Getreide und Lebensmittel über den Hengstpass in die Erzberg-Region gebracht wurden. Im Gegenzug kam Eisen ins Garstnertal, aus dem man hier nicht nur Sensen, sondern auch Grabkreuze schmiedete – das Schoißwohlkreuz in der Kirche und schöne Exponate davor bezeugen diese Tradition. Der „Proviantweg“ verlief im Auf und Ab am Abhang der Haller Mauern, man kann ihm bis zur Eggl- und zur Laussabauernalm folgen (Gehzeit ca. 5 h). Der „Millionenweg“ führt Sie dagegen durch ebenso viele Jahre der Erdgeschichte. Die erste Station ist der Kurpark, in dem alle Gesteine der Region zu sehen sind. Tafeln erläutern die Geologie des Garstnertals (3 h).

Info: www.oberoesterreich.at/pyhrn.priel

Gowilalm – Kleiner Pyhrgas, 2023 m

Eine große Tour auf einen „kleinen" Berg

Ausgangspunkt: Oberweng in der Gemeinde Edlbach, 846 m. Zufahrt von Spital am Pyhrn oder Windischgarsten (Richtung Rosenau/Hengstpass, vor dem Ort rechts Richtung Zottensberg).
Charakter: bis zur Gowilalm problemlose Wanderung auf einem breiten, aber stellenweise steilen Weg; der anspruchsvollere Gipfelanstieg erfordert Trittsicherheit und Schwindelfreiheit.
Gehzeit: zur Gowilalm 1,5 h, auf den Kleinen Pyhrgas 2 h, Abstieg je nach Wegwahl 2,5–3 h.
Höhenunterschied: 1200 m.
Einkehr: Gowilalm.

Der Kleine Pyhrgas ist dem Hauptkamm der Haller Mauern ein Stück nördlich vorgelagert – das macht die Rundsicht unter seinem Gipfelkreuz besonders interessant und reizvoll. Außerdem trägt sein Nordwestrücken eine der schönsten Almen der Region, die alleine schon den Aufstieg lohnt.
Die Wanderung dorthin beginnt gegenüber der Flinderlmühle, bei der Abzweigung der Straße ins flache Winkltal. Wir folgen dem Wegweiser zur Gowilalm bzw. der Markierungsnummer 616, zweigen gleich darauf rechts ab und gehen am Gasthaus Singerskogel vorbei. Bei der nächsten Abzweigung links weiter, bis wir rechts auf dem breiten Weg durch den Wald ansteigen. Eine Kehre der Forststraße wird geradeaus abgekürzt, dann führt der Weg über einen steilen und bewaldeten Rücken zur 1375 m hoch gelegenen und bestens bewirtschafteten Hütte hinauf. Nun ist erst einmal eine Rast angesagt.
Wir gehen weiter bergwärts und wählen gleich oberhalb der Gowilalm links abzweigenden Steig 619, der durch steile Latschenhänge und das felsige Gelände hoch über dem Holzerkar emporzieht. Zuletzt steigen wir am oberen Rand der abschüssigen Gipfelwiese zum Kreuz auf dem Kleinen Pyhrgas an.

Oben: die Gowilalm am Fuße des Kleinen Pyhrgas. Unten: Tagwache am Gipfel.

Abstieg auf der gleichen Route. Von der Alm steht auch eine weitere Möglichkeit offen: Von der Hütte kann man nämlich auch links im Bogen auf dem Pfad Nr. 617/618 ins Holzerkar absteigen. An der Forststraße steht die gleichnamige Almhütte, von dort geht es – bald einen weiteren Forstweg überquerend – ins Tal des Goslitzbachs hinunter. Am Schmeißlreith vorbei gelangt man zu einer Wegteilung: Rechts, also den Bach übersetzend und im Tal bleibend, gelangt man zum Bauernhof Goslitz und zum Ausgangspunkt zurück.

Die Dr.-Vogelgesang-Klamm

Auf den Almbalkon der Haller Mauern

Ausgangspunkt: Spital am Pyhrn, 640 m.
Charakter: landschaftlich besonders interessante Wanderung auf guten Steigen. In der Vogelgesangklamm steile, aber gut abgesicherte Stege und Treppen.
Gehzeit: zur Bosruckhütte 2 h, zum Rohrauerhaus 45 Min., zur Hofalmhütte 1 h, Abstieg 1,5 h.
Höhenunterschied: 800 m.
Einkehr: Bosruckhütte, Rohrauerhaus, Hofalmhütte.

Vogelgezwitscher wird man in der Vogelgesangklamm – mit 1,5 km Länge ist sie immerhin die größte Schlucht Oberösterreichs – kaum vernehmen: Zu laut tost das Wildwasser, das diese romantische Felskluft in etwa 10 000 Jahren ausgefräst hat. Außerdem erinnert der Name an den einstigen Gemeindearzt von Spital am Pyhrn, der sich um ihre touristische Erschließung verdient gemacht hat. Nachdem wir die Stufen und Stege überwunden haben, folgt eine herrliche Wanderung über den „Almbalkon" im Nordwesten der Haller Mauern – interessante Einblicke in die wilde Felsregion sowie die Sicht zum gegenüber aufragenden Toten Gebirge und ins Admonter Becken inklusive.

Wir starten bei der Konditorei in der Ortsmitte, schräg gegenüber der ehemaligen Stiftskirche von Spi-

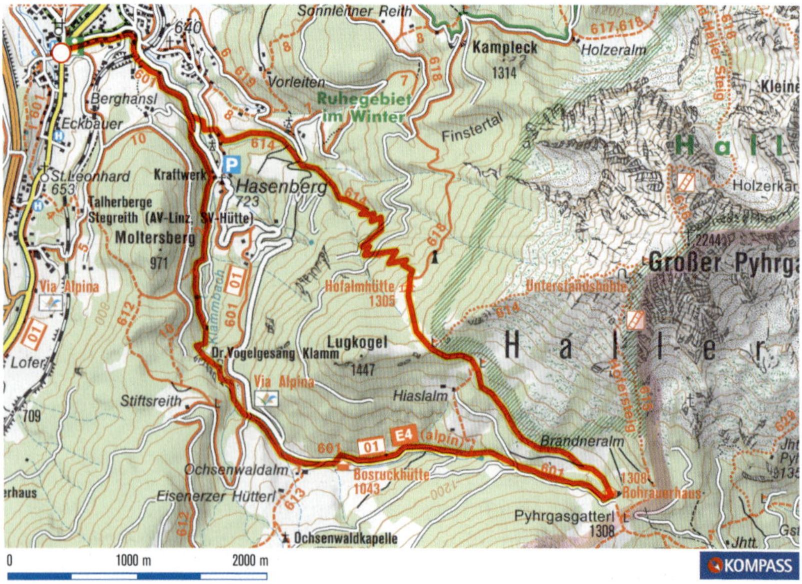

tal am Pyhrn. Die Beschilderung zur Klamm weist uns zur Lindemayrschmiede und zum Ferienheim Lindenhof; dann geht's nach rechts und unter der Bahnlinie durch zum Gasthaus Grünau (bis dorthin auch Auto-Zufahrt). Auf einer Schotterstraße entlang des Baches zum Beginn der Klamm (Gebühr), die auf Treppen und Stegen durchstiegen wird. Nach 500 Stufen weitet sich das Tal wieder. Links zur Straße hinauf und auf dieser rechts zur 1 km entfernten Bosruckhütte. Auf der Forststraße (Nordalpiner Weitwanderweg 01) und dem alten Weg durch den Graben zum Rohrauerhaus hinauf. Der kurze Abstecher zum Pyhrgasgatterl lohnt sich auf jeden Fall (Aussicht nach Süden). Vom Rohrauerhaus führt unsere weitere Route nach links, und zwar auf dem Steig Nr. 618, der quer durch die Abhänge des Großen Pyhrgas führt. Im Sattel am Auslauf des Pyhrgas-Westgrats geradeaus und über eine Wiesenschneise zur Hofalm hinab. Abstieg auf dem Weg Nr. 614, der – zwei Forststraßen querend – durch den steilen Waldhang nach Spital am Pyhrn hinunterzieht.

Unterwegs in der Vogelgesangklamm

Großer Pyhrgas und Scheiblingstein

Großer Pyhrgas

Der höchste Gipfel der Haller Mauern ist nicht mehr ganz einfach zu erklimmen. Der menschenfreundlichste Weg zum Gipfelkreuz auf 2244 m Seehöhe folgt dem Westgrat (von der Hofalm 2,5–3 h). Die schwierigste der markierten Routen ist der bei der Gowilalm beginnende Bad-Haller-Steig; seine schwierigsten Passagen über dem Holzerkar sind mit Stahlseilen gesichert (3 h). Einige Sicherungen weist auch der Gipfelsteig Nr. 615 vom Rohrauerhaus auf (2,5 h). Dieses Schutzhaus erinnert an einen Spitaler Schmiedemeister, der den Touristenverein „Die Naturfreunde" mitbegründete. Schwieriger ist der Gipfelname zu erklären: Er soll aus dem Keltischen stammen und „Hügel" bedeuten.

Wurzeralm – Brunnsteiner See

Geheimnisse unter dem Warscheneck

Ausgangspunkt: Talstation der Wurzeralm-Standseilbahn südlich von Spital am Pyhrn, 807 m. Auffahrt zur Wurzeralm, 1427 m. Mit der Standseilbahn auch wieder hinunter.
Charakter: ebener und leicht begehbarer Rundwanderweg, auch mit Kindern sehr empfehlenswert.
Gehzeit: 2 h (Abstieg zur Talstation 1,5–2 h).
Höhenunterschied: gering.
Einkehr: Linzer Haus, Wurzeralm.

Ein sensationeller Fund in Rameschhöhle unterhalb des Warscheneckgipfels bezeugt die Anwesenheit des Höhlenbären auf der Wurzeralm. Er hat in der letzten Warmzeit zwischen der Riss- und der Würmeiszeit (vor ca. 128 000 bis 117 000 Jahren) und dann wieder in einer

eisfreien Periode der letzten Eiszeit vor 64 000 bis 45 000 Jahren genug Nahrung – er ließ sich vor allem Pflanzen schmecken – gefunden. Allerdings haben ihm die Neandertaler bereits nachgestellt; wie gefundene Hornsteinartefakte beweisen, müssen sie ebenfalls bis zur Rameschhöhle gekommen sein. Das vollständige Skelett des Höhlenbären ist im Felsbildermuseum im ehemaligen Stift Spital am Pyhrn ausgestellt. Zu sehen sind dort auch die geheimnisvollen Felszeichnungen aus der „Höll“, einem urigen Fels- und Waldgraben in der Nähe der Wurzeralm.
Weder hoch hinauf noch tief hinunter geht's bei der Erkundung des Almbereichs, die wir bei der Bergstation der Standseilbahn beginnen. Wir folgen dem Schild „Teichlboden-Rundwanderweg“, wandern auf dem breiten Weg vor der mächtigen Kulisse des Warschenecks zur Station des Frauenkar-Lifts, biegen dort rechts zum nahen Brunnsteiner See ab. Das kleine, idyllisch unter den Felsen des Ramesch und der Roten Wand glitzernde Gewässer beherbergt Molche und vom Aussterben bedrohte Lurche. Es ist auch der Ursprung der Teichl, die sich von hier aus ihren verschlungenen Weg durch die Moore am Teichlboden sucht. Dieses geschützte Biotop hat eine interes-

Die Wandermöglichkeiten der Wurzeralm begeistern auch den Nachwuchs.

sante Geschichte: Noch vor 7000 Jahren bestand hier ein größerer See, der langsam verlandete. Vor 5000 Jahren dürfte die gesamte Fläche bewaldet gewesen sein. Der Mensch rodete den Wald, um offene Weideflächen zu gewinnen. Dabei geriet wahrscheinlich ein Teil des Filzmooses ins Rutschen, worauf sich ein oberes und ein unteres Moor bildeten.

Wir kehren vom Brunnsteiner See zum Rundweg zurück, der vor der Liftstation links zur Teichl führt. Ihr Plätschern und Gurgeln begleitet uns durch das mit Latschen bewachsene Moor bis zu den Filzmooshütten unter dem Stubwieswipfel. Jeden Sommer werden hier Pferde und Kühe aufgetrieben. Etwas südlich der Alm verschwindet die Teichl plötzlich – wie von Zauberhand: Sie sucht sich einen verborgenen Weg durch den Untergrund und kommt erst wieder in der Nähe der Talstation zum Vorschein. Von der „Teichlschwinde" gelangen Pfadfinder, die sich im unwegsamen Steilgelände zurechtfinden, zu den verborgenen Felsbildern in der „Höll" hinunter (dann muss man sich durch einen wild verwachsenen Graben zum unteren Bereich der Skipiste durchschlagen). Unser bequemer Weg führt dagegen nach einem kurzen Anstieg zum gastlichen Linzer Haus bzw. zur Bergstation. Wer nicht mit der Standseilbahn hinunterfahren will, kann auf einer steilen Schotterstraße im Bereich der Skipiste ins Tal marschieren (1,5 h).

Zum Pießling-Ursprung

... und ein Abstecher zum Gleinkersee

Ausgangspunkt: Roßleithen, 706 m.
Charakter: einfache Wanderung für die ganze Familie.
Gehzeit: 2,5–3 h.
Höhenunterschied: ca. 200 m.
Einkehr: Gasthöfe in Roßleithen und am Gleinkersee.

Plötzlich ist es da, schier aus dem Nichts: Kein Rinnsal, kein bescheidenes Bächlein, sondern gleich ein richtiger Fluss quillt da aus dem Pießling-Ursprung! Bis zu 2000 l Wasser entströmen Oberösterreichs größter Karstquelle pro Sekunde – Wasser, das hoch droben im Warscheneckmassiv versickert. Nach seiner Reise durch das Berginnere ist es natürlich viel zu kalt zum Baden – also wandern wir noch ein Stück zu einem weiteren Wasser-Wunder.

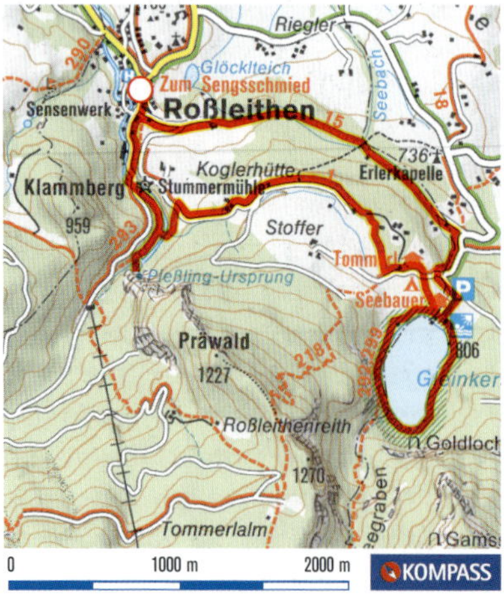

Doch der Reihe nach: Zunächst gehen wir vom Sensenwerk in Roßleithen neben den Werksgebäuden und der Kraftwerksrohrleitung taleinwärts. Das Werk wurde 1584 erstmals urkundlich erwähnt und arbeitet – als letztes in Österreich – bis heute in der Tradition der „Schwarzen Grafen", wie die Hammerherren einst genannt wurden. Vorbei an der Stummermühle erreichen wir nach kurzem Anstieg den Pießling-Ursprung – wie der Quelltopf unter der Felswand „funktioniert", erklärt eine Tafel. Etwa 400 m unterhalb zweigt links ein Wanderweg Richtung Gleinkersee ab: Wir übersetzen die Pießling auf einem Steg und steigen zu einer Straße an, der wir über die Wiesen (Skilift) bergauf folgen. Zuletzt geht's auf einem Schotterweg zum Gasthof Tommerl. Unter dem Gastgarten glitzert schon der Gleinkersee, zu dem wir kurz hinabwandern. Die Umrundung auf dem Uferweg lohnt sich auf jeden Fall; ein Sprung ins kühle Nass bringt Erfrischung zur „Halbzeit" unserer Tour. Vom Seegasthaus am Nordufer spazieren wir dann über den Parkplatz und kurz auf der Zufahrtsstraße bergab. Vor den ersten Häusern zweigen wir links ab, wandern zum Seebach hinab und folgen seinem Lauf, bis er rechts einen schmalen Durchbruch durch den bewaldeten Mo-

Oben: Das Sengsengebirge spiegelt sich im Gleinkersee. Unten: Roßleithner Schmied.

ränenwall schafft. Bei der dortigen Wegkreuzung gehen wir geradeaus weiter und wandern neben einem weiteren Wasserlauf zum Ausgangspunkt zurück.

Lärchen & Zirben

Es lohnt sich auch die „Expedition“ in jenes Gebiet, aus dem viel Wasser für Teichl und Pießling stammt: Im Süden des Warschenecks breitet sich eine große Hochfläche bis zum 2114 m hohen Angerkogel aus. Ihr oberster Bereich ist wüstenhaft öd, weite Teile davon sind jedoch von urigen Lärchen und jahrhundertealten Zirben bewachsen. Durch diesen zauberhaften Fast-Urwald führt der markierte Pfad 218 von der Wurzeralm zur Luckerhütte, einer offenen Unterstandshütte – von dort ersteigt man links den Angerkogel (ca. 3 h, Rückweg 2,5 h). Wer will, kann von der Luckerhütte zur Hochmölbinghütte (ab Wurzeralm ca. 5 h) wandern; von dort gelangt man über die Türkenkarscharte nach Hinterstoder hinüber (3,5–4 h).

Warscheneck, 2388 m

Der Kalkriese über dem Garstnertal

Ausgangspunkt: Roßleithen, 706 m.
Charakter: lange, steile und anspruchsvolle Bergtour durch hochalpines Karstgelände auf einen felsigen Gipfel. Einige ausgesetzte Passagen erfordern Trittsicherheit und Schwindelfreiheit.

Gehzeit: zur Dümlerhütte 2 h, auf das Warscheneck 3 h, Abstieg zur Zellerhütte 1,5 h, nach Roßleithen 2 h (nach Vorderstoder 1,5–2 h).
Höhenunterschied: 1700 m.
Einkehr: Dümlerhütte, Zellerhütte.

Wuchtig - das ist wohl die richtige Charakterisierung des Warschenecks, das den Ostteil des Toten Gebirges beherrscht. Lang sind alle Wege auf sein karstiges Steinhaupt, das eine tolle Rundsicht vom Alpenvorland bis zu den Niederen Tauern verspricht. Vielleicht der schönste davon beginnt beim Sensenwerk in Roßleithen und zieht zunächst wie bei Tour 57 zum Pießling-Ursprung. Davor rechts nach der Markierung Nr. 293 in den Wald und zur Talstation der Materialseilbahn hinauf. Davor beginnt links der beschilderte Steig, der - mehrmals Fahrwege berührend - über das Roßleithenreith emporzieht. Dort mündet links der Pfad Nr. 218 vom Gleinkersee ein, auf dem wir über die ehemalige Tommerlalm zur Dümlerhütte ansteigen.

Blick vom Warscheneck zum Hochmölbing

Nun folgen wir dem Steig Nr. 293, der über einen Rücken oberhalb des Stofferkars zum Sattel unter der Roten Wand führt (die schöne Aussicht von diesem Gipfel, der südseitig mit einer senkrechten Wand abstürzt, müsste man sich durch einen kurzen, aber knackigen Anstieg verdienen).

Von der Wurzeralm zieht der Nordalpine Weitwanderweg 201 in die Scharte empor: Auf diesem klettern wir rechts über einen steilen und felsigen Rücken auf den Kamm der Speikwiese.

An der Kuppe des Toten Mannes vorbei kommen wir zum obersten Aufbau des Warschenecks. Über eine abschüssige, aber gebankte Felsflanke gelangen wir auf die sanft geneigte Hochfläche, auf der wir bald die Route von der Zellerhütte erreichen. Links geht's in wenigen Minuten zum großen Gipfelkreuz. Die Rundsicht ist einmalig schön.

Zurück zur erwähnten Abzweigung, von dort jedoch links auf dem Weitwanderweg 201 nach Nordwesten über den wüstenhaft kahlen Arbesboden hinab. Vorbei am Lagersberg und im steileren Abstieg durch die Latschenzone in licht bewaldete Hänge.

Schließlich schlängelt sich unser Pfad zur Zeller Hütte hinunter. Für den finalen Abstieg stehen zwei Wege zur Verfügung: Rechts weist die Beschilderung nach Roßleithen zurück (Weg Nr. 290 am etwas abseits gelegenen Windhager See vorbei), während wir auf dem Weitwanderweg nordwärts zum Schafferteich und nach Vorderstoder gelangen.

Der Flötzersteig

Vom Wilderermuseum zum Steyr-Ursprung

Ausgangspunkt: Gasthof Steyrbrücke an der B 138, 474 m (zu Fuß vom Bahnhof Hinterstoder ca. 20 Min.). Rückfahrt mit dem Wandertaxi (Tel. ++43(0)7564/ 5159 oder ++43(0)650/4101010).
Charakter: eindrucksvolle und leichte Wanderung auf den Spuren der ehemaligen Holzknechte und Flötzer. Außer bei hoher Schneelage immer begehbar (feste Schuhe ratsam). Zwischen Strumboding-Wasserfall und Schiederweiher mit Kinderwagen befahrbar.
Gehzeit: zum Strumboding 2 h, weiter nach Hinterstoder 30 Min., bis zum Steyr-Ursprung 2,5 h.
Höhenunterschied: gering, nur eine kurze Steigung.
Einkehr: Gasthof Steyrbrücke, Gasthöfe und Cafés in Hinterstoder, Mostschenke Polsterluck'n, Gasthof Baumschlagerreith.

Links der stürmische Strumboding-Wasserfall, rechts der Schiederweiher.

Holz und Holzkohle waren für den Betrieb der Sensen- und Hammerwerke der Eisenwurzen lebensnotwendig. Um das Holz aus dem Stodertal zu den Kohlstätten und Betrieben zu bringen, wurde es auf dem Steyrfluss bis nach Steyr getriftet. Von den Flötzern wurden jährlich etwa 30 000 m^3 Blochholz begleitet. Sie dirigierten das Holz vom Ufer aus und legten entlang des Flusses so genannte Flötzersteige an. Oft mussten die Männer stundenlang im eiskalten Wasser verbringen, um hängen gebliebene Stämme weiterzuziehen oder gefährliche Verklausungen freizubekommen.

Vom Gasthof Steyrbrücke (sehenswertes Wilderermuseum) gehen wir über die Brücke und biegen rechts ab. Nach 300 m geht der Schotterweg in einen Steig über, der neben der Steyr zum einstigen Auffangrechen führt. Nach etwa 1 h erreichen wir die Schrattentalerbrücke, auf der wir den Fluss nochmals übersetzen. Scharf links auf eine Forststraße, dann rechts hinauf und nach der Beschilderung zur Flötzerstubm (Mostschenke). Beim Trinklergut rechts abzweigen und auf dem Wanderweg zum Strumboding-Wasserfall (Aussichtssteg). Weiter zur Kreidelucke (1160 m lange Höhle, die jedoch nicht betreten werden darf), vorbei an einer alten Mühle, einer „Holzriese" und einer „Lafthütte" nach Hinterstoder (links Abstecher zum Alpineum).

Wir setzen unseren Weg zum Schiederweiher fort (herrlicher Blick auf Großen Priel, Spitzmauer, Ostrawitz und Hochkasten). Danach links abbiegen, über die Krumme Steyr und hinter dem Klinserkogel herum. Nun wieder oberhalb der Steyr durch den Weiler Hinterberg und zum Dietlgut. Der letzte Wegabschnitt führt auf der Forststraße und einem Wanderweg zum Gasthof Baumschlagerreith im Talschluss. Von dort erreicht man in wenigen Minuten den Steyr-Ursprung, eine große Karstquelle.

Kleiner Priel, 2136 m

Der Wächter über dem Stodertal

Ausgangspunkt: Hinterstoder, 591 m, Parkplatz bei der Feuerwehr.

Charakter: lange und anspruchsvolle Bergtour, die sehr gute Kondition, Trittsicherheit und Schwindelfreiheit erfordert.

Gehzeit: Aufstieg 4,5–5 h, Abstieg 3 h.

Höhenunterschied: 1550 m.

Einkehr: unterwegs keine, Gasthöfe und Cafés in Hinterstoder.

Der Kleine Priel, der nordöstliche Eckpfeiler des Stodertals, steht ein wenig im Schatten seines „großen Bruders“. Freilich: Ohne Schutzhütte als Zwischenstation geht der Weg zu seinem kleinen Gipfelkreuz und seinem großen Panorama-Rundblick ganz schön in die Knochen. Genießer wissen da etwas Besonderes: Am späten Nachmittag aufsteigen, im Gipfelbereich biwakieren und frühmorgens den Sonnenaufgang genießen ...

Ansonsten ist es empfehlenswert, im Frühtau loszuziehen: Auf der Brücke über die Steyr, nach der Markierung Nr. 269 bergwärts und am Prielergut vorbei. Auf der Forststraße und dem bald rechts abzweigenden Pfad kommt man rasch höher. Zwei Forststraßen werden überquert, dann windet sich der Weg in zahllosen Kehren durch die steile Schneide der Prielerplan (Plantal) empor. An der Waldgrenze erreicht man den Sattel, hinter dem das oberste Schnablkar liegt. Links auf den Kessenspitz, auf dem flachen, aber felsigen Südgrat zum Gipfelaufbau und zuletzt über das Geröll der Lahnerplan zum kleinen Kreuz auf dem höchsten Punkt. Besonders interessant ist der Blick über den 8 km langen Prielgrat, der über mehrere schroffe Gipfel bis zum Großen Priel hinüberzieht. Abstieg auf der gleichen Route.

Das frühmorgendliche Nebelmeer wogt tief unter dem Kreuz des Kleinen Priels.

Stoderer Geschichte(n)

Die Gebirgsdörfer Vorder- und Hinterstoder zählen zu den „alpinsten" Tourismusgemeinden Oberösterreichs. Die Entwicklung des Alpinismus können Sie im Alpineum des Skiweltcup-Ortes Hinterstoder zurückverfolgen – dieses moderne Museum bietet den perfekten „Einstieg" zu jeder Wanderung oder Bergtour über dem Stodertal. Die legendärste davon ist wohl die Tour über das Salzsteigjoch zur Tauplitzalm, die schon jenseits des riesigen Karstplateaus des Toten Gebirges in der Steiermark liegt. Noch heute hört man die Geschichte von den „lutherischen Salzpaschern". Als die Stoderer Bauern dereinst protestantisch wurden, soll ihnen die katholische Obrigkeit kurzerhand die Versorgung mit dem lebenswichtigen Salz verwehrt haben, um sie wieder zum rechten Glauben zu bewegen. So holten sie sich das Würzmittel eben in finsterer Nacht vom Ausseerland herüber – über einen Sattel, der heute auf einem mit Stahlseilen gesicherten Felssteig erreichbar ist (vom Gasthof Baumschlagerreith bis zum Salzsteigjoch 2,5 h, weiter zum Linzer Tauplitzhaus 1,5 h).
Info: www.oberoesterreich.at/pyhrn.priel

Großer Priel, 2515 m
Spitzmauer, 2446 m
Die Höchsten im Toten Gebirge

Ausgangspunkt: Hinterstoder, 591 m, Parkplatz beim Johannishof, ca. 1,5 km vom Ortszentrum taleinwärts.
Charakter: zwei hochalpine und landschaftlich großartige Touren auf die beiden höchsten Gipfel des Toten Gebirges. Lange, stellenweise sehr steile und felsige Steige mit kurzen gesicherten Passagen und Kletterstellen im I. Schwierigkeitsgrad, Trittsicherheit und Schwindelfreiheit sind überall notwendig. Besondere Vorsicht bei hartem Altschnee – besonders im Kühkar passieren immer wieder Unfälle durch Ausgleiten. Bei Nebel und Schneelage wird die Orientierung im weiten Karstgelände oberhalb des Prielschutzhauses sehr schwierig!
Gehzeit: zum Prielschutzhaus 2,5 h, auf den Großen Priel 3 h, Abstieg zum Prielschutzhaus 2 h; auf die Spitzmauer 3,5 h, Abstieg 3 h; vom Prielschutzhaus nach Hinterstoder 2 h.
Höhenunterschied: Großer Priel 1900 m, mit der Spitzmauer insgesamt 2900 m.
Einkehr: Prielschutzhaus.

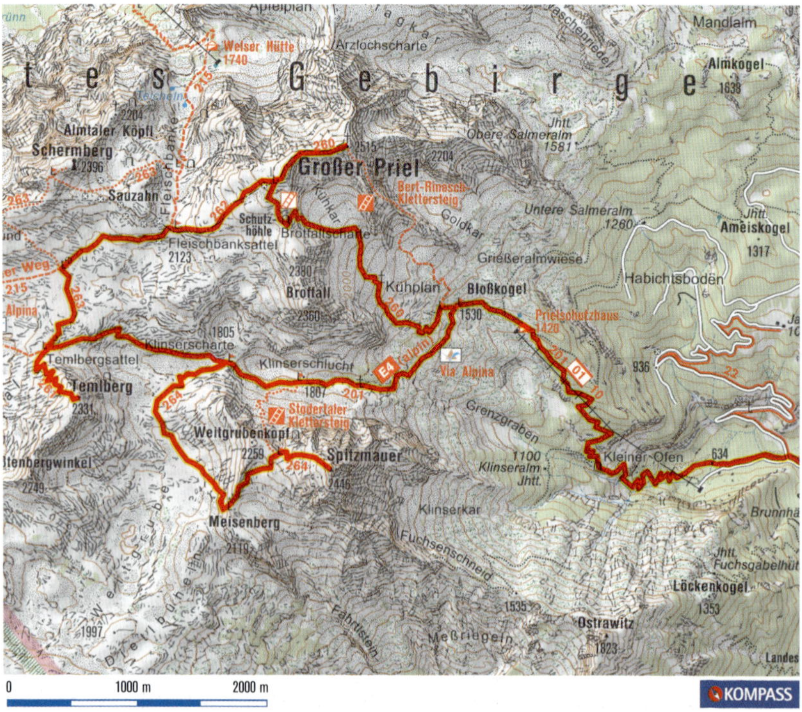

Hochbetrieb vor dem Prielschutzhaus – im Hintergrund die elegante Spitzmauer.

Der Große Priel ragt als einziger Gipfel im Toten Gebirge über die 2500-m-Marke hinaus, und seine felsfaltige Nachbarin, die Spitzmauer, gilt als die schönste Erhebung des Toten Gebirges. „Von dem Schneetal über kahle Felsen kann man ohne Gefahr auf den Gipfel des Hochpriel im Lande ob der Enns in zwei Stunden gelangen", notierte Erzherzog Johann 1810 in seinem Tagebuch, „Wildschützen bestiegen ihn schon." Diesen gesetzlosen Gesellen verdankt der Brotfall zwischen Priel und Spitzmauer seinen Namen: Ein Brotlaib, der in die Tiefe kollerte, verriet sie den Gendarmen. Ärger mit der Gipfeljause hatte auch Erzherzog Ludwig, der den „Hochpriel" anno 1819 erstieg: Der Schulmeister von Hinterstoder war samt dem Kaffeegeschirr auf dem Eis ausgerutscht - die Tassen blieben zwar im Gegensatz zu seinem Hintern heil, doch dafür hatte der Haushofmeister den Kaffee vergessen ...

Zum Prielschutzhaus: Vom Johannishof wandert man auf der Forststraße (Markierung 201) zum Schiederweiher, auf einem Abkürzungssteig und wieder auf der Straße in die Polsterluck'n und zur Talstation der Materialseilbahn (Gepäcktransport möglich, Hüttenwirt per Telefon verständigen). Knapp davor rechts über den Bach und auf einem breit ausgetretenen Steig in Serpentinen durch den Laubwald zum Klinserwasserfall hinauf. Vorbei am Großen und am Kleinen Ofen (Höhlen) zum „Gott-sei-Dank-Bankerl“ und bis vor die „Märchenwiese“. Dort nach rechts und stets nahe der Seilbahn durch Mischwald zum Prielschutzhaus. Abstieg auf der gleichen Route.

Auf den Großen Priel: Weiter auf dem Steig Nr. 201 – vorbei am Wasserreservoir und zwischen Latschen – zu einer Wegteilung: Rechts auf dem Steig Nr. 260 über einen felsigen Rücken ins Kühkar hinauf. Bei der Abzweigung zum Bert-Rinesch-Klettersteig links und in Kehren zur oberen Karschwelle („Jausenstein“). Am linken (südlichen) Rand des Kars über Schutt und ein steiles Schneefeld zur Flanke unterhalb der Brotfallscharte. Die folgenden Felsstufen und Bänder sind mit Stahlseilen gesichert – wenn der oberste Bereich unter hartem Altschnee liegt, kann man die Passage links und über ein höher gelegenes Band umgehen. Knapp unterhalb der Brotfallscharte befindet sich eine Unterstandshöhle. Hat man den Gratrücken erreicht, lohnt sich zunächst der kurze Abstecher links auf den Brotfallgipfel. Wieder zurück und nach der Markierung 260 auf dem breiten Schuttrücken Richtung Priel hinauf. Oben trifft man auf den Steig Nr. 262, der von der Welser Hütte heraufzieht und dem wir nach rechts folgen. Ab- und aufsteigend über den schmalen Grat – direkt über der gewaltigen Nordwand – zum 8 m hohen Gipfelkreuz hinüber. Abstieg auf der gleichen Route.

Ferrata-Feeling: der Stodertaler Klettersteig.

Abstiegsvariante: Von der Abzweigung am Beginn des Gipfelgrats kann man auch westwärts auf dem Steig Nr. 262 zum Fleischbanksattel absteigen. Von dort geradeaus Richtung Pühringerhütte und unter dem Sauzahn hinab. Bei der Wegkreuzung unter dem Schermberg (Notunterstand) nach links und nach den Markierungen durch das flache Karstgelände nach Süden auf den Temlberg zu. Vor diesem markanten Felsgipfel (den man auf einem steilen, aber markieren Steig erklimmen kann) erreicht man die nächste Wegkreuzung. Links auf dem Steig Nr. 201 am Rand eines Kars zur Klinserscharte, wo der Pfad zur Spitzmauer einmündet. Weiter durch die Klinserschlucht (siehe Tour zur Spitzmauer).

Der Große Priel blinzelt durch das Edelweiß-Gipfelzeichen der Spitzmauer.

Auf die Spitzmauer: Von der Wegteilung beim Prielschutzhaus auf dem linken, unteren Steig Nr. 201, der quer durch das latschenbewachsene Kar zum Einschnitt zwischen Spitzmauer und Brotfall-Südgrat ansteigt. Rechts in die felsige Klinserschlucht (hier zweigt links der Stodertaler Klettersteig auf die Spitzmauer ab) und durch eine Mulde zur Klinserscharte. Nun im Linksbogen um den Weitgrubenkopf herum und über steile Felsstufen in die Scharte zwischen Weitgrubenkopf und Meisenberg hinauf. Dahinter links in die Senke zwischen Weitgrubenkopf und Spitzmauer, nach rechts, in Kehren den Rücken ersteigen und über Felsstufen zum Edelweiß-Gipfelzeichen. Abstieg wie Aufstieg.

Das Tote Gebirge

Die 1130 km² große Gebirgsgruppe zwischen dem Pyhrnpass und dem Trauntal bildet den größten Plateaustock der Nördlichen Kalkalpen. Hinter ihren schroffen, Randerhebungen verbirgt sich eine riesige Hochfläche zwischen 1700 und 2300 m Seehöhe – die größte Karstwüste Europas. In tieferen Lagen findet man jedoch auch zauberhafte Wälder und Almen mit seltener Flora und Fauna.

Zum Steyrsbergerreith

Almwandern mit Priel-Panorama

Ausgangspunkt: Hinterstoder, 591 m, Talstation der Höss-Seilbahn. Auffahrt zu den Hutterer Böden, 1400 m.
Charakter: erlebnisreiche (Fast-)Bergabwanderung auf guten Steigen und Forststraßen. Der Abstieg von der Edtbauernalm ins Rottal verlangt jedoch Trittsicherheit und Schwindelfreiheit.
Gehzeit: zum Steyrsbergerreith 1,5 h, nach Hinterstoder 1,5 h (nach Vorderstoder 2 h).
Höhenunterschied: 100 m Aufstieg und 900 m Abstieg.
Einkehr: Edtbauernalm, Steyrsbergerreith.

Rund um das Wintersportparadies der Hutterer Höss verbirgt sich ein reichhaltiges Wanderrevier, das sich u. a. durch eine fast allgegenwärtige Prachtsicht zur gegenüber aufragenden Prielgruppe des Toten Gebirges auszeichnet. Eines seiner schönsten Ausflugsziele ist das Steyrsbergerreith, eine wunderbar gelegene Alm mit einer uralten Hütte.
Vom Gasthof Baumschlagerberg bei Vorderstoder (Zufahrt vom Säge-

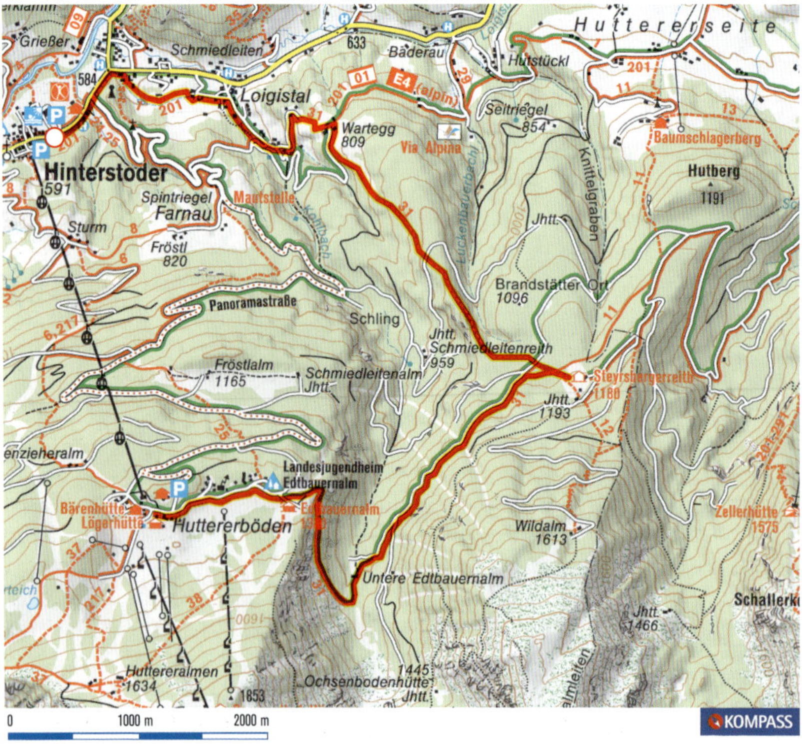

Noch nie geselchtes Rindfleisch gekostet? Dann auf zum Steyrsbergerreith!

werk westlich unter dem Ort) sind es nur 1,5 Wanderstunden herauf. Hier schlage ich Ihnen jedoch einen längeren und fast abenteuerlichen Zugang vor, der auf den per Gondel oder Auto erreichbaren Hutterer Böden beginnt. Wir wandern von der Seilbahnstation links auf der fast ebenen Schotterstraße zum Landesjugendheim Edtbauernalm und rechts zum gleichnamigen Gasthof hinüber. Etwas unterhalb davon zweigt links ein beschilderter Wanderweg (Nr. 31) ab, der zum Waldrand und zu einem Überstieg führt. Hier beginnt ein uralter, aus dem Fels gehauener Almpfad, der ins Untere Rottal hinabführt. Vorsicht: Obwohl es links ziemlich steil und tief „hinunterpfeift", sind hier sogar Mountainbiker unterwegs. Von der einstigen Unteren Edtbauernalm im Talgrund geht's auf einer anfangs sanft ansteigenden, dann wieder flach abfallenden Forststraße durch den Wald dahin, bis rechts ein kurzer Pfad zur Wiese um das Steyrsbergerreith hinaufführt. Kulinarik-Tipp: Kasjaus'n und g'selchtes Rindfleisch ...

Wer nun der Markierung Nr. 1 folgt, gelangt – teils auf der Forststraße, teils auf Waldwegen – nach Vorderstoder (oder, sich links haltend, zum erwähnten Gasthof Baumschlagerberg).

Wer zum Ausgangspunkt zurückmöchte, geht dagegen wieder zum Waldrand retour und schwenkt dann auf den rechts abzweigenden Weg (Nr. 31) ein. So kommt man im zügigen Abstieg auf einem Waldrücken zum Bauernhof Wartegg. Zwischen den Häusern durch, dann links auf einem alten Weg (einem Teilstück der Nordalpinen Weitwanderroute 201) zum Kohlbach hinunter. Auf der Asphaltstraße talaus zur Siedlung Loigistal, jedoch schon vor der Hauptstraße links zum Landhotel Gressenbauer abbiegen. An diesem vorbei, hinter dem Gebäude links und am Brunnen vorbei. Nach 20 m – beim Stadel – rechts auf dem beschilderten Weg („Naturrodelbahn Loigistal") durch ein kleines Tal hinab. Dann links neben der Straße zum Gasthof Jaidhaus und links zum Parkplatz der Höss-Seilbahn zurück.

Salzkammergut

und Dachstein

Abend am Mondsee: Der Kreuzstein vor der Kulisse der Drachenwand. Das kleine Foto zeigt den spaltigen Eisrand des Hallstätter Gletschers.

Spaziergang zum Almsee

Romantik im Osten des Salzkammerguts

Ausgangspunkt: Gasthof Jagersimmerl in der Habernau, 577 m (9 km südlich von Grünau im Almtal).
Charakter: einfache Wanderung auf problemlosen Wegen.
Gehzeit: 1,5 h hin, 1,5 h zurück.
Höhenunterschied: geringfügig.
Einkehr: Gasthof Jagersimmerl, Gasthof Seehaus und Gasthof Deutsches Haus am Almsee.

Der Almfluss entspringt in einem kristallklaren See, direkt unter den Nordwänden des Toten Gebirges. An seinem Ostufer wandert man durch Auwälder und Schilfbuchten, vorbei an brüchigen Felswandeln und Quellen, die unter dem Seespiegel austreten – aufsteigende Luftblasen verraten sie.

Beim Gasthof Jagersimmerl folgen wir der Beschilderung „Almtaler Haus" über die Almbrücke. Gleich danach zweigt rechts eine Forststraße (Nr. 404) ab, die durch das

Links: Bergwald im Almtal. Oben: der Almsee vor der Kulisse der „Almtaler Sonnenuhr".

hügelige Waldgebiet neben dem Fluss taleinwärts führt. Bald geht man auf einem Wanderweg weiter, steigt unter dem Brandberg etwas an und erreicht nach kurzem Abstieg die Seeklause beim Jagdhaus Schwarzenbrunn (Bushaltestelle). Nun gehen wir dem hier noch schmalen Almsee entlang. Nach 1 km wird die Wasserfläche breiter; die gesamte Nordwandflucht des Toten Gebirges liegt vor uns. Vorbei an der Fischerhütte gelangt man in den Auwald am Südufer, anschließend geht's rechts über zwei Stege zum Seehaus hinüber.
Zurück auf der gleichen Route (oder per Bus).

Hetzau & Ödseen

Vom Jagersimmerl führt eine 6 km lange Straße zum Almtalerhaus, die vom Frühsommer bis zum Beginn der Jagdsaison Mitte September befahren werden darf. Vom Schutzhaus führt eine lohnende Rundwanderung zu den beiden Ödseen (1,5 h). Über dem Talschluss der Hetzau steht die Schermberg-Nordwand, die mit 1300 m Höhe zu den größten Felsfluchten der Alpen zählt. Rechts davon ereignete sich am Ende der letzten Eiszeit (vor etwa 15.000 Jahren) ein gigantischer Bergsturz: Die Abbruchmassen donnerten über 12 km durch das Tal hinaus und stauten auch den Almsee auf.

Die „Almtaler Sonnenuhr"

Klettersteige über der Röll

Ausgangspunkt: Almsee, 589 m, Seehaus am Südufer.

Charakter: hochalpine Bergtour mit mehreren ausgesetzten, aber gut gesicherten Felspassagen. Trittsicherheit und Schwindelfreiheit sind notwendig; nicht bei Nebel oder Schneelage gehen!

Gehzeit: zur Pühringerhütte 3,5–4 h, auf das Rotgschirr 2,5 h, Abstieg 1,5 h, über die Grießkarscharte zum Almsee 4 h.

Höhenunterschied: insgesamt 1900 m.

Einkehr: am Almsee, Pühringerhütte.

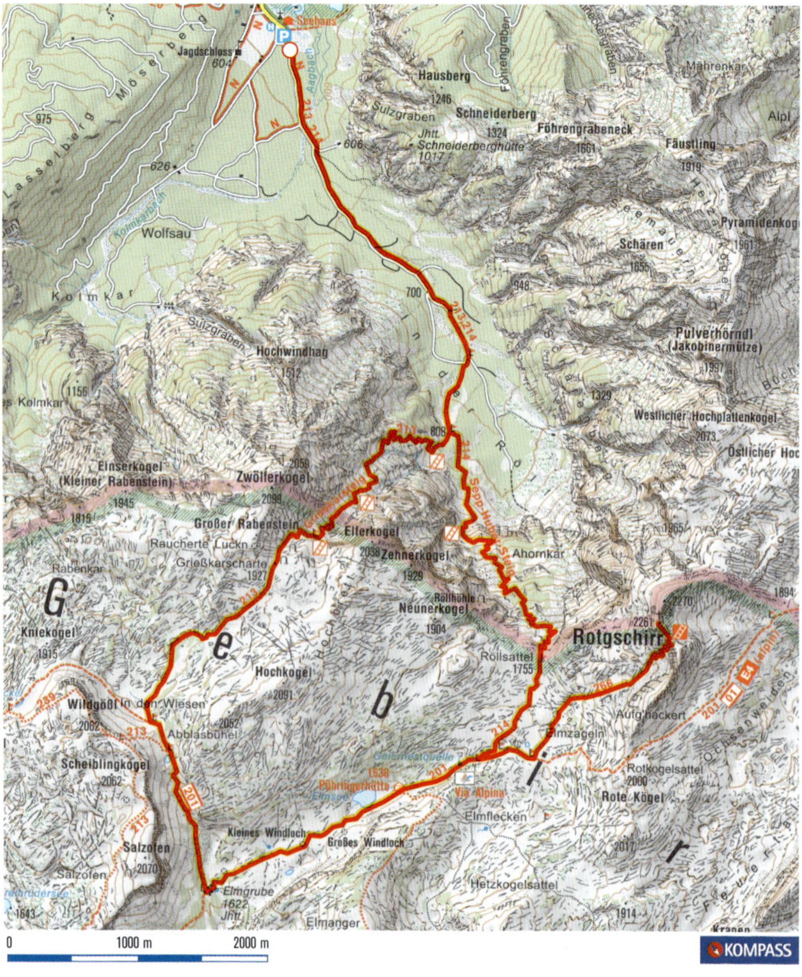

Die Erschließungsgeschichte der Berge verzeichnet nicht nur Adelige und Alpinhelden: Im Toten Gebirge verewigt sie auch den Welser Finanzbeamten Sepp Huber, der am Beginn des 20. Jahrhunderts, als das Tote Gebirge noch ein hermetisch abgeschlossenes Jagdgebiet war, den Bersteigern die nordseitigen Zustiegswege freistritt und mit Eisen sicherte. Gute Kondition und sicheres Wetter braucht man aber nach wie vor, um vom Almsee zur gewaltigen und wüstenhaft öden Hochfläche des Gebirgsstocks hinaufzukraxeln. Die gewaltigen Kalkgipfel zwischen dem Rotgschirr und dem Woising, die den Almtaler Bauern einst als natürlicher Sonnen-Chronometer dienten, sollten Sie jedenfalls erst dann anpeilen, wenn der letzte Schnee der ersten Blütenpracht Platz gemacht hat.

Unsere Tour beginnt auf der Forststraße, die vom Almsee-Südufer in den tief eingeschnittenen Felskessel der „Röll“ führt. Woher dieser seltsame Name kommt? Bei Unwettern kracht hier das Geröll, das die Felsschluchten rundum in Massen ausspucken. Bald zweigen wir links auf den Sepp-Huber-Steig (Markierung Nr. 214) ab.

Mit Hilfe von Stahlseilen und Leitern überwindet man die Felsstufen des stellenweise noch bewaldeten Ahornkares. Oben auf dem Röllsattel liegt dann das Karstplateau wie mit einem Paukenschlag vor Ihnen. Am Fuße des tafelbergartigen Rotgschirrs, das sich ebenfalls auf einem gesicherten Steig

Der Klettersteig zur Grießkarscharte

überlisten lässt, überqueren Sie es bis zum Ausseer Weg (Nr. 201), der rechts zur Pühringerhütte zieht.

Eine anspruchsvolle Abstiegsmöglichkeit bietet sich über die urweltliche Grießkarscharte an: Dazu wandern Sie auf dem Weg Nr. 201 Richtung Ausseerland, vorbei am Elmsee und in die Elmgrube. Dort zweigen Sie rechts ab, steigen zum Ablasbühel an und folgen dahinter, auf der „Wiesen“, dem rechts abbiegenden Pfad Nr. 213 in die Steinöde. In der Urlandschaft der Grießkarscharte, zwischen dem Elfer- und dem Zwölferkogel, erwarten Sie riesige Felsplatten und Schnee bis in den Sommer hinein. Dahinter heißt es, mit Hilfe von Stahlseilen und über eine Leiter in die haltlose Tiefe zu turnen – der Eindruck dieser steilen Felslandschaft ist überwältigend. Es folgt ein langer Steilabstieg in die Röll, dann geht's auf der bereits bekannten Forststraße eben zum Almsee hinaus.

Welser Hütte – Schermberg

Die „Wand der Wände" im Toten Gebirge

Ausgangspunkt: Almtaler Haus in der Hetzau, 714 m. Zufahrt vom 1. 5. bis 15. 9. vom Gasthof Jagersimmerl im Almtal (außerhalb dieser Zeit 6 km langer Anmarsch auf der Asphaltstraße).
Charakter: stramme Tages- oder gemütlichere Zweitagestour auf den dritthöchsten Gipfel des Toten Gebirges. Die Steige sind stellenweise sehr steil, ausgesetzt und gesichert. Auf dem Plateau wird die Orientierung bei Nebel oder Schneelage sehr schwierig.
Höhenunterschied: 1700 m.
Gehzeit: zur Welser Hütte 3 h, auf den Schermberg 2 h, Abstieg 3 h.
Einkehr: Almtaler Haus, Welser Hütte.

Einst betrachtete man den Schermberg als Schutz und Schirm über dem Tal. „Ich bin kein Phantast, seufze nicht vor jedem Wasserfall und komme nicht vor jeder Felswand und jedem Schneefeld in Aufregung", schrieb Sepp Huber einmal über den Schermberg, „aber hier wirkt die Natur übergewaltig." Das ist nicht übertrieben: 1400 m ist seine Nordwand hoch und 2 km breit – damit steht sie in einer Reihe mit der Triglav-Nordwand oder der Watzmann-Ostwand.

Und doch lässt sich der Steinriese verhältnismäßig einfach erklimmen: Man wandert vom Almtaler Haus auf der Forststraße mit der Markierung 215 nach Süden in die Hintere Hetzau, wo die Talstation der Materialseilbahn steht. Nun auf einem Steig über ein Bachbett und schräg zur Felsstufe der Grundmauern, die

Spieglein, Spieglein ... Die Schermberg-Nordwand, auch im Großen Ödsee.

in Kehren (Stahlseile) überwunden wird. Durch den Waldhang, später durch Schutt zu einer weiteren Wand, die man auf einer Leiter ersteigt. Danach auf einem Felsband nach links und über einen steilen Hang – unter der Materialseilbahn durch – zur Welser Hütte hinauf.
Weiter geht's auf dem Steig Nr. 215, der bald über eine Treppe zu den Teichln (Quelle) führt. Vorbei an großen Steinblöcken in ein Kar (Platten, oft Schneefeld) und links auf dem seilgesicherten Hansbauernband über eine Felsstufe. Nun durch das schutterfüllte Fleischbankkar zum Fleischbanksattel am Rand des Hochplateaus, wo der Steig Nr. 262 einmündet. Hier nach rechts und – sanft absteigend – über Felsplatten und Schutt am Fuße des Sauzahns zur Kreuzung der Steige Nr. 215 und Nr. 263 unter dem Schermberg (Unterstandshöhle). Rechts abzweigen, durch den gestuften Felshang auf die Pfaffenschneid und auf dieser rechts zum ungewöhnlich gestalteten Gipfelzeichen auf der Spitze des Schermberges hinauf.
Im Abstieg gehen wir kurz auf dem Grat zurück, biegen dann jedoch links nach der Markierung Nr. 263 ab und gelangen über einen Fels- und Schutthang ins Kar zwischen dem Almtaler Köpfl und dem Sauzahn. Unten erreicht man wieder den Anstiegssteig, auf dem man links zur Welser Hütte und zum Almtaler Haus zurückkehrt.

Kasberg, 1747 m

Eine Aussichtsloge vor dem Toten Gebirge

Ausgangspunkt: Hochberghaus, 1132 m. Zufahrt von Grünau im Almtal ins Tal des Grünaubachs bis zur Enzenbachmühle und dann rechts auf der Mautstraße.
Charakter: einfache Bergwanderung auf Forststraßen und einem gut markierten Pfad; eine kurze ausgesetzte und gesicherte Stelle erfordert Trittsicherheit und Schwindelfreiheit. Bei Nebel im Gipfelbereich schwierige Orientierung!
Gehzeit: zur Sepp-Huber-Hütte 1 h, auf den Kasberg 1,5 h, Abstieg 2 h.
Höhenunterschied: 650 m.
Einkehr: Hochberghaus, Sepp-Huber-Hütte.

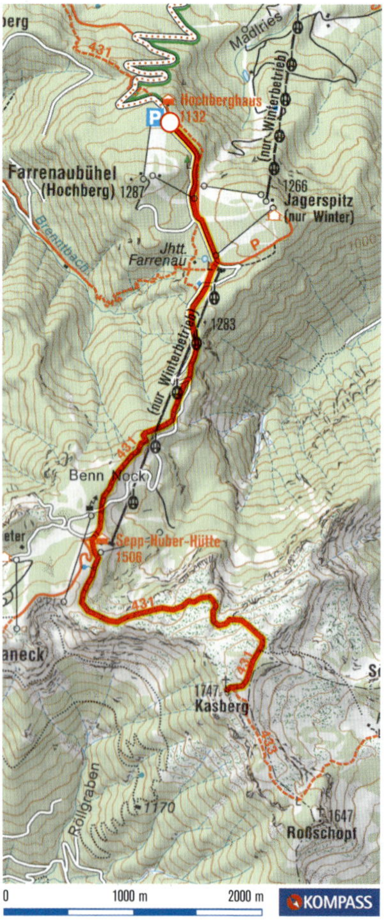

Kasberg – das klingt nach würzigem Brotbelag. Doch der Name hat nichts mit Käse zu tun und auch nichts mit einer Kaser (Almhütte). Er leitet sich von einer althochdeutschen Wortwurzel her, die so viel wie „Kar" bedeutet. Und auch geologisch ist das Massiv ein Unikum: Die Gutensteiner Kalke des Gipfelbereichs lagern auf jüngeren Dolomitschichten, sie wurden also im Zuge der Alpenauffaltung „überschoben". Aber deswegen steigt kaum jemand auf den Kasberg – alle kommen sie wegen der herrlichen Aussicht vom Gipfel, die vor allem durch den ungehinderten Panoramablick auf die gegenüber aufragenden Nordwände des Toten Gebirges bestechen. So wandern wir also voller Vorfreude auf der Forststraße über eine bewaldete Anhöhe in die Senke zwischen dem Farrenaubühel und dem Jagerspitz (Skilifte). Weiter geht's im Bereich der Skipiste und der Seilbahn zur Kasbergalm mit der Sepp-Huber-Hütte – auf dem alten Pfad Nr. 431 kann man eine Straßenkehre ab-

Der Kasberg ist eine Panoramaloge vor den Nordabstürzen des Toten Gebirges.

kürzen und den mit Lawinenverbauungen gesicherten Benn Nock überschreiten. Dann folgen wir dem Weg Nr. 431 weiter südwärts durch den Weidehang in den hinteren Bereich des Kars, wo er sich nach links wendet. Die kurze ausgesetzte Stelle in einer Scharte über steilen Südabbrüchen lässt sich mit Hilfe von Stahlseilen leicht überlisten. Dann wandert man über einen breiten Latschenrücken in eine weitere Mulde. Immer weiter wird die Sicht; im Westen erblickt man bereits den Traunstein. Schließlich steigen wir rechts über den Hang zum Gipfelkreuz empor.
Abstieg auf der gleichen Route.

Das Tal der Vögel

Als der Nobelpreisträger Konrad Lorenz 1973 von Deutschland nach Österreich zurückkehrte, fand er im Almtal den geeigneten Platz für seine Verhaltensforschungen an Graugänsen. Nach seinem Tod wurden hier auch Kolkraben und Waldrappe zu Studienobjekten. Der Cumberland Wildpark ist eine wichtigte Heimstatt für Tiere, die vom Aussterben bedroht sind; Waldrapp und Urwildpferde finden hier Hege und Pflege. Einer der Cumberland-Mönchsgeier kreist mittlerweile schon über Mallorca, ein hier geborener Bartgeier konnte in den Alpen ausgesetzt werden.
Info: www.oberoesterreich.at/gruenau

Mittagstein (Raukogel), 1260 m
Überraschende Aussicht über der Wolfswiese

Ausgangspunkt: Steinbach am Ziehberg, 547 m. Von der Kirche auf dem Güterweg Ottenau empor und rechts zum gleichnamigen Bauernhof (zu Fuß 30 Min.).
Charakter: schöne Bergwanderung auf guten, aber stellenweise steilen und steinigen Waldpfaden. Bei Nässe nicht empfehlenswert.
Gehzeit: Aufstieg 2 h, Abstieg 1,5–2 h.
Höhenunterschied: 600 m.
Einkehr: unterwegs keine.

Zwischen dem Almtal und der Kremsmauer laden einige bewaldete Voralpenhöhen zum Wandern ein – so z. B. der Mittagstein im Süden von Steinbach am Ziehberg. Sein Name verrät, dass der Sonnenstand über seinem Gipfelfelsen einst den Zeitpunkt der Mittagspause kundtat. Wir starten besser schon am Morgen, wandern gegen den Waldrand hinauf und links auf dem markierten Karrenweg (Nr. 6, 14) in den Spießengraben. Weiter oben biegen wir rechts auf den Pfad Nr. 439 ab. Eine Forststraße wird überquert, dann geht's in bzw. neben der steilen Rinne der Schartenries zu einer weiteren Forststraße empor. Gleich dahinter liegt die Wolfswiese, ein stilles Hochmoor, das aus einem verlandeten See entstanden ist und botanische Kostbarkeiten birgt. Hier bei einer Jagdhütte teilt sich die markierte Route: Wir folgen dem linken Steig, der über einen abschüssigen Waldhang mit kleinen Felseinlagen zum Kamm hinaufzieht. Auf diesem nach links und durch steile Latschengassen zum Gipfelkreuz, bei dem man eine überraschend weite Aussicht genießt.
Abstieg auf der gleichen Route. Von der Einmündung des direkten Aufstiegsweges gehen wir jedoch geradeaus über den bewaldeten Kamm weiter und steigen in einen Sattel oberhalb der Wolfswiese ab.

Diese eigenwillige Muttergottes bewacht den „Zimmerten Brunnen".

Von dort sind es links nur wenige Schritte zum „Zimmerten Brunnen", neben dem eine kleine Holzhütte Votivbilder und eine Marienstatue birgt. Zuletzt wandern wir zur Wolfswiese hinab und kehren auf der beschriebenen Anstiegsroute zum Ausgangspunkt zurück.

Grünberg – Laudachsee

Ein sagenhafter Waldlehrpfad

Ausgangspunkt: die Bergstation der Grünberg-Seilbahn, 890 m, Auffahrt von Gmunden. Von der Ramsau bzw. vom Hois'n per Schiff nach Gmunden zurück.

Charakter: einfache Wanderung auf Forststraßen und Waldpfaden; der Abstieg ist stellenweise steil und rutschig.

Gehzeit: zur Ramsauer Alm 1 h, Abstieg 1–1,5 h.

Höhenunterschied: nur wenig Anstieg und 560 m Abstieg.

Einkehr: Grünbergalm, Ramsauer Alm am Laudachsee, die Gasthöfe Hois'n und Ramsau am Traunsee.

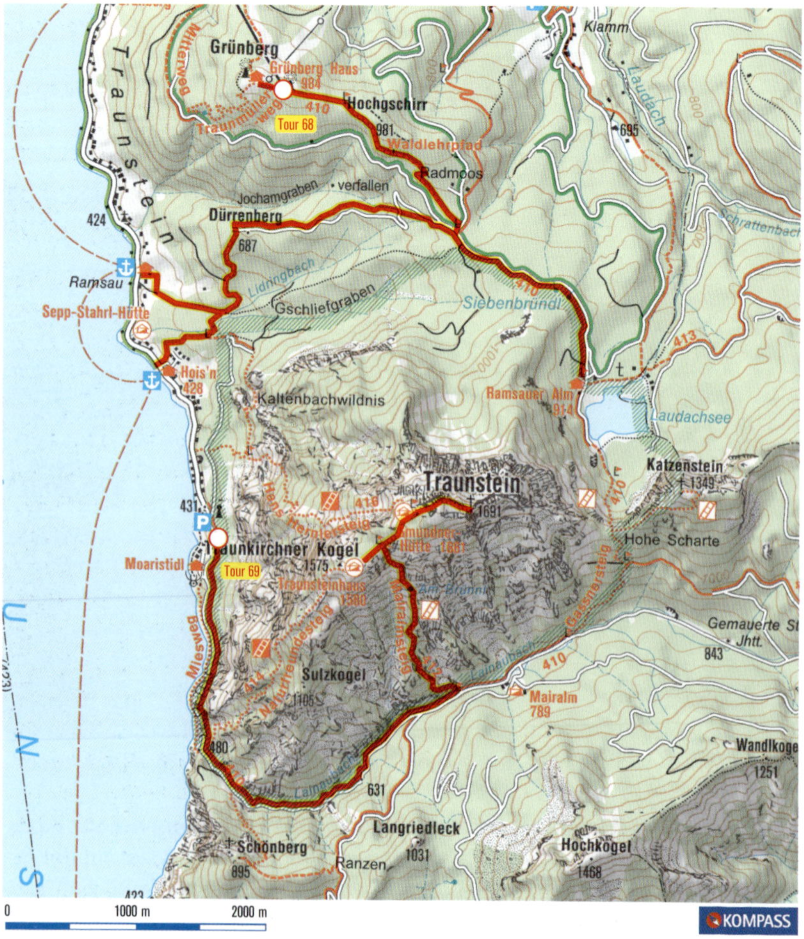

Ein „Wander-Klassiker“ mit Seilbahn-Auftakt: Die Großen freuen sich über die Aussicht bis zum Dachstein, die Kleinen über die geschnitzten Sagenfiguren und das Plantschen im idyllischen Laudachsee. Unten gibt's vielleicht Traunseefisch beim Hois'n oder einen eisig-süßen „Ramsauer Spitz“, bevor man per Schiff nach Gmunden zurückschaukelt. Mehr Freuden sind an einem einzigen Tag kaum möglich!

Von der Bergstation der Grünberg-Seilbahn wandern wir zunächst auf den nahen Gipfel mit dem Gasthaus Grünbergalm. Wieder zurück und auf dem breiten, sanft abfallenden Waldlehrpfad in einen Sattel, wo sich die Route teilt: Der linke Weg führt über das Hochgschirr, rechts geht's durch seinen Südosthang. Beide Routen treffen bald wieder zusammen. Weiter zur Forststraßen-Kreuzung im Radmoos: Der Waldlehrweg führt nach der Beschilderung „Laudachsee“ zum Siebenbründl und über eine kleine Anhöhe zur Ramsauer Alm, die über dem Laudachsee liegt.

Retour zum Radmoos. Dort links abzweigen (Wegweiser „Gmunden, Traunsee Ostufer“) und kurz darauf zu einer weiteren Wegteilung: links auf dem markierten Wanderweg zu einem Waldrücken hinab (man kann auch auf der Forststraße gehen). Vom Dürrenberg links auf dem kurvigen Karrenweg in den Gschliefgraben hinunter. Zuletzt wandern wir entweder rechts auf dem „Almweg“ zum Gasthof Ramsau oder links über eine Brücke zu einem breiten Weg, auf dem man rechts zum Gasthof Hois'n gelangt.

Musikalische Rast beim Siebenbründl

Gmunden

So manche bodenständige Stärkung wird in Oberösterreich auf grüngeflammten Tellern serviert: Gmundner Keramik war bereits im 19. Jahrhundert *der* Exportschlager der „Hauptstadt“ des Salzkammerguts – sogar die Glocken im Rathausturm bestehen daraus. Der Kammerhof (Stadtmuseum) war lange Zeit das „Navigationszentrum“ der ganzen Region, deren Salzbergwerke direkt der Wiener Hofkammer unterstellt waren. Vor der Altstadt um die gotisch-barocke Pfarrkirche, die einen schönen Schwanthaler-Altar birgt, promeniert man auf der Esplanade dem Traunseeufer entlang – mit Blick zum gegenüber aufragenden Traunstein und zum berühmten Seeschloss Ort. Wer länger „stadtwandern“ möchte, begehe den mit Schautafeln bestückten „Jahrtausendweg“ (ca. 2 h).

Info: www.gmunden.at

Traunstein, 1691 m

Der felsige Torwart des Salzkammerguts

Ausgangspunkt: Parkplatz am Ende der Traunsteinstraße von Gmunden, 430 m.
Charakter: anspruchsvolle Bergtour auf einem ausgesetzten, aber gut gesicherten Weg. Schwindelfreiheit und Trittsicherheit sind notwendig; nicht bei Nässe und Schneelage gehen!
Gehzeit: Aufstieg 3–3,5 h, Abstieg 2,5 h.
Höhenunterschied: 1260 m.
Einkehr: Jausenstation Moaristidl am Traunsee, Mairalm, Traunkirchner und Gmundner Hütte.

Der weithin sichtbare Felsklotz über dem Traunsee hat schon früh die Menschen angezogen. In seinen steilen Flanken gingen die Kaiser Maximilian und Franz Joseph dem Waidwerk nach. Im 19. Jahrhundert wagten sich die ersten Touristen auf seinen Gipfel, unter ihnen auch der Dichter Nikolaus Lenau. Wie dem Reiseschriftsteller Joseph August Schultes, dem es bei einer Ersteigung „grün und gelb vor den Augen" wurde, ergeht es noch heute manchen Bergsteigern: Selbst der leichteste der drei markierten Anstiege ist ausgesetzt und gesichert. Dafür genießt man oben einen fantastischen Rundblick – und obendrein den Luxus von gleich zwei vorzüglich bewirtschafteten Hütten.
Vom Parkplatz geht man entweder auf der asphaltierten Forststraße oder rechts auf dem schmalen Weg zur Jausenstation Moaristidl und dem Seeufer entlang nach Süden. Beide Routen vereinigen sich vor dem ersten der beiden ansteigenden Tunnels durch die Traunstein-Westwand, durch die man zur Brücke über den Lainaubach gelangt (eine lohnende Alternative wäre der Miesweg). Wir gehen auf der Schotterstraße durch das Tal hinauf und geradeaus an einer Abzweigung vorbei. Kurz danach erreicht man den Rastplatz beim „Kaisertisch". Folgt man der Straße weiter, erreicht man nach wenigen Minuten die Mairalm.
Der Traunsteinweg (Nr. 412) zweigt beim Kaisertisch links ab, führt über das meist trockene Bachbett und quert eine Rinne, dann schlängelt er sich über steile Waldhänge aufwärts. Weiter oben wird die Sicht frei und man erreicht in einer Schuttrinne das „Bründl", die einzige Quelle am Traunstein. Links haltend kommt man in sehr steiles Felsgelände; die ausgesetzten Passagen bei der „Kette" sind jedoch gut gesichert. So erreicht man den Rand des welligen Gipfelplateaus. Links führt ein lohnender Abstecher in wenigen Minuten zur Traunkirchner Hütte auf dem Traunkirchnerkogel, rechts geht's zur Gmundner Hütte auf dem Fahnenkogel und weiter zum großen Gipfelkreuz des Traunsteins.
Abstieg auf der gleichen Route.

Der Traunstein – ein oberösterreichischer Alpinmythos.

Klettersteig-Abenteuer Traunstein

Für Ferrata-Fans ist der Traunstein eine Top-Adresse: „Einsteiger" sollten zunächst den relativ einfachen Hans-Hernler-Steig versuchen – er schlängelt sich vom Parkplatz am Ende der Traunsteinstraße erst Richtung Kaltenbachwildnis und dann durch felsiges Gelände zur Gmundner Hütte hinauf. Im oberen Bereich zweigt rechts der sehr schwierige Sportklettersteig ab, der direkt durch die senkrechen Felswände zur Hüttenterrasse führt (nur mit kompletter Klettersteig-Ausrüstung!). Folgt man dagegen der Forststraße ins Lainautal, erreicht man nach dem Tunnel den Einstieg des Naturfreundesteiges, der in mittlerer Schwierigkeit und traumhafter Routenführung zur Traunkirchner Hütte emporzieht (jeweils ca. 3–4 h). In jedem Fall winken tolle Tiefblicke zum See!

Hochsteinalm – Lärlkogel, 1072 m

Eine Almwanderung mit Überraschungen

Ausgangspunkt: Landgasthaus „In der Kreh“ im Langbathtal, 647 m. Zufahrt von Ebensee Richtung Langbathsee (ca. 6 km).
Charakter: einfache Wanderung auf schmalen und steilen Pfaden, der felsige Gipfelbereich ist ausgesetzt und erfordert Schwindelfreiheit.
Gehzeit: zur Hochsteinalm 1 h, Abstieg 1 h; Abstecher auf den Hochstein 1 h hin und retour.
Höhenunterschied: 450 m.
Einkehr: Landgasthof „In der Kreh“, Gasthof Hochsteinalm.

Auf einem bewaldeten Höhenzug im Norden des Höllengebirges verbirgt sich eines der bezauberndsten Ausflugsziele über dem Traunsee: die Hochsteinalm. Die Kleinen lieben sie wegen der vielen, z. T. exotischen Tiere, die dort große Gehege bevölkern, die Großen eher wegen der bodenständigen Köstlichkeiten, die im Almgasthof serviert werden. Sogar einen felsigen „Hausberg“ gibt es: Der Lärlkogel bietet eine überraschende Sicht bis zum Traunstein. Die meisten Besucher starten am Mühlbachberg, zwei längere Wege führen von Traunkirchen bzw. von Neukirchen über den Gasthof Windlegern herauf. Der steilste, aber vielleicht schönste Zustieg beginnt jedoch beim Landgasthof „In der Kreh“ im Langbathtal, wobei man zunächst ca. 1 km talaus Richtung Ebensee zurückgehen muss. Nach einer Brücke (Parkmöglichkeit) weisen unübersehbare Schilder auf den Beginn des rot-weiß markierten und anfangs noch breiten Wanderweges, der links in den Waldgraben zieht. Nach einem Steg schlängelt sich der Pfad steiler in Serpentinen empor; im felsigen Gelände ist er jedoch mit Geländern und einem Stahlseil gesichert. Neben einem Wasserfall gelangt man zur Almwiese, über die man rechts zum Almgasthof Hochsteinalm ansteigt. Davor zeigt ein origineller Wegweiser die Richtung zum Lärlkogel. Von einem kleinen Türl führt ein schmaler Pfad zwischen den Gehegen zum Waldrand und über einen flachen Sattel zu einer Forststraße. Schräg rechts oberhalb

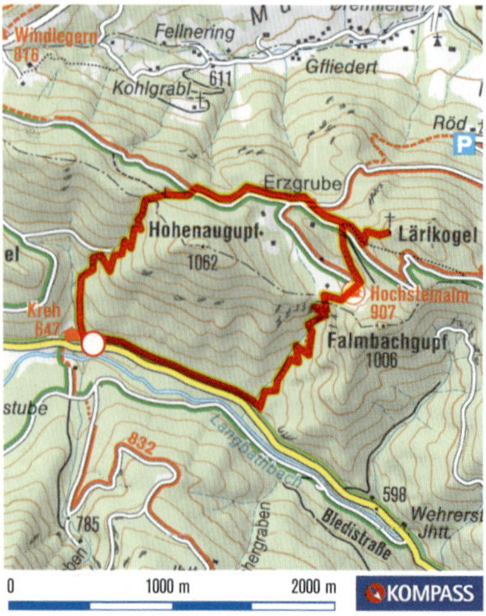

zweigt der Waldweg links ab (roter Pfeil). Über eine Anhöhe und durch eine Mulde kommt man zu den Gipfelfelsen – wer zu seinem kleinen Gipfelkreuz will, muss einen kurzen, aber scharfen Grat überschreiten.
Wieder zurück zur Forststraße, auf der wir nun rechts hinabgehen. Bei der folgenden Abzweigung nach links und nach wenigen Schritten rechts Richtung „Windlegern“ aufwärts. Nach ca. 700 m zweigt man links nach dem Wegweiser „Kreh, Langbathsee“ ab. Man wandert über einen Waldsattel und steigt dahinter in Kehren durch einen steilen Hang in ein Tal hinab. Auf einem Forstweg gelangt man schließlich wieder zum Ausgangspunkt zurück.

Der Lärlstein (oben) nahe der Hochsteinalm, zu der (fast) alle Wege führen.

Kleiner und Großer Sonnstein, 1037 m

Die Kultstätte auf dem Kalkklotz

Ausgangspunkt: Traunkirchen, 433 m (zurück von Ebensee per Bahn oder Schiff).
Charakter: auf schmalen und stellenweise steilen Pfaden über zwei kleine Felsgipfel, die ganz oben Schwindelfreiheit und Trittsicherheit erfordern.
Gehzeit: nach Siegesbach 20 Min., auf den Traunkirchner Sonnstein 1–1,5 h, Übergang zum Ebenseer Sonnstein 1 h, Abstieg 45 Min.
Höhenunterschied: 700 m.
Einkehr: in Traunkirchen und Ebensee, Sonnsteinhütte.

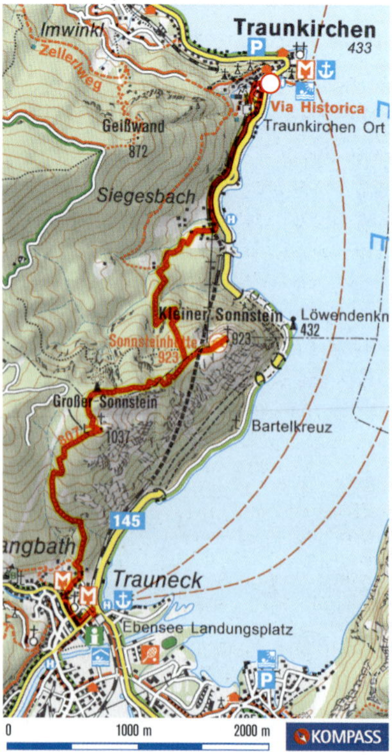

In der Gegend um den Traunsee hielten sich schon in grauer Vorzeit Menschen auf. Über dem Kalvarienberg fand man verwitterte Felsritzzeichnungen und Grabungen bei der 1614 erbauten Johanniskapelle brachten bronzezeitliche Tonscherben ans Licht. Die höchstgelegene Kultstätte war möglicherweise der Traunkirchner Sonnstein, auf dem vor der Errichtung des geschnitzten Gipfelkreuzes ein steinerner „Göttersitz“ existiert haben soll. Göttlich ist jedenfalls die Rundsicht von diesem exponierten Zacken, der aus diesem Grund zu den beliebtesten Wanderzielen im Salzkammergut zählt.

Hat man die Überschreitung nach Ebensee vor, muss man zunächst von Traunkirchen gut 1 km neben der Bundesstraße zum „Einstieg“ vor dem ersten Tunnel gehen (man kann auch oberhalb der Bahnstation auf dem „Höhensteig“ herüberwandern). Wer nur auf den Kleinen (oder Traunkirchner) Sonnstein will, kann hier parken. Eine Treppe (Wegweiser, Markierung 13) führt über die Betonwand, dann geht's an den Häusern von Siegesbach vorbei in den Schindelgraben. Auf einen Waldrücken und in den Eisgraben, dann schlängelt sich der Weg in vielen Serpentinen (und über ungezählte Wurzeln) zum Sattel zwischen den beiden Gipfeln

Hoch über dem Traunsee „hüpft" man vom Kleinen zum Großen Sonnstein.

(„Ludleben"). Auf der links abzweigenden Route gelangt man über abgetretene Felsstufen zur nahen Sonnsteinhütte und auf den Kleinen Sonnstein (Vorsicht: Steilabstürze). Folgt man dagegen dem rechts weiterführenden Weg, kommt man zu einem Sender und zu einem Wildzaun, der überstiegen wird. Schließlich erklimmt man mit Hilfe von Stahlseilen die 15 m hohe, gut gestufte Felsflanke zum Großen oder Ebenseer Sonnstein. Nachdem wir jenseits über harmlose Felsstufen gekraxelt sind, wandern wir nach der Markierung 13 durch den steilen Waldhang und zuletzt über eine Stiege nach Ebensee hinunter. An der Pfarrkirche vorbei ins Ortszentrum und links zur Bahnhaltestelle Ebensee-Landungsplatz.

Traunkirchen

Die berühmteste Sehenswürdigkeit von Traunkirchen ist die wunderbare Fischerkanzel in der einstigen, schon um 1020 gegründeten Klosterkirche. Sie wurde 1753 von einem unbekannten Künstler geschnitzt und stellt das Wunder des reichen Fischfangs dar. Sie ist nur eine von 15 Stationen der „Via Historica", des beschilderten Ortsrundweges (1,5–2 h).

Info: www.oberoesterreich.at/traunkirchen

Brunnkogel, 1708 m

Luftig über den Langbathseen

Ausgangspunkt: Parkplatz am Vorderen Langbathsee, 664 m (etwa 8 km westlich von Ebensee).
Charakter: anspruchsvolle Bergtour auf einem ausgesetzten, aber gut gesicherten Pfad, der Trittsicherheit und Schwindelfreiheit erfordert. Nicht bei Nebel oder Schneelage gehen!
Gehzeit: Aufstieg 3,5 h, Abstieg 2,5 h.
Höhenunterschied: 1050 m.
Einkehr: unterwegs keine, Landgasthof „In der Kreh", Gasthöfe und Cafés in Ebensee.

Unglaublich, welche entlegenen Gebiete einst als Almweiden genutzt wurden: Zur Schafalm unter dem Brunnkogel hat man sogar einen exponierten Viehsteig heraufgebaut – die Serpentinen wurden direkt aus dem 400 m hohen Felssockel der „Schaflucken" herausgeschlagen. Vom Sporthotel wandern wir wahlweise rechts oder links neben dem Vorderen Langbathsee zum Hinteren Langbathsee. An seinem Südufer zweigt der mit Nr. 828 markierte Schafluckensteig ab. Er zieht im unwegsamen Waldgelände zum Wandfuß hinauf.
Oberhalb eines Holzgatters beginnen die Sicherungen: Über eine gesicherte Schrofenrampe gelangt man zu einem künstlich verbreiterten Felsband, danach geht's in steilen Serpentinen und auf einem weiteren Band zu den Ostabstürzen des Spielberges hinauf. Durch eine bewaldete Mulde und eine schutterfüllte Rinne erreicht man die obere, etwas weniger exponierte Wandstufe (Sicherungen). Oberhalb davon wandert man durch den Wald und an der verfallenen Schafalm (Jagdhütte) vorbei. Bei einem Steinmann zweigt man rechts ab und steigt durch die breite Wiesenflanke zum Grat und kurz zum 14 m hohen Gipfelkreuz auf dem Brunnkogel an.
Zurück auf der gleichen Route.

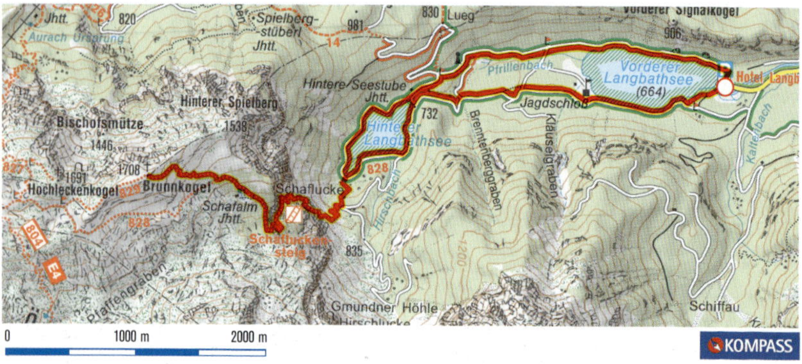

Oben der Brunnkogel über dem Langbathsee, unten der Blick in der Gegenrichtung.

Erlakogel, 1575 m

Audienz bei der „Schlafenden Griechin“

Ausgangspunkt: Ebensee, Ortszentrum oder Ortsteil Rindbach, 425 m.
Charakter: anspruchsvolle Bergwanderung auf einen markanten Felsgipfel, der ganz oben Schwindelfreiheit und Trittsicherheit erfordert.
Gehzeit: Aufstieg 3–3,5 h, Abstieg 2–2,5 h.
Höhenunterschied: 1150 m.
Einkehr: unterwegs keine, Gasthöfe in Ebensee und Rindbach.

Das markante Profil des Erlakogels – die „Schlafende Griechin“ – beherrscht den südlichen Bereich des Traunsees. Unter dem geschmackvollen Gipfelkreuz freut man sich über eine weite Fernsicht, die den Dachstein und sogar die Berchtesgadener Berge mit einschließt.

Da der Parkplatz beim Badeplatz Rindbach im Sommer gebührenpflichtig ist, startet man vielleicht schon beim Rathaus in Ebensee (Bahnhaltestelle Ebensee-Landungssteg): Man geht über den Bahnübergang und rechts über die Traunbrücke, dann zur Rindbachstraße hinab und auf dieser unter der Umfahrungsstraße durch. Nach der Brücke über die Alte Traun links Richtung Badeplatz und bei der nächsten Abzweigung nach rechts, bis links ein Steg über den Rindbach führt. Am jenseitigen Ufer zeigt ein Wegweiser taleinwärts zum Erlakogel. Bei der nächsten Brücke links abbiegen und zwischen Häusern zu einem Glet-

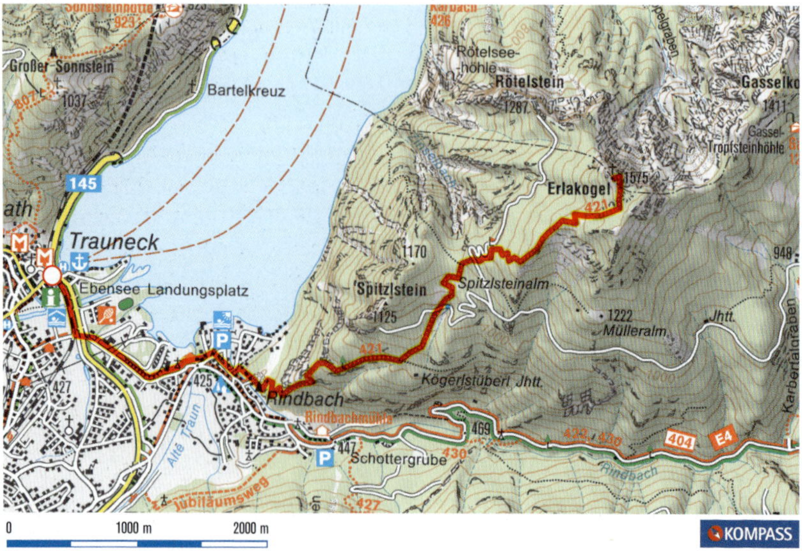

Wolkenwatte und Wasserfalldusche

scherschliff. Dort beginnt der Pfad Nr. 421, der zu einem Sendemasten und zu einer schrägen Felswand hinaufführt (Gedenktafel). Weiter durch den Waldhang bis zu einer quer verlaufenden Forststraße (Quelle). Oberhalb davon befindet sich die Spitzelsteinalm. Vom oberen Wiesensattel zieht der markierte Weg nach rechts, kürzt dabei die Kehren der Forststraße ab und schlängelt sich zu einem felsigen Waldkamm hinauf. Über eine Lichtung (Blick zum Gipfel) gelangt man zu einigen Dolinen im Wald. Zuletzt kraxelt man links über etwas ausgesetzte, aber gut gangbare Felsbänder zum eigenwillig gestalteten Gipfelkreuz.
Der Abstieg folgt der Aufstiegsroute.

Die Gasselhöhle

Der Gasselkogel bei Ebensee birgt ein ganz besonderes Wanderziel: Auf 1225 m Seehöhe findet man eine der schönsten Tropfsteinhöhlen Österreichs. Die Gesamtlänge der Gasselhöhle beträgt mehr als 1300 m, ihre größte Tiefe 104 m. Ihr vorderer Bereich kann im Zuge von Führungen gefahrlos auf Stiegen und betonierten Wegen begangen werden. Die elektrische Beleuchtung bringt die außergewöhnliche Pracht der Tropfsteingebilde eindrucksvoll zur Geltung. Drinnen herrscht meist eine Temperatur um 6,5 °C, man sollte also warme Kleidung dabeihaben. Aufwärmen kann man sich anschließend in der gemütlichen Schutzhütte vor dem Höhleneingang. Führungen: Anfang Mai bis Mitte September an Samstagen, Sonn- und Feiertagen von 9 bis 16 Uhr, Tel. ++43 (0)6133/7848. Zugang von Rindbach bei Ebensee auf der Forststraße und einem markierten Wanderweg (2,5 h). Im Juli und August samstags um 9 und 13 Uhr Bus ab Ebensee-Landungsplatz (dann nur mehr 30 Min.), Tel. ++43(0)6133/5446. Info: www.oberoesterreich.at/ebensee

Großer Höllkogel, 1862 m
Himmlische Wege durchs Höllengebirge

Ausgangspunkt: Ebensee, 443 m, Talstation der Feuerkogel-Seilbahn (Zufahrt Richtung Langbathsee). Auffahrt zur Bergstation, 1592 m.
Charakter: hochalpine Bergwanderung auf stellenweise steinigen Bergpfaden. Bei Nebel oder Schnee ist die Orientierung schwierig – nur bei sicherem Wetter losgehen!

Gehzeit: zur Rieder Hütte 2 h, auf den Höllkogel und retour 1,5 h (auf den Eiblgupf und retour 1,5 h), Rückweg zum Feuerkogel 1,5 h (Abstieg ins Trauntal 2,5 h).
Höhenunterschied: 400 m (Abstieg ins Trauntal 1400 m).
Einkehr: mehrere Gasthöfe und Hotels am Feuerkogel, Rieder Hütte.

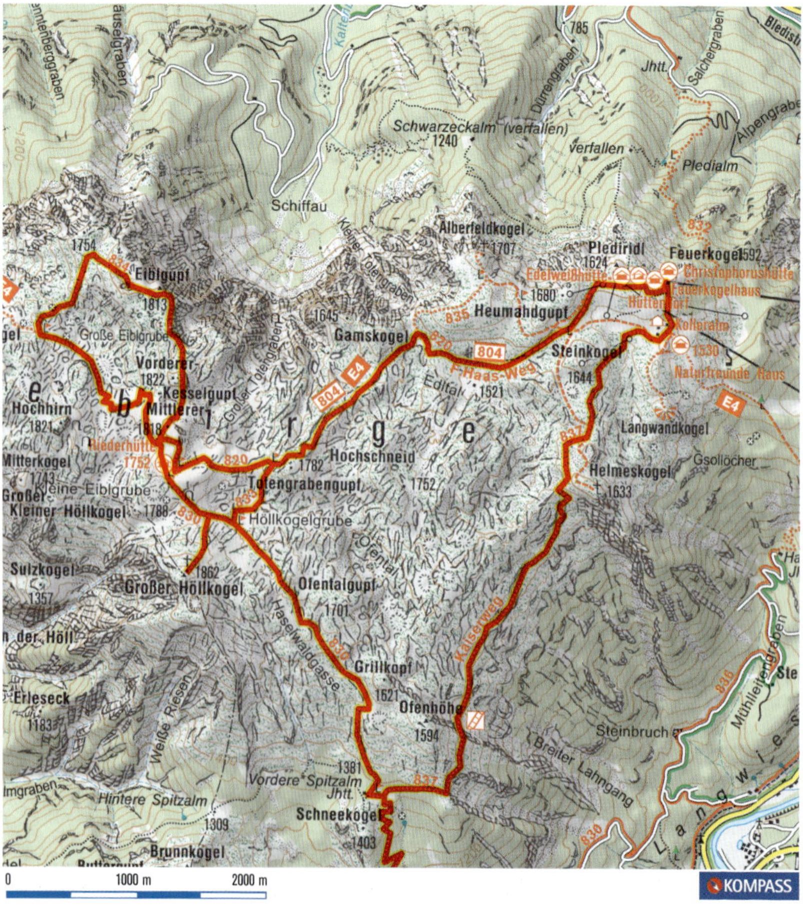

Wäre da nicht die Höhenangabe in der Karte, könnte man ein spannendes Quiz veranstalten: Welcher der ungezählten Latschenhügel rund um die Rieder Hütte ist der höchste? Mit freiem Auge ist die „Höhen-Hitparade" jedenfalls kaum auszumachen, denn all die Kuppen auf der verkarsteten Hochfläche des Höllengebirges schauen ähnlich aus: schrofig, knochentrocken und von geheimnisvollen Latschenteppichen überwuchert. Charakter zeigen sie erst von unten – viele von ihnen brechen mit steilen Wänden gegen das Langbathtal oder den südlichen Talkessel der „Höll" ab.

Vom Feuerkogel marschieren wir auf breitem Weg westwärts und an den Liften vorbei zur Gasselhöhe unterhalb des Heumahdgupfs. Ab hier folgen wir dem Steig Nr. 804 (Haasweg) ins Edltal hinab. Unter dem Alberfeldkogel (der auch „mitgenommen" werden kann) und den Abhängen des Gamskogels steigen wir durch eine enge Felsgasse höher und queren die weiten Karsthänge oberhalb des Großen Totengrabens, wobei wir eine kurze gesicherte Stelle passieren. Knapp unterhalb des Totengrabengupfs (kann rasch erstiegen werden) teilt sich die Route: Rechts geht's zwischen einigen Kuppen direkt zur nahen Rieder Hütte hinüber, links steigt man in die Höllkogelgrube ab – von dort erreicht man über einen steilen Hang das Gipfelkreuz auf dem Großen Höllkogel. Aber auch von der Rieder Hütte führt ein markierter Weg in die Höllkogelgrube hinunter. Sehr lohnend ist auch der Abstecher von der Rieder Hütte zum Eiblgupf, der einen tollen Tiefblick zum Vorderen Langbathsee bietet.

„Baumskulptur" auf der Hochfläche

Zurück geht's auf der beschriebenen Route. Man kann ab der Höllkogelgrube aber auch den Pfad 830 wählen, der durch das steile Kar der Haselwaldgasse zur einstigen Vorderen Spitzalm (Jagdhütte) hinabzieht. Dort mündet links der historische „Kaiserweg" (Nr. 837) ein, der hoch über dem Trauntal zum Feuerkogel hinüberzieht (wobei eine kurze gesicherte Abstiegspassage zu meistern ist). Der Pfad Nr. 831 schlängelt sich dagegen in unzähligen Serpentinen nach Langwies hinunter. Dort nach rechts und auf dem Soleleitungsweg ca. 1,5 km Richtung Bad Ischl, dann links über die Traunbrücke zur Bahnstation.

Rinnerkogel, 2012 m
Die Wüste um den Wildensee

Ausgangspunkt: Offensee, 656 m. Zufahrt von Ebensee (12 km).
Charakter: anspruchsvolle Bergtour mit ausgesetzten und gesicherten Stellen; nicht bei Nebel oder Schneelage gehen!

Gehzeit: zur Rinnerhütte 2–2,5 h, zum Wildensee 45 Min., auf den Rinnerkogel 1,5 h, Abstieg 3 h.
Höhenunterschied: 1400 m.
Einkehr: Restaurant und Jausenstation am Offensee, Rinnerhütte.

Hoch über dem Offensee zeigt sich das Tote Gebirge von seiner lebendigsten Seite: Lärchen und Zirben zaubern eine wahre Parkatmosphäre, Bergwasser gurgelt durch eine Miniaturschlucht zwischen Enzian und Almrausch und zuletzt glitzert der weltentlegene Wildensee in der Sonne. Stundenlang könnte man durch dieses kleine Paradies flanieren, doch schließlich wartet ja auch die Einkehr in einer gemütlichen Berghütte. Wer all das aus der Vogelschau betrachten und auch die Karstöde im Toten Gebirge erleben möchte, ersteige den felsigen und einsam aufragenden Rinnerkogel - die Fernsicht vom Gipfel lohnt den vergossenen Schweiß auf jeden Fall.
Vom Parkplatz am Offensee gehen wir auf der Forststraße dem Ostufer entlang. Stets der Markierung 212 und den Wegweisern Richtung „Rinnerhütte“ folgend, gelangt man zum Moosbründl im Talschluss der Seeau. Bald wird der Pfad steiler und windet sich über unzählige Serpentinen und Stufen durch den Steilhang neben der Wasserfall-

Der einsame Wildensee am Fuße des imponierenden Rinnerkogels

wand empor. Über eine Alutreppe auf den Rinnerboden (Quelle), dann durch eine Schutthalde und ein sanft ansteigendes Hochtal zur Rinnerhütte (Rinnerstüberl). Weiter neben dem Bach, bis sich der Weg teilt: Geradeaus gelangt man zu einem felsigen Sattel, hinter dem die Mulde mit dem kleinen Wildensee liegt. Im Sattel zweigt rechts der Weg 231 Richtung Rinnerkogel ab.Er trifft bald auf jenen Pfad, der direkt vom Rinnerboden heraufführt und auf dem wir links zur Roßkogelgrube ansteigen. In steilen Serpentinen und zwischen Latschen und Dolinen weiter zum Rinnersattel, dort rechts abbiegen und über den steinigen Westhang zum Gipfelkreuz.

Der Abstieg erfolgt auf der gleichen Route.

Hohe Schrott, 1839 m

Ein Laufsteg – 1400 m über der Traun

Ausgangspunkt: Bahnstation Steinkogl im Trauntal zwischen Ebensee und Langwies, 450 m. Rückfahrt von Bad Ischl per Bahn.
Charakter: sehr lange, aber landschaftlich einmalig schöne Tagestour. Die Gratüberschreitung ist stellenweise ausgesetzt und weist eine senkrechte, aber gut gesicherte Kletterpassage auf, die Trittsicherheit und Schwindelfreiheit erfordert. Nicht bei Nebel oder Schneelage gehen!
Gehzeit: zur Brombergalm 3 h, zur Hohen Schrott 2,5 h, Abstieg 2,5 h.
Höhenunterschied: 1500 m.
Einkehr: unterwegs keine.

Der schroffe Höhenzug der Hohen Schrott begrenzt das Tote Gebirge im Westen. Die Eckpunkten dieses Massivs, der Petergupf und das Hochglegt, sind nicht schwer erreichbar - die komplette Überschreitung erfordert jedoch nicht nur gute Kondition, sondern auch einen kühlen Blick in die Tiefe des Trauntals. Der lange Marsch über den felsigen Laufsteg verschenkt aber auch einen prachtvollen Blick zum Hohen Dachstein.

Von der Bahnstation gehen wir nicht zum Bahnübergang, sondern in entgegengesetzter Richtung neben den Schienen bis zur folgenden Abzweigung. Dort links abbiegen, auf der Brücke über die Hauptstraße und auf dem geraden Forstweg zur Offensee-Straße. Auf dieser taleinwärts bis zur zweiten Abzweigung, dort rechts zum Offensee-Kraftwerk und nach der Markierung 210 über den Frauenweißenbach. Nach links (taleinwärts) und kurz darauf rechts aufwärts. Nach zwei Kehren links abbiegen; bald danach beginnt rechts der markierte Bergpfad zur Brombergalm (Brunnen). Über den Latschenhang auf den Petergupf und über den Kamm auf den Bannkogel (auch Bahnkogel). Weiter in die Scharte vor dem schroffen Bergwerkkogel, rechts auf ausgesetzten Felsbändern unter einem Überhang durch („Nagern“) und links über senkrechte, aber gut gestufte und gesicherte Wandstufen auf den Gipfel. Auf oder neben dem luftigen Grat in die Scharte vor dem Mit-

Der Gratweg über Bergwerks- und Mittagkogel

tagkogel. Nach links absteigen und auf einem breiten Grasband quer durch die Felsflanke, bis man rechts über einen kleinen Kamin den Südhang des Berges erreicht. Über diesen wieder zum Grat und - vorbei am Schrottloch - zum Gipfelkreuz der Hohen Schrott.

Abstieg weiter über den Grat in eine Senke und rechts aufs Hochglegt. Am Rand der breiten Gipfel-

KOMPASS

abdachung durch Latschengassen und zwischen Wetterbäumen zur Kotalm hinab. Es folgt der Abstieg durch steile Wälder und Schläge. Drei Forststraßen überqueren und durch die Möselwiese in den Bad Ischler Ortsteil Rettenbach hinunter. Über den Bach und auf der Steinfeldstraße nach Bad Ischl.

Schönberg, 2093 m

Schöner Berg, wilder Berg

Ausgangspunkt: Rettenbachalm, 636 m. Zufahrt von Ischl durch das Rettenbachtal (9 km).
Charakter: Zweitagestour auf weitgehend unschwierigen, aber rauen Bergpfaden; der Gipfelbereich wird bei Nebel gefährlich.
Gehzeit: zur Ischler Hütte 2,5 h, auf den Gipfel 2,5 h, Abstieg 3 h.
Höhenunterschied: 1450 m.
Einkehr: Rettenbachalm, Ischler Hütte.

Der westlichste Zweitausender des Toten Gebirges wird seit jeher als Wander- und Aussichtsgipfel geschätzt. Den Ischlern zeigt er seine runde Gipfelhaube, die an die Form einer „Schölln" – einer Kuhglocke – erinnert. Den Ebenseern zeigt er dagegen die (Fels-)Zähne, also heißt er auf der Nordseite „Wildenkogel". Wir wandern von der Rettenbach-

alm auf der Forststraße Richtung Blaa Alm taleinwärts. Bei der Solestube am östlichen Ende des Almbodens biegen wir nach der Markierung 211 links ab und gehen kurz ins Karbachtal hinein. Dann schwenken wir rechts auf den markierten Pfad ab, der über einen steilen Waldrücken zum Anger hinter dem Ahornkogel hinaufzieht. Über den Beerensattel gelangt man zum Boden der Schwarzenbergalm, an deren oberem Ende die Ischler Hütte steht.

Von dort schlendern wir zunächst durch schütteren Almwald zur nächsten Wegteilung, nehmen dort den linken Weg Nr. 211 und wandern unter den Wänden des Schönberg-Nordwestgrats zum Sattel am Möselhorn hinauf. Dort mündet der ebenfalls sehr schöne Weg von der Offensee-Zufahrtsstraße über die Hochkogelhütte ein. Wir biegen rechts ab und steigen über den Kamm (Markierung 227) auf. Der Tiefblick zu den Rauen Kögeln ist eindrucksvoll, die jähen Nordabstürze mahnen zur Vorsicht! Ohne große Probleme erreichen wir das Gipfelkreuz auf dem Schönberg; der höchste Punkt liegt auf der benachbarten Kuppe und ist über eine kurze gesicherte Passage erreichbar. Der Abstieg erfolgt auf dem Pfad Nr. 226 durch die grasige Südwestflanke zum kleinen Altarkögerl; von dort windet sich der Pfad durch das unübersichtliche Karstgelände unter dem Feuchterkogel zur Schwarzenbergalm. Auf dem Weg Nr. 211 zur Rettenbachalm zurück.

Der Schönberg durchs „Loserfenster"

Der „Igel"

Wer von der Rettenbachalm etwa 3 km auf dem breiten Weg Richtung Blaa Alm geht, erreicht nach einer Triftanlage (Tunnel) und einer schluchtartigen Talenge einen breiten Boden am Fuße der Loser-Felswände. Dort führt der versteckte Nagelsteg über den Rettenbach. Er bildet den Beginn des gleichnamigen Steiges, der sich ausgesetzt durch eine Felsflanke emporwindet (alte Sicherungen, Schwindelfreiheit ist notwendig!) und dann zum Beerensattel hinaufführt. Davor markieren Steine mit roten Punkten die Abzweigung eines kurzen Pfades, der zum so genannten Igel führt. Dort hielten sich 1944/45 Widerstandskämpfer gegen das Naziregime versteckt (Gedenktafel, 3,5 h bis zur Ischler Hütte).

Zum Nussensee, 604 m

Von der Kaisertherme zum Waldsee

Ausgangspunkt: Bad Ischl, 469 m. Rückkehr eventuell per Bus.
Charakter: einfache Wald- und Wiesenwanderung auf Straßen und breiten Wegen.
Gehzeit: zum Nussensee 1,5 h, zur Bundesstraße 30 Min., Rückweg 1,5 h
Höhenunterschied: 200 m.
Einkehr: Gasthaus „Schwarze Katz" in Ahorn, Grabnerwirt in Lindau.

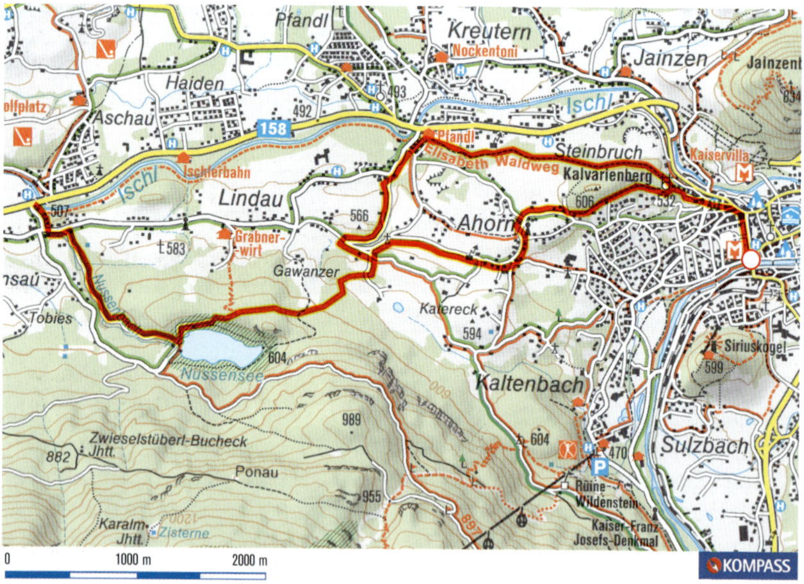

Die Daten dieses Wanderziels: 22 m tief, 750 m lang und im Sommer bis zu 25 °C warm. Der Nussensee zählt seit Kaisers Zeiten zu den beliebtesten Ausflugszielen um Bad Ischl. Der schönste Weg, der von Bad Ischl zu ihm führt, tangiert die (nach einem Pianisten benannte) Leschetitzkyhöhe, deren Aussicht Johannes Brahms zum Lied „Guten Abend, gut' Nacht" inspirierte. Der Rückweg wurde im Gedenken an Kaiserin Elisabeth zu einem Themenweg ausgestattet. Die Monarchin verbrachte mit ihrem Gatten Franz Joseph viele Sommer im Salzkammergut und galt als gute und ausdauernde Bergsteigerin.

Vom Schöpferplatz im Stadtzentrum von Bad Ischl spazieren wir auf der Wirerstraße am Kurpark vorbei, biegen links in die Salzburger Straße ein und erreichen bald darauf die Leitenbergerstraße, der wir folgen.

Mit der ersten Morgensonne tanzen die Nebelfeen über den Nussensee.

Kurz bevor sie wieder zur Salzburger Straße führt, gehen wir links zum Kalvarienbergweg und auf diesem zur Kalvarienbergkirche hinauf. Oben schwenken wir links auf den Bauernfeldweg ein - er führt dem Waldrand entlang zur Ahornstraße, der wir stadtauswärts zur Leschetitzkyhöhe folgen (schöne Aussicht). Auf dem bald erreichten Thomas-Ender-Weg links zum Feuerwehrdepot. Von dort folgen wir rechts der Lindaustraße. Bei der Einmündung einer weiteren Straße links weiter, bis wir eine Kreuzung oberhalb eines Grabens erreichen. Nach der Beschilderung geradeaus und unter der Hochspannungsleitung durch. Auf der Forststraße zur nächsten Abzweigung. Hier nach rechts und auf dem beschilderten Waldweg über eine Anhöhe zum Nussensee. Wer nicht auf dem gleichen Weg zurückwandern möchte, kann vom See-Ausfluss neben dem Nussenseebach zur Bushaltestelle an der Bundesstraße hinuntergehen.
Ansonsten wandert man vom Nussensee über die Waldanhöhe bis zur Asphaltstraße zurück, geht kurz nach links und zweigt dann scharf rechts Richtung „Pfandl“ ab. Durch den zur Straßenbrücke, davor rechts und auf dem Elisabeth-Waldweg zum Kalvarienberg zurück.

Kaiserliches Bad Ischl

Der Salinenort war schon im 19. Jahrhundert ein Hot Spot der High Society: Im Gefolge Kaiser Franz Josephs, der hier 60 Sommer verbrachte, kamen unzählige Adelige, Diplomaten und Künstler zur Sommerfrische nach Ischl – trotz der mühsamen An- und Abreise, denn bis zum Bau der ersten Straße und der Salzkammergutbahn (1877) musste der Traunsee auf schwankenden Schiffen überquert werden. In der Kaiservilla am Fuße des Jainzenkogels wurde Geschichte geschrieben: Hier verlobte sich der Monarch 1853 mit der bayerischen Prinzessin Elisabeth; hier unterschrieb er jenes Manifest, mit dem der Erste Weltkrieg begann.
Info: www.oberoesterreich.at/badischl

Katrin – Hainzen

Die Wilde Jagd über der Kaiserstadt

Ausgangspunkt: Bad Ischl, 469 m, Talstation der Katrin-Seilbahn (beschilderte Zufahrt in den Ortsteil Kaltenbach). Auffahrt zur Bergstation, 1413 m. Vom Gasthof zur Wacht per Bus nach Bad Ischl zurück.
Charakter: alpine Bergwanderung (die kurze, aber recht luftige Klettersteig-Einlage kann umgangen werden). Nicht bei Nebel oder Schneelage gehen!
Gehzeit: zum Hainzen 1 h, Überschreitung bis Gasthof zur Wacht 3 h.
Höhenunterschied: 400 m Aufstieg und 1300 m Abstieg.
Einkehr: Katrinalm und Restaurant bei der Katrin-Bergstation.

Den beliebtesten Ischler Hausberg ziert ein großes Stahlkreuz, das einst Kaiser Franz Joseph zu Ehren errichtet wurde und heute dem daneben aufgestellten Sender trotzt. Ansonsten ist das Katergebirge, wie der Gebirgszug zwischen Bad Ischl, Bad Goisern und dem Wolfgangsee heißt, recht ursprünglich geblieben. Es bietet traumhafte Ausblicke ins Tal, zum Höllengebirge und zum alles beherrschenden Dachstein.
Hinter der Bergstation der Katrin-Seilbahn steigen wir rechts auf ei-

Kommunikationstechnik und Kaisernostalgie auf dem Katringipfel

nem gut angelegten Kehrensteig (Nr. 895) durch steile Latschenhänge, dann durch flacheres Dolinengelände an. Rechts zum Gipfel der Katrin, dann wieder kurz zurück und rechts auf einem schmaleren Steig auf den Elfer- oder Katererkogel (Kreuz) hinauf. Nun führt der steinige Pfad mit der Markierung 895 westwärts über die hügelige Hochfläche zum kleinen Kreuz auf dem Hainzen. Wer hier umkehrt, gelangt auch auf dem etwas exponierten „Südweg" (Nr. 898) zur Seilbahnstation zurück.

Wir aber wandern westwärts nach der Markierung 894 weiter und gelangen im Auf und Ab zu einer Wegteilung: Der linke Steig führt im kurzen Abstieg zur Gratschneide, die mit Stahlseilen gesichert wurde (toller Tiefblick ins Weißenbachtal), der rechte Pfad umgeht dieses Hindernis. Aus dem so erreichten Steinalpentörl steigt man über erdige Felsstufen auf den Roßkopf, den höchsten Punkt der Ahornfeldalm. Nach dem kurzen Abstieg zur Almhütte und in die darunter gelegene Wiesenmulde schlängelt sich der Weg – vorbei an einem Baum mit einem kleinen Kruzifix – durch den abschüssigen Waldhang abwärts. Nach drei Forststraßenquerungen mündet er in einen flacheren Karrenweg, der neben einem Graben in die Ramsau führt. Auf der Straße zum nahen Gasthof Zur Wacht an der Bundesstraße von Bad Ischl nach Salzburg.

Der Weg der Wallfahrer

Wo Wolfgang sein Hackl warf

Ausgangspunkt: St. Gilgen, 545 m. Rückfahrt von St. Wolfgang per Schiff.
Charakter: romantische Wanderung auf einfachen Wegen – die Abstecher erfordern jedoch Trittsicherheit und Schwindelfreiheit. Vorsicht bei Nässe!
Gehzeit: nach Fürberg knapp 1 h, weiter nach Ried 1 h, nach St. Wolfgang 45 Min. Abstecher zum Ochsenkreuz zusätzlich 1 h, zum „Scheffelblick" bzw. zum „Aberseeblick" ca. 30 Min. länger.
Höhenunterschied: 250 m.
Einkehr: in St. Gilgen und St. Wolfgang, Gasthof Fürberg.

Hinter der senkrechten Wand des Falkensteins am Fuße des Schafberges hat, so erzählt es jedenfalls die Legende, der heilige Wolfgang als Einsiedler gelebt. Hier soll er seine Hacke weggeschleudert haben, um den Bauplatz der Kirche von St. Wolfgang zu bestimmen. In 4 km Entfernung landete das Wurfgeschoss, genau dort, wo das heutige Gotteshaus steht. Es entwikkelte sich im Mittelalter neben Rom

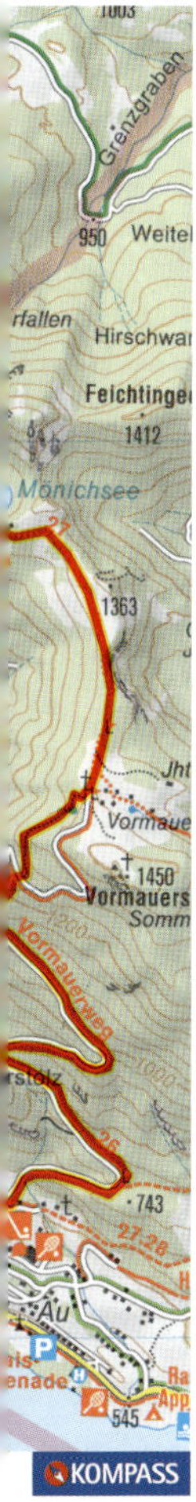

und Santiago de Compostela zu einem der wichtigsten Wallfahrtsziele Europas. Die meisten Pilger kamen über den Falkenstein. Auf dem Weg dorthin findet man noch die Steine, die sie zur Buße für ihre Sünden heraufschleppten, aber auch die Falkensteinkirche, die über einem „Durchkriechstein" in der Felswand erbaut wurde, und Schalensteine, die man als Spuren des Heiligen und des Teufels deutete. All diese Relikte einer „heidnischen" Glaubenswelt werden auf Thementafeln erläutert.
Von der Pfarrkirche in St. Gilgen geht man über den Streicherplatz und rechts auf die Mondseer Straße zum Wolfgangsee. Nach der Markierung 28 gelangt man in den Ortsteil Brunnwinkel. Dort nach rechts, auf der

Der uralte „Durchkriechstein"

idyllischen, stellenweise aus dem Fels geschlagenen und mit Geländern gesicherten Uferpromenade zum Gasthof Fürberg.
Weiter dem See entlang, bis sich 200 m nach der Einmündung der Zufahrtsstraße der Weg teilt: Rechts empfiehlt sich der Abstecher auf dem stellenweise schmalen und ausgesetzten Rundweg (Nr. 19) zum Hochzeits- und zum Ochsenkreuz, einer Kapelle auf einer winzigen Felsinsel. Links beginnt dagegen der Kreuzweg, der durch einen steilen Waldgraben zur Falkensteinkirche hinaufführt (Markierung 28). Vor der unteren Kapelle zweigt rechts ein schmaler, ebenfalls bezeichneter Pfad zum hoch über dem See gelegenen „Scheffelblick" ab, der bei der Quellkapelle nahe der Falkensteinkirche wieder den breiten Falkensteinweg erreicht. Dieser führt über einen felsigen Sattel, bei dem zwei weitere Kapellen stehen (Abzweigung zum exponierten „Aberseeblick"). Vorbei an einem Wasserfall und an einem Bildstock geht's zur Ortschaft Ried hinunter. Man folgt der Uferstraße nach links und wandert dann auf der bergwärts abzweigenden Riedstraße zur Wallfahrtskirche St. Wolfgang.

Schafberg, 1782 m

Seentour & Stahlseil-Steige

Ausgangspunkt: St. Wolfgang, 548 m, Schafbergbahnhof. Auffahrt mit der Zahnradbahn zur Bergstation Schafbergspitze.
Charakter: anspruchsvolle Bergab-Tour mit berühmter Panoramaaussicht mit zwei einfachen, aber ausgesetzten Klettersteig-Einlagen. Bei Schneelage sehr gefährlich!
Gehzeit: zur Schafbergspitze 10 Min., über Suissen- und Münichsee zur Schafbergalpe 2,5 h, Abstieg nach St. Wolfgang 1,5 h.
Höhenunterschied: 350 m Aufstieg und 1250 m Abstieg.
Einkehr: Hotel Schafbergspitze, Himmelspforthütte, Gasthof Schafbergalpe.

Sommer für Sommer ächzt die alte Schafberg-Zahnradbahn die 5,85 km lange Strecke von St. Wolfgang bis knapp unter die Schafbergspitze hinauf. Bei der beschaulichen Fahrgeschwindigkeit bleibt viel Muße, die „schiefe Landschaft" hinter den Waggonfenstern zu bewundern. Ganz oben, beim 1906 an der Kante der Schafberg-Nordwand erbauten Gipfelhotel, wird man mit dem berühmten Blick über sieben Salzkammergutseen verwöhnt.
Das alpine Abenteuer beginnt hier erst einmal mit einem Abstieg, und zwar durch die enge „Himmelspforte" zum winzigen Suissensee (der eigentlich aus zwei Wasseraugen besteht). Weiter geht's zum versteckten Mittersee und zum Mönichsee. Danach folgt des Abenteuers zweiter Teil: der Purtschellersteig. Diese ausgesetzte Felsroute erinnert an einen Salzburger Turnlehrer, der im 19. Jahrhundert als einer der ersten „führerlosen" Bergsteiger selbst ostafrikanische Fünftausender erstieg.
Wir wandern zunächst von der Bergstation der Schafbergbahn zum nahen Gipfelhotel hinauf. Links über den Westkamm zur Himmelspforthütte und zum gleichnamigen Felsspalt, der rechts den Weg nach Norden freigibt. Über gesicherte Felsstufen klettern wir in das Kar am Fuße der Schafberg-Nordabstürze hinab und queren rechts fast eben in den Kessel mit dem Suissensee (Unterstandshütte). Ohne größere Höhenunterschiede gelangen wir weiter zum versteckten Mittersee und über einen Sattel zum waldgesäumten Mönichsee. Oberhalb des Wasserauges überquert man einen niedrigen Rücken, auf dem man rechts auf den Purtschellersteig abbiegt. Er führt in den steilen, anfangs bewaldeten Törlspitz-Südabhang hinauf. Die anschließende Felsflanke wird mit Hilfe von Stufen und Stahlseilen überwunden. Zuletzt wandern wir über eine Felsrinne und durch die sanfter geneigte Schafberg-Südabdachung zu einem Bahnübergang vor der Schafbergalm. Ab hier stehen zwei Möglichkeiten zur Wahl: Rechts gelangt man über viele Stufen und einen

Der Schafberg hat auch seine rauen Seiten (kleines Bild: der Purtschellersteig).

schmalen, steinigen Pfad wieder zum Hotel Schafbergspitze hinauf. Wir gehen jedoch geradeaus, überqueren die Schienen und landen bei der Bahnstation Schafbergalpe. Von dort führt ein breiter Weg (Nr. 23) über den Almrücken und dann links durch steile Waldhänge nach St. Wolfgang hinunter.

Varianten: Wer den Purtschellersteig nicht begehen möchte, wandert oberhalb des Mönichsees links über einen breiten Wald- und Wiesenrücken (Weg Nr. 27) zur Vormaueralm hinüber und steigt rechts auf dem Vormauerweg nach St. Wolfgang ab. Auch der über dem See abzweigende Auerriesenweg bietet eine Abstiegsmöglichkeit. Oder man umgeht alle Klettersteige, indem man von der Schafbergspitze auf dem erwähnten Stufenweg zur Schafbergalpe hinunterwandert.

„Im Weißen Rössl ...

... am Wolfgangsee, da steht das Glück vor der Tür!“ So erklingt es in Ralph Benatzkys gleichnamigem Singspiel, das seit seiner Uraufführung 1930 St. Wolfgang weltberühmt machte. Ein viel besuchter Ort war es aber schon im Mittelalter, als mehr und mehr Pilger aus aller Herren Länder zur 1183 errichteten Wallfahrtskirche kamen. 1481 stellte der Südtiroler Michael Pacher den prachtvollen Flügelaltar für dieses Gotteshaus fertig, 1676 erhielt es auch einen wunderbaren Barockaltar von Thomas Schwanthaler. Einen ganz neuen Aufschwung nahm St. Wolfgang im 19. Jahrhundert, und zwar durch die nahe Sommerresidenz des Kaiserhauses und den Bau der Schafbergbahn. Um 1930 landeten sogar Wasserflugzeuge aus Berlin im See vor dem Hotel Zum Weißen Rössl.
Info: www.wolfgangsee.at

Zum Schwarzensee, 716 m

Stufenweg & Seeumrundung

Ausgangspunkt: Strobl, 542 m.
Charakter: Der Wirersteig ist schmal und ausgesetzt, aber mit einem Drahtseilgeländer abgesichert (Steinschlaggefahr). Rund um den Schwarzensee führt ein problemloser Weg bzw. eine Asphaltstraße.
Gehzeit: Aufstieg 1,5 h, Seeumrundung 1 h, Abstieg 1–1,5 h.
Höhenunterschied: 350 m.
Einkehr: in Strobl, Alpenrestaurant Zur Lore und Almstadel am Schwarzensee, Jausenstation Holzerbauer, Gasthof Bürglstein.

Diese Wanderung verspricht eine Fülle unterschiedlichster Landschaftseindrücke: Von der Kirche in Strobl gehen wir auf der Bürglstraße zur Klausbrücke. Davor führen rechts Stufen zum schmalen Achenweg, auf dem wir den Fluss bis zur nächsten Brücke begleiten. Auf der Straße links über den Fluss und kurz darauf rechts nach Mönchsreith abzweigen (Wegweiser „Rußbach"). Gleich nach der Brücke über den Schwarzenbach biegen wir wieder links ab und wandern auf dem Schotterweg (Markierung Nr. 29) zur Hauptstraße, die überquert wird. Geradeaus (Wegweiser „Wirersteig, Schwarzensee") ins Tal hinein und an der Grabenmühle vorbei. Vor dem Kraftwerk beginnt der Wirersteig, der über lange, aber gut mit Geländern gesicherte Metalltreppen durch den steilen Schluchthang hinaufzieht. Gegenüber einem Wasserfall steigt man quer durch eine Felsflanke ab, dann führt ein breiter Weg zum Alpenrestaurant Zur Lore am Schwarzensee. Dieses romantische Gewässer lässt sich auf einem anfangs

Vorsicht – der Wirersteig ist gut abgesichert, aber steil und ausgesetzt.

breiten Schotterweg und der asphaltierten Ostuferstraße umrunden.

Beim Gasthof Almstadel finden Sie den Wegweiser „St. Wolfgang über Sattel". Von dort kann man auf dem Sattelweg (Nr. 28) auf der anderen Seite des Schwarzenbaches wieder retourwandern. Nach kurzem Anstieg erreicht man einen Bach und eine Wiese, gleich darauf wird der Sattel hinter dem Strubeck überschritten. Im Abstieg kommt man an einer Kapelle vorbei; zwei Abzweigungen bleiben unbeachtet. Nach dem Tiefenbach folgt man dem Wegweiser Richtung St. Wolfgang zur Jausenstation Holzerbauer. Von dort geht's auf der Schotterstraße zum Aschauerhof hinunter. Dort nach links und dem Bach entlang bis zur Hauptstraße. Rechts zum Gasthof Bürglstein und am Sportplatz vorbei, bis links der Zugang zum Bürglstein-Panoramaweg abzweigt. Dieser führt rechts zum See, kurz über eine steile Anhöhe und dann auf Holzstegen durch die felsige Uferflanke. Schließlich gelangt man durch ein Tor wieder zur Achenbrücke, über die man rechts nach Strobl geht.

Der Egelsee, 624 m

Durch Kastanienhaine zum Moorsee

Ausgangspunkt: Unterach am Attersee, 477 m. Rückkehr von Stockwinkl per Schiff oder Bus.
Charakter: gemütliche Tageswanderung auf Güter-, Wald- und Wiesenwegen; außer bei hoher Schneelage ganzjährig begehbar.
Höhenunterschied: 200 m.
Gehzeiten: zum Egelsee 2 h, Abstieg nach Stockwinkl 45 Min.
Einkehr: in Unterach und Stockwinkl.

Alljährlich um die Adventszeit liegt der Duft von heißen Maroni in der Luft. An sich stammen die Edelkastanien ja aus dem sonnigen Süden; an einer einzigen Stelle gedeihen sie aber auch nördlich der Alpen bis zur Reife: in Unterach. Wer es nicht glaubt, lese die Schautafeln im Edelkastanienhain oberhalb des Ortes. So mild war das Klima am Attersee jedoch nicht immer. Einst floss hier ein gewaltiger Arm des eiszeitlichen Traungletschers. Der unter strengem Naturschutz stehende Egelsee ist nach seinem Abschmelzen als „Toteisloch“ im Moränenschutt entstanden.

Vom Hotel Zum Goldenen Anker im Ortszentrum von Unterach gehen wir zum Kirchenplatz und neben dem Friedhof zur Abzweigung beim Kindergarten hinauf. Man folgt dem Wegweiser „Waldlehrpfad, Edelkastanienwald“ rechts zur Umfahrungsstraße, die überquert wird. Eine Seitenstraße führt zum Edelkastanienhain hinauf, dann wandern wir auf dem Naturlehrweg rechts durch

Der sagenhafte Leonsberg über dem Egelsee

den Wald auf eine Anhöhe. Abstieg zu einem kleinen Bach und an einem Haus vorbei zur Bundesstraße, der man nach links über die Brücke folgt. Danach weist die Markierung des Attersee-Westwanderweges links hinauf: rechts über eine Wiese und neben einem Bach zu einem Güterweg, der links zum Bauernhof Menerweg hinaufleitet. Oberhalb davon wandert man rechts über die Kohlbauerwiese zu einem Forstweg, der links in den Wald zu einer Liftwiese und zum nahen Gasthof Druckerhof führt (schöne Sicht zum Höllengebirge). Auf Feldwegen geht man über eine Anhöhe zum Bauernhof Holzberg und von dort links auf der Schotterstraße zum Egelsee. Ein Holzsteg führt rechts zum Wasser, ansonsten darf das Ufergebiet nicht betreten werden.

Vom Nordufer gelangt man über eine Wiese zu einer Straße (Parkplatz) und rechts zum Gehöft Hausmann hinunter. Man geht auf der Straße nun immer weiter bergab, bis man nach einem Graben links auf den Wanderweg Nr. 3 abzweigt. Dieser führt zu einer weiteren Wegteilung, von der wir links zum Urfangbach absteigen. Durch den Waldgraben gelangt man nach Stockwinkl hinab.

Klimt am Attersee

Wie andere Künstler hat auch Gustav Klimt (1862–1918) zahlreiche Sommer im Salzkammergut verbracht – genauer gesagt: am Attersee. Von seinen rund 230 heute bekannten Gemälden sind mehr als 50 Landschaftsbilder, von denen der Jugendstilmaler die meisten zwischen dem Höllengebirge und dem Attergau schuf. An seine produktiven Aufenthalte in Litzlberg, Kammer und Weißenbach erinnert ein Themenweg mit originellen Stelen. Einige davon sind beweglich und weisen Ausschnitte auf. Werfen Sie einen Blick durch – so ähnlich hat es der Meister auch gemacht, indem er seine Motive mit einem „Sucher" aus Pappe festlegte. Ausgewählte Gemälde und historische Fotografien begleiten Sie auf dieser Zeitreise. Start am besten auf der Promenade von Seewalchen – dann sind die einzelnen Punkte und Routen zwischen Gerlhamer Moor und Unterach frei wählbar. Liebhaber der 2. und 3. Symphonie Gustav Mahlers besuchen bestimmt auch das Komponierhäuschen beim Gasthof Föttinger in Steinbach – dort sind sie entstanden.

Der Nikoloweg

Spaziergang durch den Schutzwald

Ausgangspunkt: Steinbach am Attersee, 509 m. Rückfahrt von Weißenbach per Schiff oder Bus.
Charakter: Wanderung auf gut angelegten Wegen im steilen Waldgelände; eine kurze Passage ist ausgesetzt, aber gesichert.
Gehzeit: nach Weißenbach 1,5 h, retour ebenfalls 1,5 h.
Höhenunterschied: 100 m.
Einkehr: in Steinbach und Weißenbach.

Der 5 km lange, zu einem interessanten Lehrpfad ausgestaltete Nikoloweg führt durch die Wälder am Fuße des Höllengebirges. Dabei gelangt man vom sanften Bauernland bis in die raue Felsregion, in der nur ein gesunder Wald Schutz vor Steinschlag bietet. Von der Schiffsanlegestelle in Steinbach gehen wir zur nahen Abzweigung der Großalmstraße, der wir Richtung Altmünster folgen. Nach 250 m biegen wir rechts auf den Kirchenweg ab (Beschilderung „Nikoloweg nach Weißenbach"). Bei der folgenden Abzweigung links hinauf („Höhenweg Weißenbach"). Kurz danach rechts auf den Ernst-Bitterlich-Weg und ein paar Schritte weiter rechts auf die Schotterstraße einschwenken. Durch einen Graben kommt man zu einer Wiese – dort zweigt der schmale Nikoloweg rechts ab. Er führt im sanften Auf und Ab durch den bewaldeten Hang (an einer Stelle Stufen, bei der Kreuzung mit Forstwegen auf die Beschilderung achten). Nach 45 Min. überquert man eine Forststraße und kurz darauf auch den Brennerriesensteig, der zum Forstamt am See hinunterführt. Man geht stets Richtung Weißenbach weiter, kommt nach kurzem Anstieg an einer weiteren Abzweigung vorbei und gelangt dann ins steile Schutzwaldgelände (Rastplatz). Der mit soliden

Tiefblick vom Höllengebirge zum Atterseeufer (oben) – und der Bergauf-Blick (unten).

Geländern versehene Weg führt durch eine Felsflanke. Man steigt über eine kurze Metalltreppe ab, dann ist eine kurze Passage mit einem Drahtseil gesichert. Nach den Schutzmauern gegen den Steinschlag führt rechts der erste Weg zur Bundesstraße hinunter (Badeplatz) - wir gehen jedoch geradeaus bis zur nächsten Abzweigung vor der Nikolokapelle, der der Weg seinen Namen verdankt. Rechts geht's über Stufen zum Hotel Post in Weißenbach hinunter (Schiffsanlegestelle).

Retour per Schiff oder Bus. Wer zu Fuß zurückkehrt, kann etwa auf halber Strecke links zum Forstamt absteigen und von dort rechts auf dem Kirchenweg zurückkehren.

Zum Hochleckenhaus, 1574 m

Auf den „Feldherrnhügel" des Höllengebirges

Ausgangspunkt: Gasthof Kienklause an der Großalmstraße, 621 m. Von Steinbach am Attersee Richtung Altmünster (4 km). Rückkehr von der Taferlklause per Bus.
Charakter: beliebte Hüttenwanderung mit steilem An- und Abstieg.
Gehzeit: Aufstieg 2,5 h, Abstieg 1,5–2 h.
Höhenunterschied: 1100 m.
Einkehr: Gasthof Kienklause, Hochleckenhaus.

1925 errichtete die Alpenvereinssektion Vöcklabruck das Hochleckenhaus. Die gemütliche Hütte steht auf einer freien Wiesenkuppe über den Nordabstürzen des westlichen Höllengebirges. Der beliebteste Zustiegsweg führt vom Gasthof Kienklause über den Kienbach und auf der Forststraße (Nr. 824) neben dem Zwieselbach aufwärts. Nach einer Linkskurve rechts auf einem Pfad zur oberen Forststraße, der man noch ein Stück aufwärts folgt. Nach einer Abzweigung rechts zum Scheringstein. Wir steigen nach der Markierung 824 links durch die Waldmulde unter den schroffen Adlerspitzen an. Nach dem „Gatterl" erreicht man das Antoniusbründl. Weiter durch den bewaldeten Bleggagraben zu einer Abzweigung: Links geht's zur Griesalm und zum Hochleckenhaus hinauf.
Abstieg auf der gleichen Route. Interessant ist aber auch der Weg Nr. 826, der unter der Materialseil-

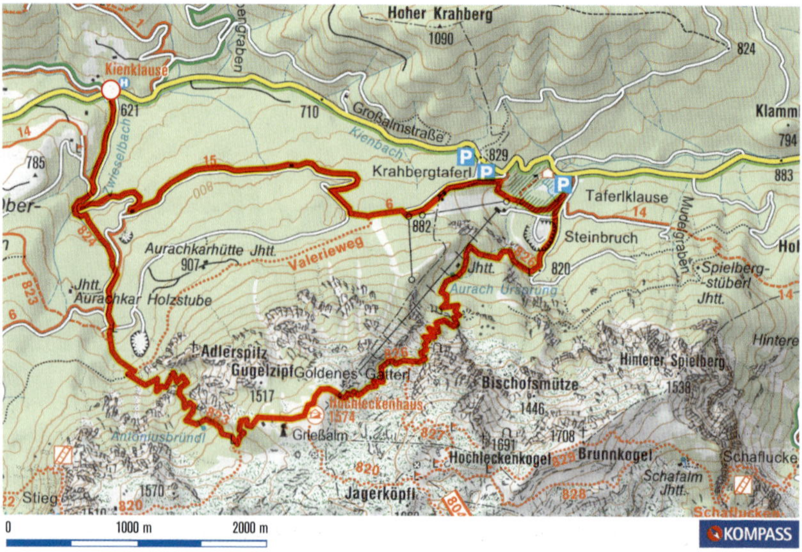

Naturwunder Adlerspitzen: Die bizarren Felstürme flankieren den Weg zur Hütte.

bahn durch zum „Goldenen Gatterl" und durch eine Mulde zum „Jausenstein" hinunterführt. Im felsigen Aurachkar mündet rechts der Pfad Nr. 827 ein. Dort links über Felsstufen ins Schuttfeld hinunter. Oberhalb eines Abbruchs wendet man sich nach rechts und steigt über Felsstufen im Wald ab. Der Pfad zieht am Aurach-Ursprung vorbei. Auf breitem Weg zur Skipiste, rechts auf der Forststraße zu einer Abzweigung und links hinunter. Von der Wegteilung nach der Schottergrube gelangt man geradeaus zum nahen Taferlklaussee (Bushaltestelle an der Großalmstraße). Links geht's dagegen zum Ausgangspunkt zurück: Man steigt neben dem Skilift rechts zu einer Forststraße an, wandert am oberen Lift vorbei und kommt auf einem markierten Weg wieder zu einer Forststraße. Rechts absteigend (Markierung Nr. 15) durch den Aurachkarwald und schließlich rechts zur Kienklause hinunter.

Variante: Vom Hochleckenhaus lohnt sich der Abstecher auf den Brunnkogel (Nr. 820/829, 1,5 h hin und zurück; siehe auch Tour 72). Über den benachbarten Hochleckenkogel kann man auch direkt ins Aurachkar absteigen.

Drachenwand, 1060 m
Wo der Teufel vom Kurs abkam

Ausgangspunkt: Plomberg bei St. Lorenz, 498 m. Zufahrt von Mondsee (6 km).
Charakter: anspruchsvolle Bergtour auf einen beeindruckenden Felskamm. Der steile Waldsteig ist stellenweise ausgesetzt und gesichert; er erfordert Trittsicherheit und Schwindelfreiheit. Die Drachenwand wird immer wieder unterschätzt – Nässe oder Schneelage bedeuten hier ein gefährliches Risiko!
Gehzeit: Aufstieg 2 h, Abstieg 1,5 h.
Höhenunterschied: 660 m.
Einkehr: unterwegs keine; Gasthof Plomberg.

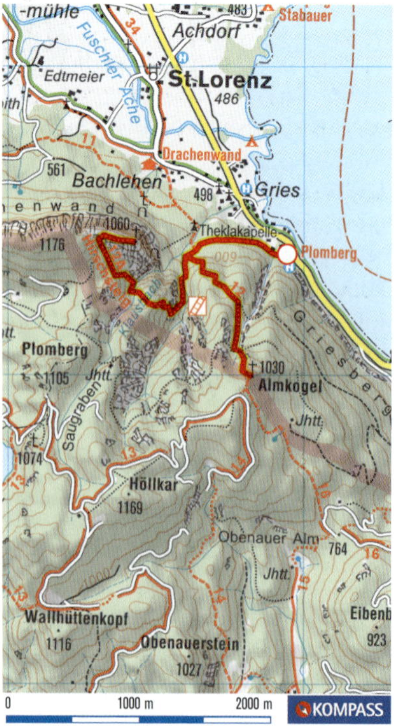

Tektonische Urkräfte haben die Drachenwand vor etwa 60 Millionen Jahren von Süden her über die sanft gewellte Flyschzone geschoben. Heute bäumt sich die lang gezogene Felsmauer fast 700 m hoch über dem Mondsee auf. Übersehen hat sie bis jetzt – so erzählt jedenfalls die Sage – nur der Teufel: Einst holte er sich eine sündhafte Pfarrersköchin, mit der er jedoch vom Flugkurs abkam und in den Berg krachte. Das Loch exisiert heute noch und bietet einen verteufelt schönen Tiefblick auf den See.

Das Mondsee-Panorama vom Almkogel umfasst d

Wir wandern vom Gasthof Plomberg nach dem Wegweiser „Theklakapelle" auf einem markierten Weg zum Waldrand und dann sanft absteigend ins Klausbachtal. Dort mündet der Weg mit der Markierung Nr. 12 ein. Rechts lohnt sich der kurze Abstecher zur Theklakapelle.

Der Pfad zur Drachenwand führt dagegen links neben dem Bach aufwärts. Bald zweigt man rechts in einen Seitengraben ab, wo man mit Hilfe von drei Leitern und Stahlseilen eine Felsbarriere überwindet. In Serpentinen gelangt man durch den weiterhin sehr steilen Waldhang in einen Sattel, hinter dem es wieder 100 m hinabgeht. Aus der so erreichten Klausbachschlucht schlängelt sich der Steig durch lichten Buchenwald auf den felsigen, aber nicht schwer zu begehenden Gipfelgrat. Kurz vor dem Gipfelkreuz, das nicht auf dem höchsten, aber auf dem aussichtsreichsten Punkt des Massivs steht, klafft das erwähnte Felsloch.

Der Abstieg erfolgt auf der gleichen Route.

chenwand und den sanften Mondseeberg (rechts).

Alternativziel Almkogel

Wem der Sinn nach weniger Ausgesetztem steht, der sollte den benachbarten Almkogel ins Auge fassen. Der stille Berg im Osten der Drachenwand ist bis oben hinauf mit Wald bewachsen, zeigt aber im Gipfelbereich auch ein bisschen Felsschmuck. Kinder, die mit von der Partie sind, sollten also trittsicher sein. Die Aussicht von oben ist „zweigeteilt": Vom Gipfelkreuz überblickt man den Mondsee mitsamt der benachbarten Drachenwand, während südlich davon ein abgeholzter Hang das Panorama zum Schafberg und zur Osterhorngruppe freigibt. Vom Gasthof Plomberg wandern wir ebenfalls ins Klausbachtal und links neben dem Wasserlauf zur erwähnten Abzweigung. Nun jedoch nach links und in vielen Serpentinen durch den steilen, felsdurchsetzten Waldhang hinauf. Durch einen Graben gelangt man in einen Waldsattel, von dem man links über steile Felsstufen zum Gipfelkreuz auf dem Almkogel ansteigt. Geht man vom Sattel geradeaus weiter und an der Abzweigung des Weges Nr. 16 vorbei, kommt man zu einer Forststraße, die links in wenigen Minuten zu einem Aussichtspunkt führt (1,5 h). Abstieg auf der gleichen Route (1 h).

Kolomansberg, 1114 m

Wallfahrt zu einem seltsamen Heiligen

Ausgangspunkt: Mondsee, 493 m.
Charakter: problemlose Bergwanderung auf guten Wegen und Pfaden.
Gehzeit: Aufstieg 2–2,5 h, Abstieg rund 2 h.
Höhenunterschied: 650 m.
Einkehr: in Mondsee, Jausenstation Erlachmühle, Gasthof Leidingerhof, Buschenschenke im Weberhof.

Die letzte noch vollständig erhaltene Holzkirche Österreichs ist dem heiligen Koloman geweiht. Dieser soll ein irischer Pilger gewesen sein, der im Jahre 1012 bei Wien den Märtyrertod erlitt. Der Waldberg, auf dem das kleine Gotteshaus steht, gilt jedenfalls als uralter Kultplatz - sogar eine „heilige Quelle" sprudelt dort oben. Recht profan sind dagegen die Radarkuppeln, die gleich darüber den (abgesperrten) Gipfel verschandeln. Der Weg bietet aber auch ohne Gipfelaussicht viel Schönes.

Vom Marktplatz vor der barocken Stiftskirche von Mondsee gehen wir kurz Richtung See hinab und dann rechts durch die Rainerstraße. Nach 300 m links zur Rösslstub'n, dann rechts in die schmale Ludwig-Angerer-Gasse (Wegweiser „Zellersee, Kolomansberg"). Vor der Zeller Ache rechts auf die Hierzenberger Straße und nach 300 m links zum Werksgelände. Zwischen den Gebäuden zweigt man rechts ins Helenental ab. Ein schmaler Schotterweg führt durch das romantische Waldtal und unter der Autobahn durch zur Jausenstation Erlachmühle. Dort geht man links zur Kapelle und dann links die Asphaltstraße hinauf. Nach 150 m biegt man rechts (kleiner Wegweiser Nr. 8) zu einem Bauernhof ab. Dahinter führt links ein anfangs betonierter Feldweg (Markierung beachten) zu einer Straße, der wir nach rechts zum Gasthof Leidingerhof folgen. Geradeaus weiter nach der Markierung Nr. 8, über die Wiese zum Weberhof am Berg hinauf und rechts auf dem Feldweg in den Wald. Bald geht's über den Rücken aufwärts. Auf 940 m Seehöhe („Schernthan") überquert man eine Forststraße. Nach einem Sattel und einer weiteren Wiese zweigen wir vom breiten Weg rechts ab und wandern wieder auf dem Kamm zu einer Asphaltstraße, auf der man in wenigen Minuten zur Kolomanskirche gelangt. Das Kolomansbründl liegt nicht weit entfernt am markierten „Arnoweg" (Richtung Irrsee).

Abstieg auf der gleichen Route.

Die Kapelle eines seltsamen Heiligen

Mondsee

Das ehemalige Kloster und jetzige Schloss Mondsee blickt auf eine lange Geschichte zurück. Schon kurz nach seiner Gründung im Jahre 739 durch den Bayernherzog Odilo II. wurde es zum Kristallisationspunkt der ganzen Region. Zur Zeit Karls des Großen entstanden hier die ersten Bibelübersetzungen in deutscher Sprache; im frühen 12. Jahrhundert begann die Blütezeit der Mondseer Buchmalerei. In der Folge prägten Künstler wie Albrecht Altdorfer, Michael Pacher und die Familie Schwanthaler das Kloster, das 1791 säkularisiert wurde. Heute zählt das Mondseeland zu den beliebtesten Urlaubszielen; der Mond- und der Irrsee gelten als die wärmsten „Badewannen" im Salzkammergut. Käse-Kennern ist natürlich auch der mild-pikante „Mondseer" ein Begriff.

Info: www.mondsee.at

Tannen- und Almwiesenweg

Unbekanntes über dem Irrsee

Ausgangspunkt: Zell am Moos, 573 m.
Charakter: einfache Wald- und Wiesenwanderung über sanfte Höhenzüge, auch für Kinder lohnend.

Gehzeit: ca. 3–4 h.
Höhenunterschied: 450 m.
Einkehr: Moststandl Zellgraber, Gasthof Hauberg, Lenzenwirt.

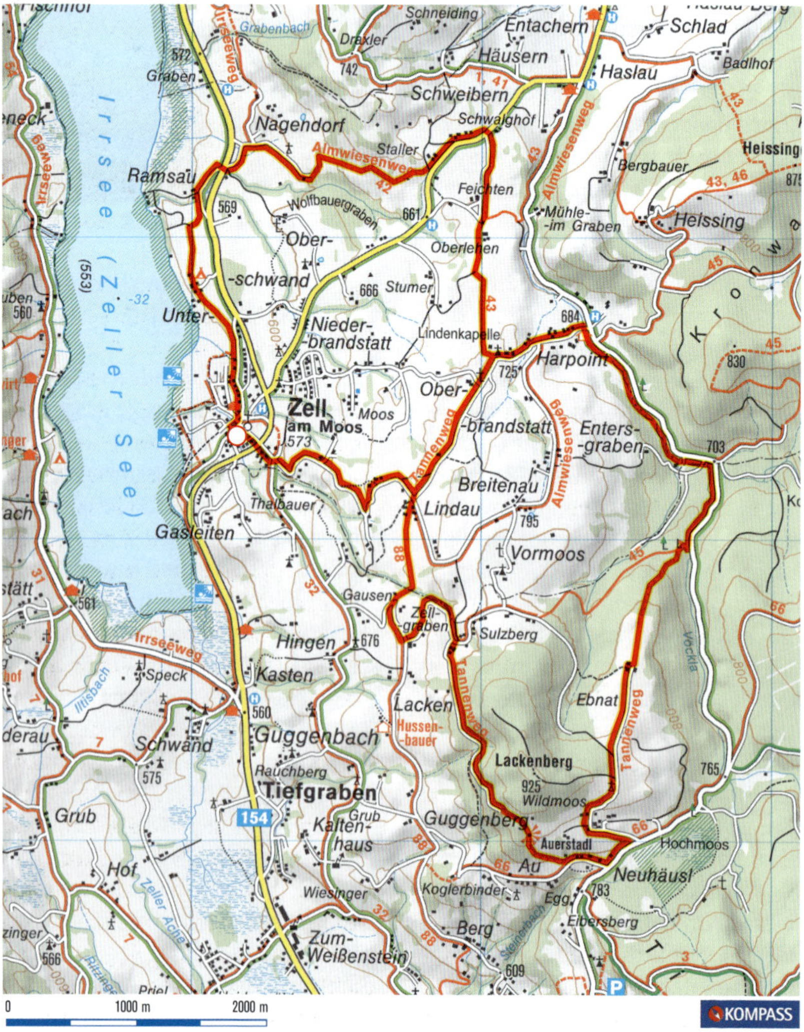

Im sanft gewellten Wald- und Bauernland zwischen Mond- und Irrsee wurden zwei empfehlenswerte Rundwege beschildert. Wir stellen Ihnen eine Kombination aus beiden vor: Vom Kirchenplatz in Zell am Moos wandern wir auf dem Pfarrweg am Kiegerdenkmal vorbei und unter der Umfahrungsstraße durch. Geradeaus nach den Wegweisern des „Almwiesenweges" auf dem asphaltierten Güterweg nach Lindau hinauf. Dort biegen wir rechts ab und folgen nun der Beschilderung des „Tannenweges": Vorbei an einem kleinen Biotop und durch einen Graben gelangt man zum Moststandl Zellgraber. Gerade auf der Asphaltstraße weiter, nach 200 m links abbiegen und über eine weite Kehre aufwärts. Bei der nächsten Abzweigung nach rechts, in den Wald und dort links auf der Forststraße aufwärts. Vom Waldrand (Aussichtsplatz „Auerstadl") auf einem kurvigen Wiesenweg hinab zur Asphaltstraße, der man links zur Kreuzung beim Neuhäusl folgt. Rechts lohnt sich der kurze Abstecher zu einem Aussichtsplatz (herrlicher Blick über das Mondseeland) und weiter zum Gasthof Hauberg. Der Tannenweg führt dagegen nach links und zweigt nach 250 m links nach Wildmoos ab. Weiter zum Ebnatbauern, geradeaus in den Mooswald und in einen Graben hinab. Dort nach links und über einen Waldrücken zu einer Forststraße, die rechts über eine Brücke führt. Nun wandern wir auf einem neu angelegten Weg und auf

Hier plätschert die junge Vöckla.

der wenig befahrenen Straße durch das Vöcklatal zum Lenzenwirt. Links abzweigen, auf dem Güterweg durch den Weiler Harpoint und bei der Abzweigung geradeaus zur Lindenkapelle. Biegen Sie hier links ab, dann kommen Sie bald wieder nach Lindau und rechts entlang der Aufstiegsroute zum Ausgangspunkt zurück. Länger, aber schöner ist es, von der Kapelle rechts auf dem Feldweg zum Oberlehen und zum Feichten zu wandern. Dort erreichen Sie wieder die Beschilderung des Almwiesenweges, der nach einem kurzen Straßenstück neben dem Wolfbauergraben zum See hinabzieht. Vor der Hauptstraße links zur Brücke, dort die Fahrbahn überqueren (Vorsicht!) und in die Ramsau. Vorbei am Campingplatz und durch Unterschwand erreicht man die Dorfstraße von Zell am Moos.

89

Predigstuhl, 1278 m

Von ewigen Wänden und berstenden Bergen

Ausgangspunkt: Bad Goisern (502 m), Bahnhof.
Charakter: abwechslungsreiche Tagestour auf kleine Waldberge, die jedoch mit sehr felsigen Szenerien überraschen. Der Gipfelanstieg auf den Predigstuhl erfordert Trittsicherheit und Schwindelfreiheit (nicht bei Nässe gehen).
Gehzeit: auf den Predigstuhl 2,5 h, Abstieg 1,5–2 h.
Höhenunterschied: 800 m.
Einkehr: Berghof Predigstuhl.
Routenkarte: Seite 208.

Im Talbecken nördlich des Hallstätter Sees haben die Goiserer Urväter jene bezaubernde Kulturlandschaft geschaffen, die den Reiseschriftsteller Benedikt Pillwein schon anno 1828 zu hymnischer Begeisterung trieb: „Keine Gegend kann schöner und für den Mahler an abwechslungsreichen Scenen reichhaltiger seyn ..." Ihren besonderen Reiz verdankt diese Landschaft nicht zuletzt den spektakulären Felswänden der Ewigen Wand und der atemberaubend glatten Gipfelmauer des Predigstuhls (den die Einheimischen ohne „t" schreiben) im Nordosten des Ortes. Nicht von der Erosion, sondern von einem Sprengtrupp der Bundesforste stammt dagegen die Trasse des „Goiserer Höhenweges", die mitten durch die Ewige Wand zieht. Da fallen die jüngeren Erschließungen schon weitaus weniger auf: 1990 hat der Goiserer Bergführer Heli Putz eine kurze, aber ziemlich ausgesetzte Übungs-Ferrata in der Ewigen Wand geschaffen und 1996 bohrte er mit Gerhard Gangl den großartig angelegten „Leadership-Klettersteig" durch die schroffen Wände des Predigstuhls.

Die Ewige Wand ist eines der spektakulärsten Wanderziele.

Vom Bahnhof Bad Goisern gehen wir ins Ortszentrum und auf der Marktstraße links Richtung Bad Ischl und dann neben der Hauptstraße kurz zum Alpengasthof Hotel Anlan-

Das Gipfelkreuz auf dem Predigstuhl erglänzt vor dem Dachsteinpanorama.

ger. Gegenüber zweigen wir auf die Straße in den Ortsteil Posern ab (Mühlgraben). Von dort wandern wir rechts zur urigen Rathluck'n-Hütte hinauf. Hier scharf nach links abbiegen und auf flacher Trasse zum „Goiserer Höhenweg". Bei den beiden folgenden Abzweigungen gehen wir stets geradeaus weiter, bis wir die himmelhohen Felsabbrüche der Ewigen Wand erreichen. Diese werden nun auf dem ausgesprengten Höhenweg (zwei Tunnels) durchquert – ein wahrer Gang zwischen Himmel und Erde! Wo man die bewaldete Oberkante erreicht, scharf nach rechts und auf dem schmalen Steig Nr. 245 oberhalb der Wand aufwärts, vorbei an der Blaschek-Warte. Nach einem kurzen Abstieg (Stahlseil) zur Abzweigung des Radsteiges (der über eine gesicherte Stelle direkt vom Berghof Predigstuhl heraufzieht). Hier biegen wir links ab und gelangen durch ein bewaldetes Hochtal zum steilen Gipfelaufbau des Predigstuhls. Rechts über feuchte, aber mit kurzen Leitern und Stahlseilen gesicherte Felsstufen auf den recht exponierten Gipfel. Der Blick zum gegenüber aufragenden Dachsteinmassiv ist fantastisch!

Wieder zurück und nach rechts. Auf einem Holzsteg über eine Felskluft und in Serpentinen durch den sehr steilen und mit Felsblöcken übersäten Osthang hinab – vorbei an der Abzweigung zum „Leadership-Klettersteig". Unten auf der Forststraße gehen wir nach rechts zum Berghof Predigstuhl hinab. Noch ein Stück unterhalb des Predigstuhls abwärts, dann links auf den Karrenweg einschwenken und in weiten Kehren nach Posern hinunter.

Hütteneckalm, 1240 m

Bergglück im Biedermeier

Ausgangspunkt: Berghof Predigstuhl, 973 m (beschilderte Zufahrt „Panorama Nova“ von Bad Goisern über Wurmstein, 6 km).
Charakter: einfache, aber landschaftlich sehr eindrucksvolle Almwanderung auf breiten Wegen und schmalen Pfaden mit zwei kurzen Steilpassagen.
Gehzeit: zur Hütteneckalm 1,5 h, Rückweg 1,5 h.
Höhenunterschied: 300 m.
Einkehr: Berghof Predigstuhl, Hütteneckalm.

Für geologisch Interessierte ist die Wanderung rund um die Zwerchwand eine Fundgrube: Der kleine Felsrücken zwischen Bad Ischl und Bad Goisern schickte am 15. Oktober 1978 rund 60 000 m³ Gestein in die Tiefe. Seither ist der südseitige Steilabbruch nicht mehr zur Ruhe gekommen; 1983 donnerten schließlich noch größere Gesteinsbrocken herunter. Gleich neben dem Bergsturzchaos, in dem sogar ein Mini-

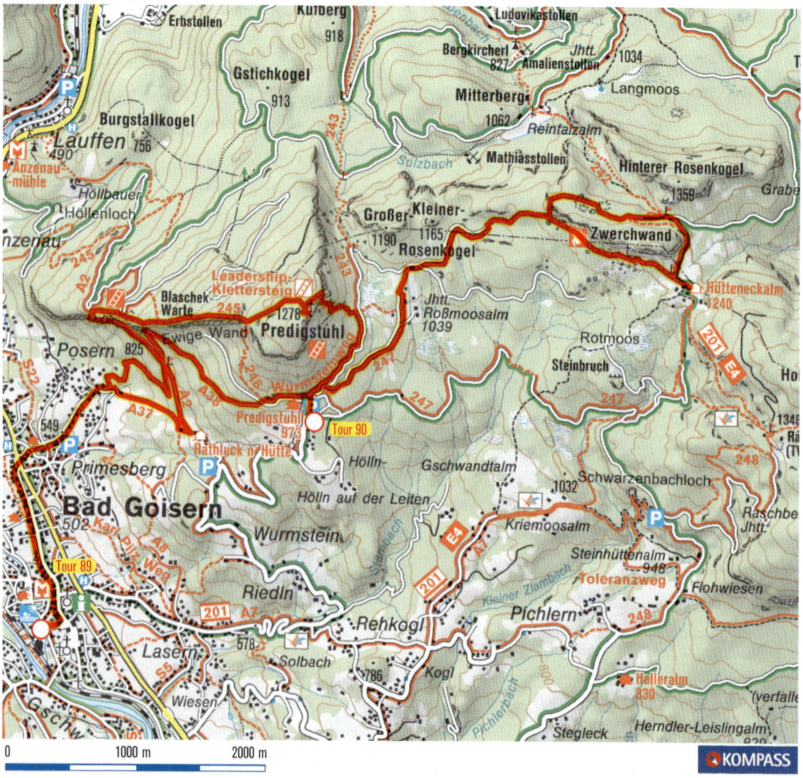

Matterhorn mit Gipfelkreuz zum Kraxeln lockt, erwartet Sie eine Idylle, die schon die Maler der Romantik und auch die berggängige Kaiserin Elisabeth begeistert hat: die gastliche Hütteneckalm mit ihrem berühmten Dachsteinblick. Aus dem wieder errichteten Salettl (Aussichtspavillon) lässt sich das Panorama vom Hohen Sarstein über den Gletscherzauber bis zum schroffen Plassen auf besondere Weise genießen.

Kaiserin Elisabeths Salettl auf dem Hütteneck

Wir gehen vom Parkplatz zum nahen Berghof Predigstuhl hinauf. Rechts daran vorbei, kurz durch den Wald aufwärts und dann auf der markierten Forststraße rechts weiter. Nach gut 200 m rechts abzweigen und auf dem sanft ansteigenden Forstweg zur Roßmoosalm. Am oberen Rand der Wiese erreichen wir eine weitere Forststraße, auf der wir nach rechts gehen.

Nach der obersten Hütte links und durch eine Waldmulde aufwärts, bis wir links zum „Stiegl" abzweigen. Auf einem schmalen, steilen und nur spärlich markierten Pfad zu den zerklüfteten Felsen und einer kleinen Scharte hinauf.

Dahinter nach rechts, quer durch den schütter bewaldeten Hang und dann auf einem Karrenweg (Vorsicht, rechts und links tiefe Klüfte!) zu einer Forststraße, auf der man über eine Kuppe in den Graben gelangt. Rechts ansteigend in die Senke am Fuße des Hohen Rosenkogels, von der rechts ein neu angelegter Weg durch den Wald und über die große Almwiese zum breiten Sattel unterhalb der Zwerchwand hinaufzieht. Rechts zur nahen Hütteneckalm.

Zurück zum Sattel, nun aber gerade auf dem breiten Weg ins Bergsturzgelände auf der Südseite der Zwerchwand. Bald auf schmalem Pfad zwischen den großen Felsblöcken und am kreuzgeschmückten „Matterhörndl" vorbei, über eine kurze Leiter hinauf und auf dem Forstweg zur Roßmoosalm zurück. Auf dem Zugangsweg zum Ausgangspunkt.

Hoher Sarstein, 1975 m

Die Nummer 1 in Sachen Aussicht

Ausgangspunkt: Bahnhof Steeg-Gosau (Rückfahrt von Obertraun per Bahn).
Charakter: anstrengende und stellenweise recht steile, aber nicht besonders schwierige Bergtour auf einen der schönsten Aussichtsgipfel im Salzkammergut.
Gehzeit: Aufstieg 4,5–5 h, Abstieg 3,5 h.
Höhenunterschied: 1450 m.
Einkehr: Untere Sarsteinalm.
Routenkarte: Seite 212.

Alpin-Feinspitze sind sich einig: Der Hohe Sarstein ist der schönste Aussichtsberg im Inneren Salzkammergut. Dort oben bietet sich die einzige Möglichkeit, die Dachsteingletscher und den Hallstätter See mit einem Blick zu fassen – vom restlichen Panorama über die Seen des Ausseerlandes bis zum Toten Gebirge und zum fernen Wiesbachhorn (Hohe Tauern) ganz zu schweigen. Die Begleitmusik dazu liefert die resolute Koppentraun, die aus ihrer 1400 m tiefen Kerbe bis zum Gipfelkreuz heraufrauscht. Und das Schönste dabei: Beim Abstieg Richtung Obertraun genießt man das Gebotene noch fast 2 km lang!
Vom Bahnhof Steeg-Gosau gehen wir zum nahen Bahnübergang: nach links, über die Traunbrücke und neben der Hauptstraße in die nahe Ortschaft Au. Nach dem Gasthof Zur Post rechts ab und auf der Erlenstraße nach St. Agatha. Rechts auf die Hauptstraße einschwenken, nach der Brücke links über die Fahrbahn und auf der alten, stellenweise steilen und gepflasterten Pötschenstraße durch die Ortschaft Sarstein hinauf. Bei der Abzweigung neben einem Gedenkstein links weiter, durch den Weiler Wiesleben. Bald danach biegen wir rechts auf den beschilderten und markierten Weg Nr. 690 zum Sarstein ab und überqueren die Pötschenstraße nochmals (wer auf der folgenden Route wieder absteigt, kann auch hier am Parkplatz starten). Auf dem markierten Waldweg aufwärts. Von der einstigen „Simony-Aussicht“ queren wir in den tief eingerissenen Rotengraben, neben dem wir dann sehr steil und in vielen Serpentinen bis zur Unteren Sarsteinalm ansteigen. Kurz zu einem Sattel, rechts auf den Steig Nr. 692 abzweigen und im Zickzack durch eine felsige Flanke zu einem kleinen Gatter aufwärts. Zuletzt über die Rasenhänge des Gipfelrückens zum Gipfelkreuz.
Im Abstieg folgen wir weiter dem Pfad Nr. 692, der über den 2 km langen Sarstein-Rücken nach Süden hinabzieht. Über Almwiesen erreichen wir die Sarsteinhütte. Bald danach geht's über einen steilen Waldrücken abwärts. Dann links durch den Hang und schließlich in vielen Kehren steil neben dem Brettsteingraben nach Obertraun hinab.

Der Sarsteingipfel bietet den wohl schönsten Dachsteinblick.

Der Salzkammerweg

Dem Welterbe auf der Spur

Ausgangspunkte: mehrere „Einstiegsmöglichkeiten – z. B. Gasthaus Koppenrast, Bahnhof Bad Aussee, Tannenwirt, Altaussee-Kösselgrube, Flohwiesen, St. Agatha,

Bahnhof Hallstatt, Obertraun. Wir beginnen unsere Beschreibung beim Gasthaus Koppenrast, 531 m.

Charakter: 45,5 km langer, ebenso lehr- wie abwechslungsreicher Rundweg für die ganze Familie, den man genussvoll in etwa drei Tagen erwandern kann (mit Hilfe von Eisenbahn, Bus und Schiff ist er auch in einzelnen Etappen zu „machen"). Die Route verläuft meist auf schattigen Forstwegen und problemlosen Wanderpfaden; einige Passagen am Ostufer des Hallstätter Sees sind mit soliden Geländern abgesichert. Besonders interessant sind die originellen Hörstationen am Weg.

Gehzeit: vom Gasthaus Koppenrast zum Sommersbergsee 4 h (vom Bahnhof Bad Aussee 2 h), weiter nach St. Agatha 4–5 h, auf dem Ostufer-Wanderweg nach Obertraun 3 h, von dort zum Gasthaus Koppenrast 1 h.

Höhenunterschied: insgesamt ca. 700 m; ein längerer und mehrere kürzere Anstiege.

Einkehr: Gasthöfe in den Orten am Weg, Gasthof Sarsteinblick, Halleralm, Gasthaus Koppenrast, Jausenstationen am Hallstätter See und im Koppental.

Diese Rundtour um den Hohen Sarstein ist seit 2004 als durchgehender Themenweg ausgestattet. Seine fünf Etappen: der „Weg durch die Wildnis" von der Koppenrast bei Obertraun bis zum Sommersbergsee, der „historische Salzweg" bis Waldgraben, der „Römerweg" bis Kriemoos, der „Goiserer Almweg" bis Au, das „Welterbe" über Obertraun bis zum Gasthaus Koppenrast. Dort starten wir unsere Wanderung, indem wir zunächst auf dem „Weg durch die Wildnis" zur

Koppenbrüllerhöhle wandern. Davor biegen wir links ab, gehen unter einer Felswand vorbei und in den Talgrund hinab. Dort durch einen alten Tunnel der Bahn, vorbei an der Bahnbau-Kapelle und neben der wilden Koppentraun zur Jausenstation Koppental. Weiter zum Rastplatz vor dem „Auslauf" der Schneegraben-Lawine und zur Hängebrücke, jenseits in Serpentinen bergwärts und auf der Forststraße rechts in die Ortschaft Sarstein. Hier empfieht sich der kurze Abstecher rechts zur Mostschänke „Sarsteinrast". Wer die Tour in Bad Aussee beenden oder unterbrechen möchte, wandert von dort zum Austeg hinab und neben der Traun taleinwärts zum Bahnhof Bad Aussee. Startet man die Wanderung auf dem Salzkammerweg dort, dann geht man in umgekehrter Richtung.

Oberhalb der Mostschänke geht's auf der asphaltierten Straße kurz Richtung Bad Aussee. Bei der folgenden Wegteilung wandern wir links nach der Mountainbike-Beschilderung der „Dachsteinrunde" auf einer Zufahrtsstraße, dann auf Wiesenwegen in den Wald hinauf. Nach einer Bachüberquerung kommen wir zu einem Wasserbehälter an einer Asphaltstraße, auf der wir links zum nahen Sommersbergsee marschieren.

Weiter zum Alpengarten und zum Gasthaus Tannenwirt neben der Pötschenpass-Straße. Hier wenden wir uns nach links und gehen auf einem Waldweg weiter, bis wir rechts wieder zur Straße hinabkommen. Wir überqueren die Fahrbahn, marschieren auf dem Güterweg kurz zum Lupitschbach hinab und dann über Klaus in die Ortschaft Lichtersberg hinauf. Dort nach links, nach der Beschilderung zum Wasserfall und weiter durch den Wald zur Schlosswiese. Hier lohnt sich der kurze Abstecher zur Ruine Pflindsberg (Aussichtsturm). Hier mündet auch der Zugangsweg von Altaussee ein. Wir folgen nun der Beschilderung „Via Salis" und wandern auf der flachen Forststraße nach Westen durch das Langmoos, wo wir bei der Abzweigung der Via Salis geradeaus weitergehen. So erreichen wir eine Kreuzung: nach rechts und gleich wieder links in die Siedlung Waldgraben.

Hier zweigt rechts ein Waldweg ab, auf dem wir zu einem Pfad und über einen Steg zur Forststraße kommen. Auf dieser links zu einer scharfen Linkskurve abwärts. Nun folgen wir rechts der Mountainbike-Beschilderung, überschreiten den Michelhallbach und erreichen eine weitere Forststraße, auf der wir unsere Tour Richtung Halleralm fortsetzen. Nach ca. 600 m zweigen wir rechts auf einen markierten Waldpfad ab, der uns durch das Gebiet der verfallenen Oberleislingalm zu den Häusern auf der Flohwiesen leitet. Auf der Asphaltstraße kurz rechts hinauf, dann links zur Steinhüttenalm und – unterhalb des Schwarzenbachloches (Abstecher auf dem „Toleranzweg" zu dieser

Schwankend über die Koppentraun

Karstquelle) – weiter zum Weg, der vom Hütteneck herunterführt. Auf diesem links ins Kriemoos.
Nun folgen wir dem Goiserer Almweg, und zwar auf der Straße in den Weiler Rehkogl und dort geradeaus über die Kreuzung. Im weiteren Abstieg erreichen wir die Siedlungen Kogl und Herndl, wo wir links abbiegen, um nach St. Agatha bei Bad Goisern hinunterzuwandern. Von der Kirche spazieren wir nun durch die Ortschaft Reitern zur Hauptstraße in Au.
Der letzte Abschnitt des Salzkammerweges, den man auch im nahen Bad Goisern beginnen könnte, steht unter dem Motto „Welterbe". Wir gehen links einige Schritte neben der Straße dem Hallstätter See entgegen, schwenken kurz vor dem Bahnübergang (Zugang vom Bahnhof Steeg-Gosau) links auf die Arikoglstraße ein und folgen dem Ostufer-Wanderweg. Dieser verläuft zunächst auf der asphaltierten Straße nach Obersee und dann auf einem Weg neben dem Hallstätter See bis zum Wanderwegstüberl (unterhalb der Bahnstation Obersee). Dort wird er zum Pfad und klettert für ein kurzes Stück zum Schienenstrang hinauf. Beim letzten Bahnwärterhaus passieren wir ein Dreh-

Die Goiserer

Auf einen echten Goiserer muss man lange warten. Dafür halten diese nach Maß gefertigten und doppelt genähten Lederschuhe auch 20 Jahre lang – so wie ihre geschmeidigen und mit handgeschmiedeten Nägeln beschlagenen Vorgänger. Ein Goiserer Schuster soll sie erfunden haben, und zwar nach einem Sturz in eine Doline – sein steifes Schuhwerk hatte ihn bei der Rettung eher behindert. Dies kam auch Kaiser Franz Joseph zu Ohren: Der passionierte Jäger erschien bald zum Anmessen in Goisern. Später trugen adelige Jagdgesellschaften ihre Goiserer in aller Welt. Noch heute bewahrt Rudolf Steflitsch-Hackl, der letzte Meister dieser Tradition, das zarte Leistenpaar der Kaiserin Elisabeth auf. Mittlerweile trägt man die „Zwiegenähten" jedoch nicht mehr auf den Bergen, sondern als zeitlos-modisches Accessoire auch in der Großstadt – individuell in Design, Schnitt und Farbe.
Info: www.goiserer.at

kreuz; in der Folge geht's im stetigen Auf und Ab über dem Ufer zum Beginn der Holzstege, wobei sich prachtvolle Blicke nach Hallstatt und zum Dachsteingebirge eröffnen. Unterhalb der großen Eisenbahnbrücke führt eine Hängebrücke nahe der tiefsten Stelle des Hallstätter Sees zur Bahnstation Hallstatt (Schiffsverbindung nach Hallstatt). Wir wandern auf einem breiteren Fahrweg über eine Anhöhe hinter dem Schloss Grub und am ehemaligen Salzhafen vorbei nach Obertraun.

Vorbei am Bahnhof Obertraun-Dachsteinhöhlen gelangt man zum Gemeindeplatz (Tourismusbüro, in der Nähe Gasthof Höllwirt und Café Schober). Ab hier folgen wir dem Themenweg Obertraun, und zwar auf dem „Höll-Karl-Weg" über die Bahnlinie, am Sportplatz vorbei und auf der Köhlerbrücke über die Traun. Links zum nahen Gasthof Dachsteinhof. Ab hier erreicht man in 15 Min. die Talstation der Dachstein-Seilbahnen, die Sie bequem zu den weltberühmten Dachsteinhöhlen und auf den Krippenstein bringen. Der Salzkammerweg folgt jedoch der Traun. Vom Ebnersteg wandern wir in den Koppenwinkel, wobei zwei Karstbäche überschritten werden (Kneippfad). So gelangen wir ins Naturschutzgebiet mit der Koppenwinkellacke (Einkehrmöglichkeit in der Schlömmer-Almhütte). Zuletzt auf der Forststraße zum Gasthaus Koppenrast.

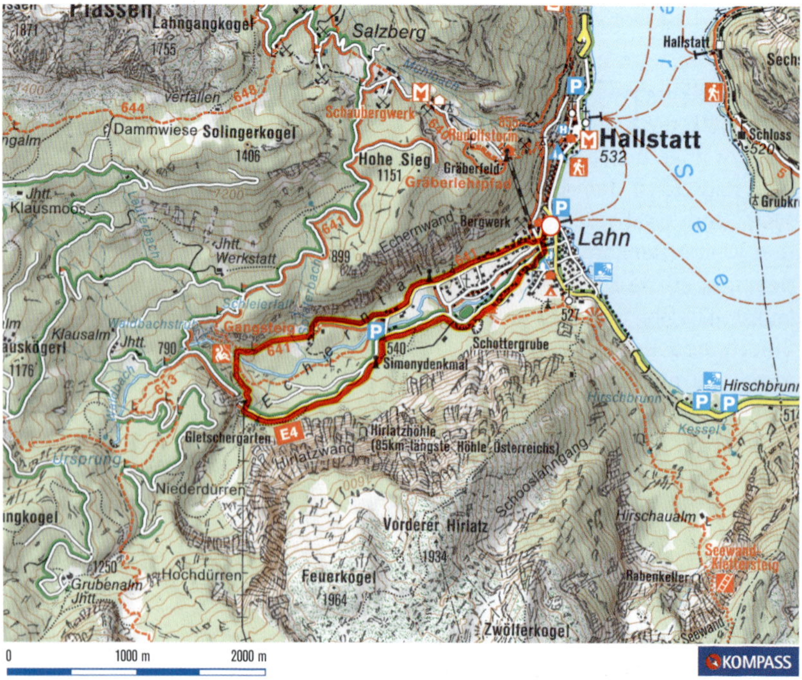

Zum Waldbachstrub
Wasserfälle und Gletschermühlen

Ausgangspunkt: Hallstatt-Lahn, 511 m, Parkplatz beim Busterminal.
Charakter: landschaftlich sehr eindrucksvolle Talwanderung auf breiten Wegen und einem steilen und schmalen, aber gut mit Geländern abgesicherten Steig samt Holztreppe.
Gehzeit: zum Waldbachstrub 1–1,5 h, über den Gletschergarten zurück 1,5 h.
Höhenunterschied: 200 m.
Einkehr: Gasthöfe und Cafés in Hallstatt, Gasthof Hirlatz im Echerntal.

Das von seltsam verformten Riesenwänden begrenzte Echerntal bietet gleich mehrere naturkundliche Sensationen. Wir erreichen es auf einem anfangs fast ebenen Spaziergang – vom Busterminal über die Hauptstraße und auf dem Echerntalweg zur Salinenverwaltung, wo die Salzbergstraße quert. Kurz darauf rechts (Markierung 641) auf den Echerntalweg einschwenken und am Kreuzstein vorbei. Bei der folgenden Abzweigung geradeaus zum einstigen Gasthaus Dachsteinwarte. Geradeaus in den Wald und über die Binderwiese unter dem Schleierfall. Etwas ansteigend zu einer weiteren Wegteilung: nach rechts ansteigen, an der Abzweigung zum Gangsteig vorbei und kurz zum Aussichtsplatz vor den Waldbachstrub-Wasserfällen. Wieder zurück bis zur Abzweigung des Malerweges, der rechts zum Waldbach hinabzieht. Nach der Brücke kurz aufwärts, bis rechts der sehr gut angelegte Steig zum Gletschergarten abzweigt. Er steigt durch den steilen Waldhang an und schlängelt sich dann zwischen Strudellöchern in allen Größen und Formen bis zur Dürrenbachbrücke der asphaltierten Echerntal-Forststraße hinauf. Auf dieser links hinab (und am abseits stehenden Simony-Denkmal vorbei). Vom Parkplatz im Echerntal geradeaus auf der Straße zum Gasthof Hirlatz und nach Lahn hinaus – oder links über den Waldbach und rechts auf dem Echerntalweg zurück.

Brücken-Blick in den Waldbachstrub ...

Der Soleleitungsweg

Eine Pipeline als Weltkulturerbe

Ausgangspunkt: Hallstatt-Lahn, 511 m, Parkplatz beim Busterminal. Kurz zur Talstation der Standseilbahn und Auffahrt auf den Hallstätter Salzberg, 855 m.
Charakter: nicht besonders schwierige Bergab-Wanderung, kurze exponierte Stellen erfordern jedoch Trittsicherheit und Schwindelfreiheit. Führungen durch das Salzbergwerk von Anfang Mai bis Mitte Oktober.
Gehzeit: Salzberg – Gosaumühle 1–1,5 h, nach Steeg 30 Min. (direkter Abstieg nach Hallstatt 45 Min.).
Höhenunterschied: 350 m im Abstieg.
Einkehr: Gasthof Rudolfsturm, Salzbergwerk-Kiosk, Gasthof Gosaumühle.

Ein Besuch der Hallstätter „Salzwelten" gehört zum Salzkammergut-Urlaub wie das Salz zur Suppe. Die spannende Expedition in die Welt der Bergknappen, garniert mit einer lustigen Rutschpartie zum beleuchteten Salzsee und der Ausfahrt mit der Stollenbahn, bietet eine Zeitreise durch 4500 Jahre „Salzgeschichte". Da uns die Standseilbahn die Aufstiegsmühen weitgehend erspart, können wir dann noch ein Weilchen dem Salz folgen: 1595 wurde der Bau jener „Pipeline" begonnen, durch welche die Sole, die Salzlauge aus dem Bergwerk, bis zum heutigen Tag in die 40 km entfernte Ebenseer Saline fließt. Die Rohre wurden mitten durch eine Schlucht verlegt und über den Go-

Hoch über dem uralten Bergwerksort beginnt die „ältesten Pipeline der Welt".

sauzwang, ein kurioses, 43 m hohes Brückenbauwerk auf sieben Pfeilern, geführt. Wer auf diesem „thematischen Weitwanderweg" hoch über dem Hallstätter See dahinwandert, kann das Rauschen in der Soleleitung da und dort sogar hören.

Die Bergstation der Standseilbahn liegt am Beginn des Salzberg-Hochtals: Links führt ein sehr steiler Weg zum nahen Schaubergwerk, rechts geht's um Rudolfsturm hinauf (Traumblick auf Hallstatt). Der Soleleitungsweg (Nr. 601) zieht geradeaus über viele Stufen zum Mühlbach hinunter. Auf gut abgesicherten Treppen und Stegen steigt man durch die Höllschlucht in den steilen Hallstätter Bannwald ab. Rechts gäbe es einen direkten Weg in den Markt hinunter - der Soleleitungsweg führt jedoch sanft abfallend weiter nach Norden durch die Steilflanken der Steingrabenschneid, überquert mehrere Gräben und erreicht schließlich den Gosauzwang, die hohe Brücke über den Gosaubach (davor und danach kann man zur Straße in der Nähe des Gasthofs Gosaumühle absteigen). Der folgende Abschnitt des Soleleitungswegs wurde stellenweise aus den Felsen herausgeschlagen und führt durch die steile Flanke des Ramsauer Gebirges dahin. Kurz vor dem Kraftwerk können wir rechts nach Steeg absteigen. Unten auf der Straße gelangt man rechts zur Schiffsanlegestelle, links - über die Traunbrücke - geht's dagegen zum nahen Bahnhof Steeg-Gosau.

Welterbe Hallstatt

Seit Dezember 1997 ist die Region um den Dachstein und den Hallstätter See in der Liste des UNESCO-Welterbes vertreten. Nach der Begründung des Welterbe-Komitees handelt es sich dabei „um ein außergewöhnliches Beispiel einer Naturlandschaft von einzigartiger Schönheit und besonderer wissenschaftlicher Bedeutung, die auch Zeugnis von der frühen und kontinuierlichen menschlichen, wirtschaftlichen und kulturellen Tätigkeit ablegt".
Damit steht das Innere Salzkammergut in einer Reihe mit 522 Highlights wie den Pyramiden von Giseh, Pompei oder der Großen Mauer von China.
Info: www.hallstatt.net, www.unesco.at

Margschierf, 2080 m

Auf dem Karstlehrpfad durch die Wüste

Ausgangspunkt: Obertraun, Talstation der Dachstein-Seilbahn, 616 m. Auffahrt zum Krippenstein, 2074 m. Rückfahrt von der Gjaidalm ebenfalls mit der Seilbahn.
Charakter: Der breite Karstlehrpfad führt durch eine wahre „Mondlandschaft“; die Pfade über den Margschierf-Rücken und zu den Hirzkarseen sind schmal und führen über zerklüftete Felsen – in jedem Fall nur bei sicherem Wetter gehen!
Gehzeit: Pionierkreuz und retour 45 Min., zum Heilbronner Kreuz 1,5 h, Abstieg zur Gjaidalm 1,5 h (über Hirzkarseen 1,5 h).
Einkehr: Krippenstein Lodge, Schilcherhaus (Gjaidalm).

Im Osten des Hohen Dachsteins breitet sich die 280 km² große, zerklüftete und unwegsame Karsthochfläche „Auf dem Stein“ aus. Mittendrin steht ein einsames Kreuz, das an die Katastrophe des Jahres 1954 erinnert: Damals fanden hier zehn Schüler und drei Lehrer aus dem württembergischen Heilbronn in einem Schneesturm den Tod. Heute führt ein breit ausgeschobener Lehrpfad zum Thema „Karst“ vom Krippenstein herüber – zwischen Felsbuckeln mit seltsamen Versteinerungen, messer-

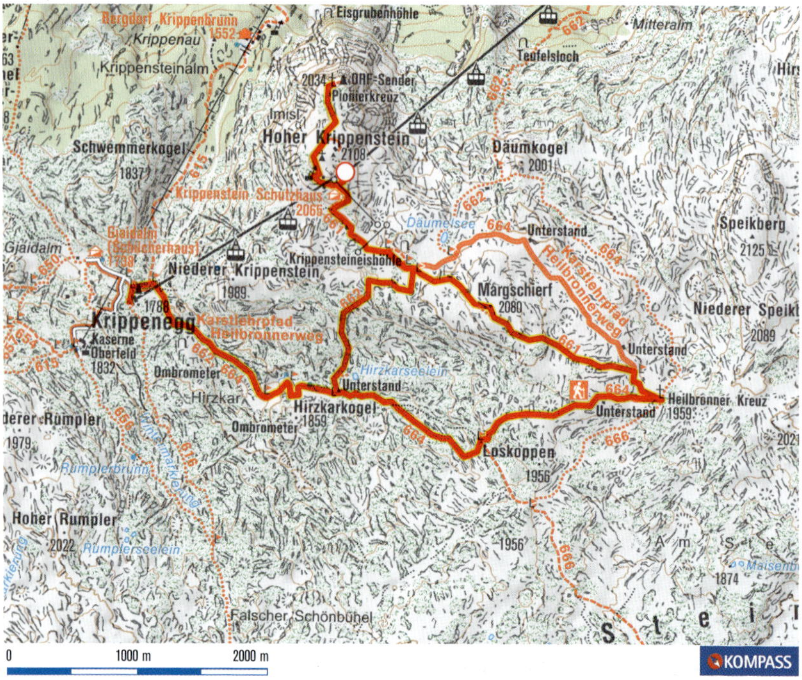

scharfen Karren und geheimnisvollen „Karsttischen“, an denen die Auflösung des Kalks durch das Regenwasser besonders deutlich zu erkennen ist.
Von der Bergstation statten wir zunächst dem Pionierkreuz unter dem Krippenstein-Gipfel einen Besuch ab – der Blick zum Hallstätter See geht atemberaubende 1500 m in die Tiefe! Wieder zurück, dann wandern wir zur Krippenstein Lodge und über die Skipiste in die Senke mit der Liftstation hinunter. Von dort führt der Karstlehrpfad zum Krippenstein-Eiskeller (Höhle) und zu jener Stelle, an der er sich nach links wendet, während rechts zwei Pfade abzweigen. Wir wählen den geradeaus führenden Steig Nr. 661, der über den felsigen Margschierf-Rücken ansteigt (Blick zum Dachstein). Abstieg zum weithin sichtbaren Heilbronner Kreuz. Kurz davor erreichen wir wieder den breiten Karstlehrpfad, dem wir nun nach rechts folgen. Er führt an einer Hütte vorbei und dann steil in eine Mulde hinab. Vorbei an der Einmündung des Pfades Nr. 666 am Loskoppen. Weiter geht's zwischen Latschen und Felsen bergab. Nach der Abzweigung des Pfades zu den drei winzigen Hirzkarseelein (lohnender Abstecher) folgt ein kurzer Anstieg, dann wandern wir in Serpentinen zur verfallenen Hirzkaralm hinunter. Unter den Wänden des Niederen Gjaidsteins zur Seilbahnstation am Krippeneck (zuletzt lohnt sich der kurze Abstecher zum Schilcherhaus auf der Gjaidalm).

Das Kreuz auf der einsamen Hochfläche

Kürzere Variante: Vom Margschierf wieder zurück in die Senke beim Krippenstein-Eiskeller, dort links auf dem Steig Nr. 662 zu den Hirzkarseelein und zum Karstlehrpfad hinab.

Die Dachsteinhöhlen

Mehr als 400 Höhlen wurden im Dachsteingebirge bereits entdeckt. Forscher erkundeten labyrinthartige Gangsysteme mit einer Gesamtlänge von mehreren hundert Kilometern und fast jedes Jahr gelingen neue spektakuläre Vorstöße ins Reich der ewigen Finsternis. Allein in der Mammuthöhle wurden bisher 52 km und eine Vertikaldistanz von 1150 m vermessen. So viel bekommen die Besucher des „Höhlenparks“ auf der Schönbergalm nicht zu sehen – doch die gigantischen Hallen der Mammuthöhle und der kalte Schmuck der Dachstein-Eishöhle ziehen alle in ihren Bann. Sehr interessant ist auch die Koppenbrüllerhöhle unten im Tal der Koppentraun: Sie führt noch Wasser, das sich in einem unterirdischen See sammelt.
Info: www.dachsteinhoehlen.at

Zur Simonyhütte, 2205 m

Dem Hohen Dachstein entgegen

Ausgangspunkt: Obertraun, Talstation der Dachstein-Seilbahn, 616 m (zu Fuß vom Bahnhof ca. 45 Min.). Auffahrt über den Krippenstein zur Gjaidalm, 1788 m. Rükkfahrt von Hallstatt per Schiff bzw. Bahn.
Charakter: hochalpine und landschaftlich einmalige Wanderung ins Gletschervorfeld unter dem Hohen Dachstein. Die Steige sind stellenweise steil und steinig, aber bei trockenen Verhältnissen problemlos. Nicht bei Nebel oder Schnee gehen!
Gehzeit: zur Simonyhütte 2,5–3 h, zur Dachsteinmadonna bzw. zu den Eisseen und retour jeweils 1,5–2 h, Abstieg nach Hallstatt 4 h.
Höhenunterschied: 600 m Aufstieg, 1800 m Abstieg.
Einkehr: Schilcherhaus (Gjaidalm), Simonyhütte, Wiesberghaus.

Dieses hochalpine Hüttenziel erinnert an einen ganz besonderen Erschließer des Dachsteingebirges: Der Geograph Dr. Friedrich Simony (1813–96), ein „Abenteurer im Gelehrtenrock“, erforschte, beschrieb, malte und fotografierte den gesamten Gebirgsstock bis zum letzten Winkel. Er verbrachte als erster Mensch eine Nacht auf dem Hohen Dachstein und besuchte den Gletscher, das nach einem Erzherzog benannte Karls-Eisfeld, sogar im Winter.

Heute erwarten Sie auf gut 2200 m Seehöhe eine gemütliche Bleibe und die Dachsteinkapelle - direkt vor dem Hohen Dachstein und dem Hallstätter Gletscher.

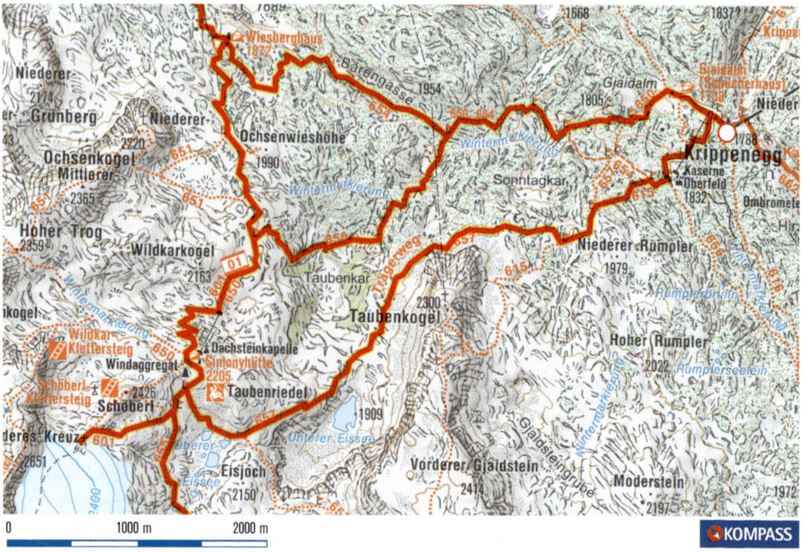

Von der Seilbahnstation Krippeneck nahe der Gjaidalm wandern wir auf den Fahrweg zur Kaserne Oberfeld hinauf. Von dort folgen wir dem Weg Nr. 615 Richtung Taubenkogel. Auf ca. 1960 m Seehöhe zweigt rechts ein Pfad ab, auf dem wir nach dem Wegweiser „Simonyhütte" zu einer Kuppe mit zwei unübersehbaren Eisenstangen unter dem Taubenkogel ansteigen. Dahinter durch den Schutt am Fuße der Wände abwärts, zwischen gewaltigen Steinbrocken um den Berg herum und durch das große Schuttfeld unter seinen Westabstürzen zur Karschwelle im Norden des Unteren Eissees (alte Gletschermarke an einem Stein). Nun nach rechts und im Anstieg durch die gestufte Ostflanke des Taubenriedels ins breite Becken der Oberen Eisseen. Noch ein Stück gegen die Zunge des Hallstätter Gletschers, dann nach rechts und über den Schutthang zur Simonyhütte hinauf. Markierte Steigspuren führen links (östlich) unterhalb des markantfelsigen Schöberls zum westlichen Eisrand des Hallstätter Gletschers und zur „Dachsteinmadonna".

Der Rückweg erfolgt auf dem breitenund anfangs serpentinenreichen „Reitweg" (Nr. 601) – vorbei am „Hotel Simony", einer primitiv vermauerten Halbhöhle – und durch den Auslauf des Wildkars. Von der Abzweigung vor der Ochsenwieshöhe führt rechts der kürzeste Weg (Nr. 650) zur Gjaidalm zurück, und zwar über einen steilen, felsdurchsetzten Hang ins Taubenkar hinab, dann im Auf und Ab zwischen Latschenhügeln und einzelnen Zirben zu einer Wegteilung oberhalb der Kreidgrube und von dort rechts durch kuppiges Gelände zu einer weiteren Abzweigung. Links gelangt man zur nahen Gjaidalm und auf einem Fahrweg zur Seilbahnstation hinauf.

Lohnender ist es jedoch, auf dem „Reitweg" geradeaus und durch eine Mulde zum Wiesberghaus hinabzugehen. Von dort zieht ebenfalls ein sehr schöner Pfad zur Gjaidalm hinüber (Nr. 654). Er führt zunächst in die Bärengasse hinab. Aus diesem mit Zirben bewachsenen Hochtal steigen wir auf eine Anhöhe, wo der oben beschriebene Weg Nr. 650 einmündet.

Man kann vom Wiesberghaus aber auch auf dem „klassischen" Dachsteinweg nach Hallstatt absteigen. Dabei wandert man durch herrliche Lärchen- und Zirbenwälder zum Boden der Wiesalm hinab und durch die Herrengasse zur verschlossenen Tiergartenhütte. Steil geht's unter der Martins- und der Tropfwand abwärts, bis uns beim „Alten Herd" eine Forststraße empfängt. Der markierte Pfad kürzt ihre Kehren bis zum Waldbach ab (links kurzer Abstecher zur Karstquelle des Waldbach-Ursprungs), dann marschieren wir auf der Straße kurz zur Abzweigung bei der Brücke über dem Waldbachstrub (Tiefblick zum Wasserfall). Rechts auf der großteils asphaltierten Fahrbahn ins Echerntal hinunter und wie bei Tour 93 nach Hallstatt-Lahn hinaus.

Ein arktisches Tourenziel: der Hallstätter Gletscher mit dem Hohen Dachstein.

Hochkalmberg, 1833 m

Von Gosau zur Goiserer Hütte

Ausgangspunkt: Gosau, Parkplatz im Ortsteil Ramsau, 760 m (ca. 700 m vor Gosau-Vordertal bei der alten Dorfschmiede – gegenüber der Kfz-Werkstätte – bergwärts bis zum Schranken).
Charakter: landschaftlich sehr lohnende Bergwanderung auf einen herrlichen Aussichtsgipfel; gute, aber stellenweise steile Wege und Pfade.
Gehzeit: zur Iglmoosalm 1,5 h, zur Goiserer Hütte 1–1,5 h, auf den Hochkalmberg 1 h, Abstieg 2,5–3 h.
Höhenunterschied: 1100 m.
Einkehr: Iglmoosalm, Goiserer Hütte.

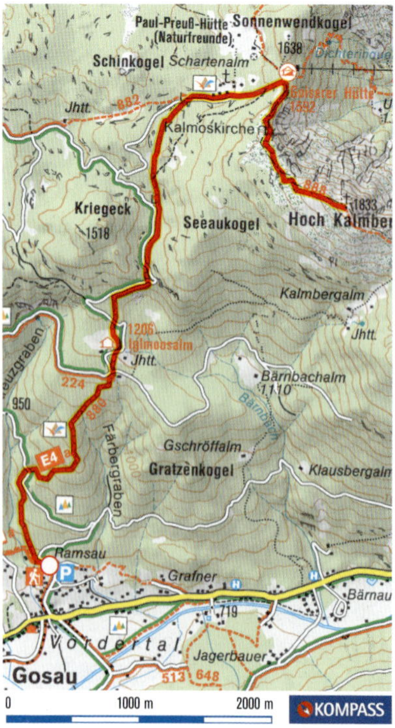

Nach Süden hin zeigt sich das Kalmberg-Massiv von seiner sanften, wald- und latschengrünen Seite. Der Gosauer Zustieg zur Goiserer Hütte ist nicht schwierig und beschenkt Sie schon auf der Iglmoosalm mit einem ersten Prachtblick zum Zackengewirr des Gosaukamms. Dann verschluckt Sie wieder der Wald – aber was für einer: Flechtenbärtige Riesenfichten und überraschende Lichtungen prägen die Mulden unterhalb der Goiserer Hütte. Schließlich geben die obersten Bäume den Platz fürs Dachstein-Panorama frei: Wer zählt die Gipfel vom Traunstein bis zum Tennengebirge?

Vom Parkplatz oberhalb der Gosauer Ramsau wandern wir auf der Forststraße wenige Minuten nach links, bis ein Pfad abzweigt, auf dem wir über dem Kreuzgraben den markierten Waldweg Nr. 880 erreichen. Dieser führt rechts durch dichten Wald zu einer weiteren Forststraße, der wir wenige Schritte nach links folgen. Von einer Kurve rechts wieder auf dem Wanderweg zu einer Forststraßen-Abzweigung, von der wir nach dem Wegweiser zur nahen Iglmoosalm gelangen. Nun steigt unser Pfad wieder steil durch den Wald an und kürzt zwei Straßenkehren ab; dann folgen wir der Forststraße in ein Hochtal hinein. Bald verlassen wir ihre Trasse

nach rechts und marschieren auf dem alten Almweg durch urigen Wald zur Schartenalm und in einen kleinen Sattel hinauf. Links gelangt man mit wenigen Schritten zur Goiserer Hütte.
Rechts vom Sattel zieht dagegen der Gipfelsteig Nr. 888 empor. Wir folgen ihm nach Süden, durchqueren den Hang vor der Kalmoskirche (Höhle) und ersteigen den Hochkalmberg über einen Latschenkamm – vorbei am nachdenklichen Gesicht des „Kalmberg-Indianers", den eine Laune der Natur aus dem gebankte Gipfelgestein herausmodelliert hat.
Abstieg auf der gleichen Route.

Goiserer Hütte (oben) & „Gipfel-Indianer" (unten)

Die Gosau

Eine Landschaft zum Verlieben: Mitten im Wald, harmonisch eingefügt zwischen dem Dachsteinmassiv und dem viel gezackten Gosaukamm, liegt der Ort Gosau. Leicht war das Leben im Hochtal der „Gosach" nie: Man lebte mehr schlecht als recht von der Landwirtschaft, verdingte sich beim Salzbergbau oder als Holzknecht – und suchte wirtschaftliche Nischen. Die feinen Sandsteinschichten im Gebiet um das Löckenmoos eigneten sich beispielsweise hervorragend zur Herstellung von Wetz- und Schleifsteinen, die man zum Schärfen von Messern und Sensen benötigte. Schon aus dem Jahre 1563 sind acht Steindrechsler überliefert; 1835 erzeugten 13 Arbeiter pro Jahr 90.000 kg der begehrten Ware. Auf dem beschilderten Themenweg „Wildnis & Bauernland", der rund um den Ort führt, erfährt man viel über dieses Gewerbe (Start beim Tourismusbüro, Gehzeit ca. 2 h). Auch die Schleifsteinbrüche bestehen noch, man erreicht sie zu Fuß von den Ortsteilen Mitter- oder Hintertal auf markierten Wegen in etwa 2 h.
Info: www.oberoesterreich.at/gosau

Zwieselalmhöhe, 1587 m

Herrlicher Herrenweg

Ausgangspunkt: Talstation der Gosaukamm-Seilbahn am Vorderen Gosausee, 937 m. Zufahrt von Gosau mit dem Bus. Auffahrt zur Bergstation, 1485 m (zu Fuß 1,5 h).
Charakter: einfache Bergwanderung auf problemlosen, aber stellenweise schmalen und steilen Pfaden, kurz auch auf der Forststraße.
Gehzeit: zur Zwieselalm 1 h; Abstieg nach Gosau 2 h.
Höhenunterschied: 50 m Aufstieg und 850 m Abstieg.
Einkehr: Gablonzer Hütte, Breiningalm, Zwieselalm, eventuell Edtalm.

Zu Fuß oder in der Seilbahn – das ist die Frage, wenn man den Gosaukamm aus der Nähe betrachten möchte. Dieses Mal erliegen wir der Versuchung der Gondeln, denn auch der weitere Weg steht in der Tradition der Bequemlichkeit: Auf ihm ließen sich einst betuchte Gäste im Tragsessel auf die Zwieselalm hieven.

Die Gablonzer Hütte über der Gosau

Von der Seilbahn-Bergstation wandern wir auf dem breiten Weg zur nahen Gablonzer Hütte. Von dort geht's zunächst nach rechts Richtung Gosau, unter dem Skilift durch und zu einer Abzweigung: geradeaus, gleich darauf links abbiegen und vorbei an der Sonnenalm auf die aussichtsreiche Zwieselalmhöhe (Liftstationen). Jenseits wieder bergab (man könnte die Anhöhe auch links umgehen) und rechts steil zur Zwieselalm. Hier nach rechts, am vorderen Ende der Wiese links abzweigen und auf dem steilen Waldweg Nr. 622 zur Einmündung des Herrenweges (Markierung Nr. 611), der direkt von der Gablonzer Hütte herabführt. Auf diesem links zum nahen Edtalmgatterl: Der Herrenweg zieht rechts durch den Waldhang (Skilift) zu einer Forststraße hinab. Dieser folgen wir nach links zur Falmbergalm. Kurz nach der folgenden Wegteilung zweigt der Herrenweg links ab, zieht flach durch das Skigebiet unter dem Hornspitz und erreicht danach wieder die Forststraße, auf der wir weiter abwärts gehen. Die Abzweigung nach Gosau-Mittertal bleibt unbeachtet, doch nach dem Vorderen Glaselbach biegen auch wir rechts ab und wandern zum Kalvarienberg hinunter. Rechts über die Stiege zur Dorfstraße und auf dieser links ins Zentrum von Gosau-Vordertal. Nach dem Friedhof rechts zur Schule, zur Hauptstraße hinab (Bushaltestelle).

Gosau mit seinem Zackenkamm

SALZKAMMERGUT

Rund um den Gosaukamm

Dolomitenzauber im Salzkammergut

Ausgangspunkt: Talstation der Gosaukamm-Seilbahn am Vorderen Gosausee, 937 m. Auffahrt zur Bergstation, 1485 m (zu Fuß 1,5 h).
Charakter: landschaftlich einmalig schöne Zweitagetour um eine wild zerklüftete Gebirgsgruppe; gut angelegte, aber stellenweise felsige und ausgesetzte Pfade (einige kurze Passagen sind gesichert).
Gehzeit: zur Stuhlalm 2 h, zur Hofpürglhütte 2 h, über den Steiglpass zum Gosausee 4 h.
Höhenunterschied: 700 m Aufstieg, 1100 m Abstieg.
Einkehr: Gablonzer Hütte, Stuhlalm, Theodor-Körner-Hütte, Hofpürglhütte.

Die Umrundung des Gosaukammes ist ein „Klassiker" unter den alpinen Höhenwegen. Sanftes und Schroffes sind hier oft nur einen Steinwurf voneinander entfernt. Den wohl schönsten Platz dieser Tour erreicht man auf dem Steiglpass, wo man der markant geformten Bischofsmütze schon recht nahe kommt. Seit 1993 ist der höchste Berg des Gosaukammes um große Teile seiner Süd- und Ostwand ärmer – die gelbe Abbruchfläche, die an diesen Jahrhundert-Bergsturz erinnert, schickt immer noch Steinschlagsalven in die Tiefe. Wir wandern zunächst von der Seilbahnstation zur nahen Gablonzer Hütte und weiter zur Wegteilung im Unteren Törlecksattel. Auf dem rechts abwärts führenden Austriaweg durch felsdurchsetzte Grashänge und ein Waldstück zur Sulzkaralm (die nahe Theodor-Körner-Hütte ist im Wald versteckt). Über den Grasrücken oberhalb der Alm (Mooseben) ins latschenbewachsene Grubach unter dem Stuhlloch und durch eine schmale, mit Holzstufen und Stahlseil gangbar gemachte Schlucht („Durchgang") ins Jöchl hinauf. Dann fast eben unter den felsigen Ausläufern der Bischofsmütze (Stahlseile) zum Mahdalmriegel, dort nach links und durch die weiten Gras- und Geröllhänge oberhalb der Sulzkar- und der Retteneggalm zur schon weithin sichtbaren Hofpürglhütte.

Weiter auf dem Linzer Weg (Nr. 612 bzw. 601) in den gewaltigen Schuttkessel unter der Bischofsmütze.

Die Große Bischofsmütze

Dort links abzweigen, durch den Hang zum Wandfuß und über ausgesetzte, aber mit Stahlseilen gesicherte Felsbänder in den Steiglpass. Auf der Nordseite führt der Steiglweg durch gestuftes Karstgelände ins felsige Hochtal zwischen der Großwand und der Kopfwand hinab. Durch die Eisgrube ins von Latschen bewachsene Ahornkar und – unter dem Weitgries vorbei – zur Hinteren Scharwandalm (Gedenkstätte). Über einen steileren Waldhang gelangen wir zu einer historischen Jagdhütte und durch den Auslauf der schutterfüllten Gamsriese zur darunter gelegenen Scharwandhütte. Auf der geneigten Waldrampe über der Vorderen Scharwand abwärts, bei der folgenden Wegteilung nach rechts und durch das Schuttfeld unterhalb des Strichkogels zur Seeklausalm am Vorderen Gosausee. Rechts über die Staumauer zum Gasthof bzw. zur Talstation der Seilbahn.

Von den Gosauseen zur Adamekhütte

Der Dachstein als Kalendermotiv

Ausgangspunkt: Gasthof Gosausee am Vorderen Gosausee, 937 m.
Charakter: im ersten Abschnitt eine einfache Wanderung entlang der Gosauseen, dann folgt ein steilerer Hüttenanstieg bis ins Gletschervorfeld.
Gehzeit: vom Vorderen zum Hinteren Gosausee 1,5–2 h,
Aufstieg zur Adamekhütte 3,5 h,
Abstieg 3–3,5 h.
Höhenunterschied: 1250 m.
Einkehr: Holzmeisteralm (Hintere Gosauseealm), Adamekhütte.

Die nach einem verdienten Alpenvereinsfunktionär benannte Adamekhütte steht an einem der schönsten Plätze im Dachsteingebirge: Gleich dahinter streckt der Große Gosaugletscher seine Zunge heraus, umrahmt vom Hohen Kreuz, dem Niederen und dem Hohen Dachstein, dem Mitterspitz und der Schneebergwand, einem Vorbau des mächtigen Torsteins. 1879 entstand ihr Vorgängerbau, die weiter unten gelegene und heute verfallene Grobgesteinhütte. 1905 eröffnete man dann das heutige Schutzhaus, das seit seiner Generalsanie-

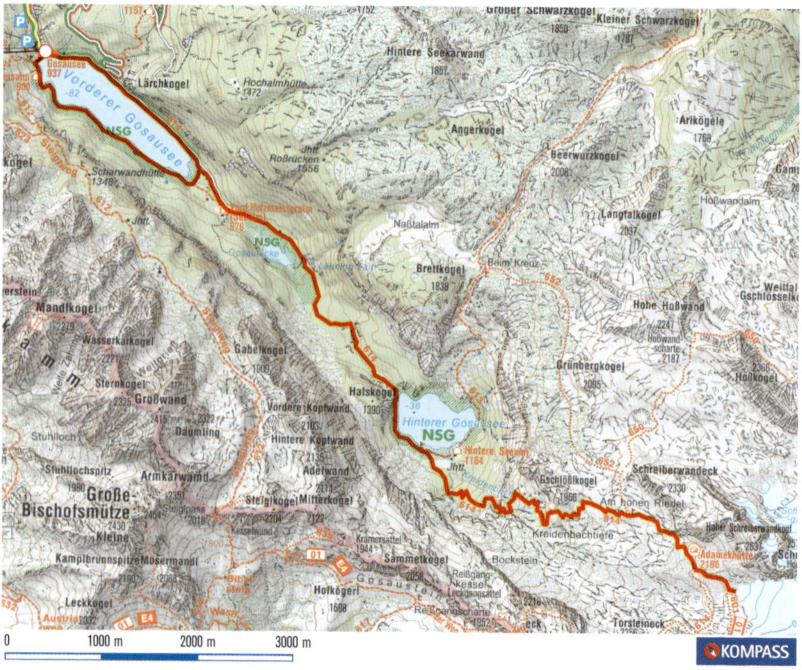

Die Abendsonne verzaubert den Hohen Dachstein und die Mitterspitze.

rung als eine der modernsten Hütten Österreichs gilt.
Vom Gasthof am Vorderen Gosausee wandern wir am besten rechts über die Staumauer, links zur Seeklausalm und zum hinteren Bereich des Sees. Weiter taleinwärts zur Niederen Holzmeisteralm und zur nur periodisch gefüllten Gosaulacke. Unterhalb des Launigg-Wasserfalls steigt der Forstweg zum Luegbichl an. Durch einen Waldgraben zum Hinteren Gosausee. Bei der Wegteilung an seinem Südufer rechts auf dem Steig Nr. 614 Richtung Adamekhütte zum Niederen Bärenstaffel hinauf. Neben einem Graben zu einer Steilstufe, die der Pfad in vielen Serpentinen überwindet. Vorbei an der Ruine der Grobgesteinhütte und über einen Latschenhang erreicht man den „Hohen Riedel", wo sich der Weg teilt: Wir gehen geradeaus durch das Karstgelände auf die Schreiberwand zu und in Kehren zur Adamekhütte hinauf. Von dort erreicht man den Eisrand des Großen Gosaugletschers auf einem Pfad durch Moränenschutt.
Zurück geht's auf der gleichen Route, wobei man zuletzt auch rechts am Vorderen Gosausee entlanggehen kann.

Radtouren
mit Bahn und Schiff

Unterwegs im Attergau. Kleines Foto: ein ungewöhnliches Bikeziel in Ampflwang.

Rund um die Donauschlinge

Donau, drah di!

Ausgangspunkt: Aschach an der Donau, Bahnhof, 268 m. Eventuell Rückfahrt von Schlögen per Schiff.
Charakter: im ersten Teil hügelige, im zweiten ebene Radwanderstrecke, durchwegs asphaltiert und landschaftlich einmalig schön.
Strecke: nach Haibach ob der Donau 12 km, nach Schlögen 6 km. Auf dem Donauradweg nach Aschach an der Donau 26 km. Abkürzung: von Haibach nordwärts direkt zum Donauradweg hinunter und nach Aschach 20 km.
Wanderung: zum Aussichtspunkt über der Schlögener Schlinge und retour ca. 20 Min.
Höhenunterschied: Radtour ca. 500 m, Wanderung 50 m.
Einkehr: Gasthöfe in den Orten, am Donauradweg in Inzell, Kobling und gegenüber von Untermühl.

Vom Aschacher Bahnhof radeln wir zum Aufwärmen in den westlichen Nachbarort Hartkirchen, wo wir rechts abbiegen und auf der Bezirksstraße 1216 nordwärts nach Haizing fahren. Hier beginnt der Sauwald, wo es kräftig in die Pedale treten heißt. Über die Streusiedlungen Hart und Lacken radeln wir ins schattige Mußbachtal hinein, queren Wiesen und erreichen so einen Höhenzug über dem Tal, der uns einen ersten imposanten Blick ins Durchbruchstal der Donau gewährt. Da kommt Vorfreude auf, sodass die restliche Steigung bis Haibach rasch überwunden ist. Gleich nach der Kirche weist uns ein Pfeil nach links zum Ausblick über die Schlögener Schlinge. Auf einem asphaltierten Güterweg sausen wir in einen Graben, schwitzen jenseits nach Pühret hinauf und halten uns bei der nächsten Abzweigung vor einem Bio-Hof wieder nach links. Bald zweigt rechts der Wanderweg zum Donaublick ab:

ein absolutes Muss, und wer nicht gerade mit dem Rennrad unterwegs ist, kann bis auf die letzten paar Abstiegsmeter hinzuradeln. Den Blick vom eingezäunten Felsen zur 300 m tief eingeschnittenen Donauschlinge kann man nicht beschreiben! Die Geologen meinen, dass der Fluss früher auf einer höher gelegenen Schotterschicht dahinmäandriert sei und sich eingetieft habe. Als er schließlich auf hartes Granitgestein stieß, konnte

Der beste Aussichtspunkt über dem Naturwunder Donauschlinge

er die gewählte Fließrichtung nicht mehr ändern. Der Schotter wurde nach und nach abgetragen, doch die seltsame Schlinge blieb als einmaliges Naturwunder Oberösterreichs.

Über die Schlögenleiten sausen wir nun zur Nibelungenstraße und auf dieser rechts nach Schlögen zur Donau hinab. Hier erreichen wir den Donauradweg, der uns rechts in flotter Fahrt durch den engsten und urtümlichsten Donau-Abschnitt unseres Landes leitet. Wir pedalieren durch die gesamte Schlinge und an den gegenüberliegenden Orten Ober- und Untermühl vorbei. Bald spiegelt sich die imposante Burg Neuhaus in Sumpfteichen neben dem Strom. Nachdem wir das Kraftwerk Aschach passiert haben, kommen wir wieder in den freundlichen Donaumarkt und damit zu unserem Ausgangspunkt zurück.

Erlebnis Donauleiten

Eine direkte Bootsverbindung über die Donau und eine „Längsfähre" zwischen Au und Grafenau ermöglichen ab Schlögen zwei interessante Wanderungen am Nordufer der Donau. Die kürzere davon führt zur Ruine Haichenbach, dem so genannten Kerschbaumerschlössl, das auf dem Felssporn direkt über dem „Nadelöhr" des Stromes steht. Das alte Gemäuer wurde restauriert und mit einer Metalltreppe versehen; von der Turmplattform genießt man eine prachtvolle Sicht auf beide Äste der Donauschlinge (Aufstieg ca. 45 Min., Abstieg 30 Min.).

Das zweite Wanderziel ist ein sehr attraktiver Naturlehrpfad durch die steile und felsige Donauleiten, die mit Eisenstiegen, Stegen und Seilgeländern zugänglich gemacht wurde. Im Auf und Ab wandert man in etwa 2 h durch einen der schönsten Talabschnitte der Donau.

Der Kleinen Mühl entlang

Ohne Müh durchs „Mugelland"

Ausgangspunkt: Ottensheim, 270 m, Bahnhof. Mit der Mühlkreisbahn (Linie 14 b) nach Rohrbach, 605 m.
Charakter: einfache Radwanderung, großteils auf nur mäßig stark befahrenen Straßen und asphaltierten Radwegen.
Strecke: nach Obermühl 16 km, auf dem Donauradweg bis Ottensheim 35 km (kürzere Variante bis Eferding 27 km).
Höhenunterschied: wenige kurze Anstiege, 350 m Abfahrt und ein langer flacher Abschnitt.
Einkehr: Gasthöfe in allen Orten und am Donauradweg.

Natürlich gibt es viele Mühlen im Mühlviertel. Seinen Namen hat das Land nördlich der Donau aber nicht von ihnen – und auch nur indirekt von seinen drei Flüssen, die „Mühl" heißen. Ein Blick ins benachbarte Bayern hilft Etymologen auf die Spur, denn die Quellbäche der Großen Mühl sind dort als Großer und Kleiner Michelbach bekannt. Der „Michel" blickt auf die gleiche alt- und mittelhochdeutsche Wortwurzel wie der „Mugel", den das Wörterbuch zur oberösterreichischen Volksmundart als Hügel oder kleine Anhöhe definiert. Und davon gibt es im „Michelland" – so hieß das Mühlviertel früher tatsächlich – wirklich mehr als genug!
Hügel und Radfahren? Doch, doch, man muss nur mit der Bahn hinauffahren und dann die richtige Strecke wählen. Eine ganz besonders schöne beginnt in der Bezirksstadt Rohrbach: Zunächst radelt man vom Bahnhof ins Stadtzentrum mit der Dreifaltigkeitssäule und zweigt dort rechts, nach Südosten Richtung Sarleinsbach ab. Hinter der Umfahrungsstraße verlangt Ihnen die Anhöhe von Lanzersdorf die einzigen Bergauf-Schweißtropfen ab. Dann geht's fast nur mehr talwärts oder eben dahin. Unterwegs sehen Sie das Schloss Götzendorf, das alte Gasthaus in Sprinzenstein, die grünen Auen der Kleinen Mühl, die Ortstafeln eines Dorfes namens Hühnergeschrei, eine Riesenbrücke über das Tal, alte Mühlen und E-Werke, die alte Papierfabrik bei Obermühl, den Donau-Bootshafen und den Getreidespeicher aus dem Jahre 1618.
Nun haben Sie bereits 240 Höhenmeter hinter und die Überfahrt mit der Donaufähre vor sich. Am jenseitigen Ufer mischen Sie sich unter die Donauradwegfans und strampeln neben dem Strom talaus – „abwärts" wäre übertrieben, den bis zum Kraftwerk Aschach zeigt sich die Donau als stiller Stausee. Über dem jenseitigen Ufer erscheint die Burg Neuhaus bei Untermühl. Unterhalb davon ist übrigens der Kettenturm zu sehen, der einst – sehr zum Leidwesen der Schiffsleut' – der Arbeitsplatz räuberischer Ritter

Biken im Bierland – im Mühlviertel reift das Rohmaterial für edlen Pilsgeschmack.

war. Am Ende des romantischen Durchbruchstals empfängt Sie der Markt Aschach mit seinen hübschen Bürgerhäusern. Über dem anderen Donauufer steht das Faustschlössl, in dem der sagenhafte Arzt (er lebte um 1480–1540) wüst mit dem Teufel gehaust haben soll. Hier müssen Sie nun entscheiden, ob Sie nun links oder rechts der Donau durch schattigen Auwald und zwischen fruchtbaren Feldern weiterradeln: Links finden Sie einen Badesee und die kleine, aber sehr sehenswerte Kirche von Pesenbach, rechts können Sie einen Abstecher ins historische Städtchen Eferding „anhängen".

Ein Tipp für alle, die schon von Linz mit der Bahn nach Ottensheim angereist sind: Man kann im Bahnhof Eferding in die gleichnamige elektrische Bahn einsteigen und sich durch das grüne „Gemüseparadies" des Eferdinger Landls „zurückschaukeln" lassen.

Dreiländertour im Böhmerwald

Böhmisch-bayerisches Bikevergnügen

Ausgangspunkt: Aigen-Schlägl, Bahnhof, 600 m. Zufahrt von Linz-Urfahr (Mühlkreisbahnhof) mit der Mühlkreisbahn.
Charakter: Für diese 114 km lange Radtour muss man mindestens zwei Tage einkalkulieren; sie lässt sich jedoch via Ulrichsberg in zwei kürzere Runden „zerlegen". Man fährt weitgehend auf Schotterfahrbahn oder grobem Asphalt – also nur für Trekkingräder oder Mountainbikes geeignet. Achtung: Grenzübertritte sind nur an den offiziellen Übergängen erlaubt – gültigen Reisepass mitnehmen!
Strecke: Aigen-Schlägl – St. Oswald – Sonnenwald 21 km, über Zadní Zvonková und mit dem Abstecher zum Plöckensteiner See nach Haidmühle 45 km, über Frauenberg nach Schwarzenberg 17 km, über Schöneben (mit Abstecher zum Aussichtsturm Moldaublick) nach Aigen-Schlägl 31 km.
Wanderung: vom Plöckensteiner See zum Stifter-Obelisken und zurück 1 h.
Höhenunterschied: Die Radtour hält zwei lange sowie einige kurze Anstiege und Abfahrten bereit; insgesamt ca. 800 m. Wanderung ca. 200 m.
Einkehr: Gasthäuser bzw. Gasthöfe in allen Orten am Weg.

Das ist der kleinste gemeinsame Nenner für Grenzübertritte nach Südböhmen: 1. April bis 31. Oktober, täglich 8–18 Uhr. Da und dort kann man auch früher oder später ins Nachbarland wechseln, aber statt die uneinheitlichen Übertrittszeiten zu studieren, sollte man gleich vom Bahnhof Aigen-Schlägl nach St. Oswald und weiter zur tschechischen Grenze hinaufstrampeln. Dahinter treffen Sie auf ein technisches Wunder, das Sie nun 44 km und mit kaum merklichen 0,2% Steigung begleiten wird: den Schwarzenbergischen Schwemmkanal (Näheres siehe bei den Touren 2 und 3).
Auf dem Rosenhügel (Koranda), der Wasserscheide des Böhmerwaldes, zweigen Sie auf die linke Schotterstraße ab – so kommen Sie wieder über die Grenze nach Österreich. Dort folgen Sie der streckenweise kaum mehr erkennbaren Schwemmkanalrinne oberhalb der „Bayerischen Au", queren eine Asphaltstraße und radeln auf der schier endlos langen Schotterfahrbahn der Schwemmkanalstraße – vorbei an der renovierten Schrollenbachschleuse – nach Sonnenwald.
Dort beginnt wieder der Asphalt. Nach 1,5 km biegen Sie rechts zur Grenzstelle ab und fahren zur Kirche von Zadní Zvonková (Vorderglöckelberg), wo Sie den Schmemmkanal wieder erreichen. Links abzweigen, dann geht's auf der groben Asphaltstraße oberhalb des Moldau-Stausees in den Nationalpark Sumava hinein. „Die Rauschende" heißt der riesige Böhmerwald auf Tschechisch. Beim Roßbachviadukt zweigt links eine Straße zur nahen Jausenstation und

Der einzigartige Schwemmkanal-Tunnel in Hirschbergen

zur Grenzstelle Richtung Holzschlag/Ulrichsberg ab – auf dieser Route ließe sich die Tour um die Hälfte abkürzen. Geradeaus radeln Sie dagegen eben zur Rosenauerkapelle und nach Jelení (Hirschbergen), wo der Kanal durch einen Tunnel geleitet wurde. Es lohnt sich, bald danach links abzuzweigen und etwa 4 km zum Plöckensteinersee hinaufzuradeln. Von seinem Ufer bietet sich eine Wanderung zum 15 m hohen, schon von unten gut sichtbaren Stifter-Obelisken an – der gelb markierte Weg dorthin ist steil und steinig, der Ausblick von oben jedoch unbeschreiblich schön!

Die Schwemmkanalstraße führt dagegen weiter auf gleicher Höhe bis zur allerersten Klause, dem „Lichtwasser"; hier steht ein Denkmal zu Ehren des Kanal-Erbauers Joseph Rosenauer. Nun geht's ins Tal der Kalten Moldau hinab. Im einstigen Ort Nové Udolí (Neutal), wo eine Bahnlinie endet, biegen Sie links ab und fahren links über die tschechisch-bayerische Grenze nach Haidmühle hinauf. Hier sollten Sie übernachten – es gibt etliche Hotels, Pensionen und Gasthöfe.

Der zweite Tourenteil beginnt auf der Asphaltstraße oder auf dem „Adalbert-Stifter-Geh- und -Radweg" Richtung Altreichenau. Achtung: In Frauenberg zweigen Sie links auf eine Seitenstraße zur Frauenberger Forststub'n ab, fahren nach 120 m links hinauf und schwenken nach dem Gasthaus zum Dreisesselberg rechts auf die „Ewigkeitsstraße" ein. Diese Schottertrasse führt Sie – bei einer Abzweigung rechts halten! – durch den Pleckensteinerwald zum Rosenberger Gut und in den Tourismusort Lackenhäuser hinab.

Ein letztes Mal radeln Sie über die Grenze, diesmal in den Mühlviertler Ort Schwarzenberg. Links beginnt hier der beschilderte Böhmerwald-Radweg, der über Holzschlag (Hochficht-Skigebiet) nach Schöneben führt. Versäumen Sie keinesfalls den Abstecher zur Aussichtswarte Moldaublick samt Waldschauhaus und Jausenstation! Über Grünwald biken Sie schließlich wieder auf einer Asphaltstraße zur Stifter-Jugendherberge – dann wird die Tour mit einem kurvigen Downhill durch den Waldhang zum Stift Schlägl gekrönt.

Brucknerorgel und Römerlager

Kulturradeln im Zentralraum

Ausgangspunkt: Linz-Urfahr, Nibelungen- oder Eisenbahnbrücke, 259 m. Zufahrt mit der Westbahn bis Linz-Hauptbahnhof, von dort Rad-Beschilderung durch das Stadtgebiet. Rückfahrt von Enns mit der Westbahn. Wer mit dem Auto anreist, parkt am besten am Pleschinger See östlich von Urfahr.
Charakter: einfache Radwanderung, großteils auf nur mäßig stark befahrenen Straßen und asphaltierten Radwegen.
Strecke: Linz-Urfahr – St. Florian 29 km, weiter nach Enns 10 km, über Mauthausen (Radfähre) nach Linz.
Wanderung: Stadtrundgang auf dem Themenweg Enns 1–2 h.
Höhenunterschied: gering.
Einkehr: in allen größeren Orten am Weg.

Südöstlich von Linz liegen zwei der bedeutendsten und bekanntesten Orte Oberösterreichs: St. Florian und Enns. Mit dem Rad können wir sie direkt vom Zentrum der Landeshauptstadt anpeilen - und zwar am besten auf dem Donau-Radweg, dem wir, anfangs meist von zahlreichen Spaziergängern, Skatern, Joggern begleitet, flussabwärts folgen. Bald verführt ein Wegweiser links zu einem Bad im Pleschinger See (oder zur ersten Stärkung). Am jenseitigen Donauufer raucht die Industrie, links erhebt sich der bewaldete Pfenningberg. Wir fahren unter der Steyregger Brücke durch und erreichen bald die Abzweigung in die kleine Stadt Steyregg, die zum nächsten Abstecher lockt. Der Donau-Radweg führt dagegen zum Kraftwerk Asten-Abwinden, auf dem wir den Strom überqueren. Drüben mündet der Traun-Radweg ein - wir radeln allerdings geradeaus „landeinwärts“, biegen nach 1,5 km rechts ab und gelangen neben der Westbahn zum Bahnhof Asten-St. Florian und zum Pichlinger See: Rastpunkt Nr. 3!
Links zur Bundesstraße 1, der wir ganz kurz nach rechts (Richtung Linz) folgen. Dann zweigen wir wieder links ab, fahren unter der Autobahn durch und über die Schienen der Florianerbahn zu den Bauernhöfen in Bruck bei Tödling. Über Traunleiten geht's zur alten Glockengießerei und ins Tal des Ipfbaches hinein. Wir sehen bereits die Türme des barocken Augustiner-Chorherren-Stiftes St. Florian und folgen den Schildern des Anton-Bruckner-Radweges dorthin. Der große österreichische Symphoniker (1824–96) wurde im nahen Ansfelden geboren, war Sängerknabe in St. Florian und wirkte dort als Lehrer bzw. Organist. Er ist genau unter der großen Orgel der Stiftskirche begraben.
Der zweite Teil dieser Tour führt uns in eine noch weiter zurückliegende Vergangenheit: in die Zeit der Römer. Wir fahren zur Glo-

ckengießerei zurück, biegen dort jedoch rechts ab und folgen den Schildern des Bruckner-Radweges zum Museumsbauernhof in Samesleiten. Bei der folgenden Kreuzung geradeaus, über den Kristeinbach und zur Bezirksstraße 1401. Auf dieser wenige Meter nach rechts, dann scharf links abbiegen und unter der Autobahn durch zum Stadtrand von Enns, wo wir links nach Lorch abzweigen.

Dort finden wir nicht nur den Bahnhof Enns, sondern auch die Basilika St. Laurenz. Hier befand sich seit dem 2. Jahrhundert das große Römerlager Lauriacum; die daneben gelegene Zivilsiedlung erhielt im Jahre 212 das Stadtrecht und war zeitweise sogar Sitz des norischen Statthalters. Das Martyrium des heiligen Florianus, der mit einem Mühlstein um den Hals in die Enns gestürzt wurde, bezeugt die Existenz der frühchristlichen Religion in diesem Gebiet. Nach dem Ende der Christenverfolgung entstand hier eine erste Kirche; Lauriacum wurde zum Bischofssitz. Hier beginnt auch ein Rundgang mit 25 beschilderten Stationen unter dem Motto „Vom Römerlager zur Handelsstadt“. Er leitet uns durch das historische Enns, das 1212 zum zweiten Mal zur Stadt erhoben wurde. Die Route führt zum Schloss auf dem Georgenberg, zur gotischen Stadtpfarrkirche und natürlich über den Stadtplatz mit dem Museum Lauriacum und dem 60 m hohen Stadtturm. Der Rundblick von seiner Galerie lohnt das Hinaufsteigen allemal!

Der Donauradweg führt auch nach Enns.

Geheimnisse an der Gusen

Berglitzl und Ruine Spielberg

Ausgangspunkt: Linz-Urfahr, Ortsteil Katzbach an der Freistädter Straße im Osten des Stadtgebiets, 261 m.
Charakter: einfache Radwanderung auf verhältnismäßig wenig befahrenen Straßen bzw. Radwegen; eine längere und einige kurze Steigungsstrecken.
Strecke: Katzbach – St. Georgen an der Gusen 25 km, Abstecher zur Berglitzl und zur Ruine Spielberg hin und zurück ca. 6 bzw. 8 km, auf dem Donauradweg retour 18 km.
Wanderung: nur jeweils 10 Min. Fußweg zu den beiden Abstecher-Zielen.
Höhenunterschied: ca. 250 m.
Einkehr: Gasthöfe in den Orten.

Diese Radrunde in der Nähe der Landeshauptstadt führt nicht nur durch die idyllische Landschaft des unteren Mühlviertels, sondern auch zu einigen kaum bekannten und geheimnisvollen Kulturstätten. Wir radeln von der Abzweigung der B 125 nach Gallneukirchen kurz Richtung Plesching/Steyregg, zweigen nach der Brücke links auf die alte Treffllinger Straße ab und bringen den steilen Anstieg nach Außertreffling hinter uns. Oben wird es flacher und wir gelangen zur Straße von Mittertreffling nach Katzbach, der wir rechts bis zur Ortschaft Haid hinabfolgen. Dort links zur Autobahn – direkt davor erreichen wir den beschilderten Gusental-Radweg, auf dem wir im Auf und Ab nach Katsdorf pedalieren. Durch das romantische Gusental geht's nach St. Georgen an der Gusen weiter. Bevor wir rechts zum Donauradweg fahren, empfiehlt sich ein Abstecher links auf der B 3, die durch die Ortschaft Gusen führt. Südlich von Langenstein und der Umfahrungsstraße findet man, umgeben von herrlichem Auwald (bitte dort nicht radeln), die Burgruine Spielberg. Sie lag einst am rechten Donauufer (das heutige, etwa 20 Gehminuten entfernte Bett bahnte sich der Fluss erst 1796). Nicht weit davon entfernt erhebt sich ein 14 m hoher Hügel aus der Ebene: die

Berglitzl. Archäologen gruben hier einen bis zu 7000 Jahre alten Kultplatz aus – Spuren von Skelettresten deuten auf Menschenopfer, vielleicht

Ein verstecktes Ausflugsziel: die Berglitzl.

sogar auf kultischen Kanibalismus hin. Zufahrt: von Gusen auf einem ca. 800 m langen Güterweg nach Süden zum Bauernhof neben dem Hügel.

Das letzte Stück unserer Tour absolvieren wir auf dem Donauradweg, in einigem Abstand zur gotischen Klosterkapelle von Pulgarn und dem Städtchen Steyregg, zwei weiteren lohnenden Ausflugszielen. Die Donau, ihr Auwald und die Industrieanlagen am jenseitigen Ufer begleiten uns bis zur Abzweigung zum Pleschinger See, der letzten Station vor dem Ausgangspunkt.

Die Flehluck'n

Erdställe gehören zu den geheimnisvollsten Gebilden unseres Landes. Es handelt sich dabei um künstlich geschaffene Höhlen mit engen, gewundenen Gängen, deren Eingänge sich in Schluchten, in Kellern von Bauernhöfen oder sogar unter Kirchen befinden. Der Zweck dieser seltsamen Bauten, die in vielen Teilen Europas gefunden wurden, ist ungewiss: Für Verstecke oder Keller sind sie meist viel zu klein; manche meinen, sie seien als Wohnstätten der Geister angelegt worden. Einer der schönsten Erdställe Oberösterreichs liegt in der Nähe von Wartberg ob der Aist. Die „Flehluck'n" lässt sich im Rahmen dieser Radtour leicht „mitnehmen": Von Katsdorf nordwärts in die Ortschaft Breitenbruck und links nach Au, dort rechts über die Große und bald darauf auch über die Kleine Gusen zu den Häusern der Ortschaft Reitling (ca. 3 km). Von dort zu Fuß links ins Tal der Kleinen Gusen, rechts über den steilen Hang auf eine Kuppe mit einem Kreuz und weiter zum Bauernhof Himmler, wo ein Schild an einem Baum zur „Flehluck'n" weist (30 Min.). Taschenlampe nicht vergessen!

Durch das Machland
Urzeit und Mittelalter

Ausgangspunkt: Mauthausen, 265 m, Bahnhof. Zufahrt mit der Westbahn bis St. Valentin, weiter mit der Donauuferbahn. Rückfahrt von Grein ebenfalls mit der Donauuferbahn.
Charakter: einfache Radtour auf asphaltierten Radwegen und ruhigen Nebenstraßen.
Strecke: Mauthausen – Mitterkirchen 20 km, über den Wasenberg (Abstecher) zum Freilichtmuseum Keltendorf 8 km, weiter nach Grein 15 km.
Wanderungen: Aulehrpfad bei Naarn 1 h, Abstecher zum Wasenberg 30 Min. hin und retour, durch das Keltendorf 1–2 h.
Höhenunterschied: gering.
Einkehr: Gasthöfe in allen Orten am Weg, Freilichtmuseum Keltendorf.

Auch diese Tour führt geradewegs in die Vergangenheit. Ihr bekanntestes Etappenziel ist das stetig ausgebaute „Keltendorf" bei Mitterkirchen, wo eine bäuerliche Siedlungsanlage aus der mittleren Jungsteinzeit - also aus dem 5. vorchristlichen Jahrtausend - ausgegraben und rekonstruiert wurde. Weiters fanden die Archäologen dort einen Bestattungsplatz und ein Hügelgräberfeld der Hallstattkultur (7. Jahrhundert v. Chr.) mit wertvollen Beigaben, aber auch Relikte von frühmittelalterlichen Bauernhöfen.
Bei der Rekonstruierung der Museumshäuser verwendete man ausschließlich Materialien und Werkzeuge, die auch in urgeschichtlicher Zeit zur Verfügung standen. Die aus Fichtenzweigen, Hasel- und Weidenruten bestehenden Gebäude wurden mit Stroh oder Schilf gedeckt, auch ihre Lehmböden und der „Wandverputz" sind authentisch.
Vor diesem Höhepunkt gibt es aber schon allerlei zu sehen: Wir radeln von Mauthausen auf dem gut beschilderten Donauradweg flussabwärts zur Donaubrücke und weiter ins Gemeindegebiet von Naarn im Machlande. Hier beginnt die große Ebene, in der ein Lehrpfad einen kleinen Bereich des Auwaldes erschließt. Zufahrt nach Au an der Donau links Richtung Aist/Naarn; der Weg zweigt vor der Brücke über den Aist-Mühlbach rechts ab und führt im Bogen nach Naarn.
Unsere Radtour folgt dem großen Strom bis zum Kraftwerk Wallsee (Infostelle, lohnender Abstecher zum alten Habsburgerschloss über dem Ort auf der niederösterreichischen Seite). Über den Hüttinger Altarm gelangen wir ins nahe Mitterkirchen.
Wer etwas Besonderes entdecken möchte, wird die folgende „Fleißaufgabe" nicht bereuen: Wir fahren von der Kirche nach Norden zur Naarn und über die Brücke in den Weiler Wagra. Dort nach links, ca. 1 km flussaufwärts und dann scharf rechts abzweigen. So gelangt man

Radziel und Wander-Ausgangspunkt: Grein an der Donau

zu den Bauernhöfen von Hart. Dort ist nun etwas Pfadfindersinn gefragt. Links führt ein Waldweg zu einem auffälligen, etwa 5 m hohen Hügel, der nicht auf natürliche Weise entstanden ist. Hier auf dem Wasenberg stand eine mittelalterliche Turmhügelburg. Von dem Holzbau, der vermutlich um das Jahr 1200 errichtet wurde, ist natürlich nichts mehr übrig, den Wassergraben rundherum erkennt man jedoch noch gut.

Wir kehren von Hart nach Wagra zurück und radeln von dort der Naarn entlang nach Laibing weiter. Links abzweigen und entweder direkt oder - bald links abzweigend und am Poldlkreuz vorbei - zum Freilichtmuseum mit dem Keltendorf.

Nach dem Besuch geht's kurz Richtung Laibing zurück, bis man den Donauradweg erreicht. Wir folgen diesem nach links, radeln neben der Schwemmnaarn nach Mettensdorf und über Eizendorf zur Donau. Schließlich erreichen wir Dornach (Haltestelle der Donauuferbahn). Man kann die Tour aber auch noch bis Grein verlängern - das historische Städtchen bietet das feinste Finale, das man sich denken kann. Der Bahnhof Bad Kreuzen-Grein liegt westlich des Stadtzentrums.

Rund um Windhaag

Grenz-Erlebnisse auf der Museumsstraße

Ausgangspunkt: Summerau bei Freistadt, Bahnhof, 655 m. Zufahrt mit der Summerauer Bahn von Linz-Hauptbahnhof.
Charakter: hügelige Radtour auf asphaltierten Radwegen und ruhigen Nebenstraßen.
Strecke: Summerau – Windhaag 24 km, nach Sandl 12 km, zurück nach Summerau 26 km.
Wanderungen: Waldlehrpfad bei Windhaag 1–2 h (Rad-Zufahrt nach Pieberschlag ca. 2 km).
Höhenunterschied: Radtour ca. 500 m, Waldlehrpfad 100 m.
Einkehr: Gasthöfe in allen größeren Orten am Weg.

Für diese wunderbare Radtour sollten Sie sich ein bisschen Extra-Zeit nehmen – nicht nur zum Genießen der schönen Landschaft im geheimnisumwitterten Freiwald an der Grenze zum Waldviertel und zu Böhmen, sondern für gezählte sechs Museen und eine ganz besondere sakrale Sehenswürdigkeit im Bereich der „Mühlviertler Museumsstraße". Genau genommen kommen noch die bahnhistorischen Relikte bei Kerschbaum dazu, denn dort überwand die Pferdeeisenbahn Linz – Budweis die Wasserscheide zwischen der Donau und der Moldau.
Wir radeln vom Bahnhof zunächst kurz neben den Schienen zum nördlichen Ortsrand von Summerau, biegen dort rechts ab und fahren über den Bahnübergang nach Norden. Stellenweise ansteigend gelangen wir nach Zulissen, wo wir rechts abzweigen. Wir folgen nun der Beschilderung des Grenzland-Radweges und erreichen jenseits der Bahnlinie Deutsch Hörschlag. Hier rechts Richtung Rainbach einbiegen. Am Heiligenberg zweigt die Straße nach Kerschbaum scharf links ab – dort besichtigen wir natürlich den renovierten Bahnhof der Pferdeeisenbahn, der ein wenig rechts abseits des Grenzland-Radweges liegt. Dieser biegt links und gleich darauf wieder rechts ab, um auf bergigen Güter- und Feldwegen über Edlbruck und Eisenhut die Grenzsiedlung Wullowitz anzusteuern.
Dort überqueren wir die Hauptstraße und fahren in die Ortschaft Stiegersdorf, die an der Maltsch und damit direkt an der tschechischen Grenze liegt. Hier nach rechts und taleinwärts nach Leopoldschlag Markt. Weiter geht's der munteren Maltsch entlang – vorbei an alten Steinbrüchen und der alten Zettwinger Kirche auf der böhmischen Seite – nach Mairspindt. Hier zweigen wir rechts ab und fahren ins schmucke „Museumsdorf" Windhaag, in dem das Mühlviertler Waldhaus, das Freilichtmuseum Handwerkshaus Stegwagner, die Venezianersäge Felbermühle und das Freilichtmuseum Hofwiesham-

mer zu besichtigen sind; kurze Abstecher führen zur Unteren Leithenmühle am Hängerbach in Rimetschlag und zum Zimmermannshaus Lackinger in Pieberschlag, wo auch ein „Granit-Garten" liegt und ein interessanter Waldlehrpfad seinen Ausgang nimmt. Am besten, Sie bleiben ein, zwei Tage hier und tauchen in die alte Welt des Handwerks ein.

Dann haben Sie auch genügend Kraft für den zweiten Teil der Tour getankt: wieder zurück nach Mairspindt, nun rechts abzweigen und auf dem Grenzland-Radweg über dem Tal der Maltsch Richtung Sandl hinauf. Bei den einschichtigen Höfen von Unterwald beginnt ein besonders romantischer Wegabschnitt, der – teils auf Asphalt, teils auf der Schotterfahrbahn – durch schier undurchdringlichen Wald führt. Erst in Hacklbrunn lichtet sich das Dunkel wieder: Wir radeln in den 927 m hoch gelegenen Ort Sandl hinauf.

Dort nach rechts, Richtung Freistadt. Wir müssen nun ca. 8 km mit der viel befahrenen Bundesstraße vorlieb nehmen – immerhin geht's meist eben oder bergab dahin. In Oberrauchenödt biegen wir rechts ab und strampeln zur spätgotischen Kirche St. Michael hinauf. Sie gehört zu den ältesten Gotteshäusern des Mühlviertels und birgt einen wunderschönen gotischen Flügelaltar. Nach Mitterbach radeln wir wieder talwärts. Von dort links nach Heinrichschlag und Grünbach. Rechts Richtung Windhaag, kurz

Raue Wege in Oberrauchenödt!

darauf jedoch links nach Lichtenau und Rainbach abbiegen. In diesem hübschen Ort überqueren wir wieder die Bundesstraße Linz – Budweis, fahren ins Tal des Rainbachs hinunter und jenseits nach Summerau hinauf.

Volkskultur hinter Glas

Um das Jahr 1800 brachten Einwanderer aus dem benachbarten Böhmen Tafelglas und die Technik der Hinterglasmalerei nach Sandl. Die kunstvollen „Sandl-Bilder" wurden bald in der gesamten Monarchie bekannt und beliebt; das neue Hausgewerbe brachte mehr als 100 Jahre lang etwas Wohlstand in den einsamen Ort am Rande des Freiwaldes. Im örtlichen Hinterglasmuseum erfährt man viel vom Leben der Hinterglasmaler und den weiten Reisen der Hausierhändler. Durch kunsthandwerkliche Kurse und ein Hinterglassymposion wurde Sandl inzwischen neuerlich zum „Hinterglasbilder-Dorf". Wie wär's also mit einem „Sandl-Bild" als Souvenir aus einer der schönsten Gegenden des Mühlviertels? Info: www.oberoesterreich.at/sandl

Wundersames im Aschachtal

Maxl unterm Mayrhofberg

Ausgangspunkt: Eferding, 271 m. Zufahrt von Linz mit der Linzer Lokalbahn oder von Wels mit der Bahnlinie 15 a, mit der Sie ab Eferding noch bis Aschach/Donau weiterfahren können. Rückfahrt ab Waizenkirchen mit der Linzer Lokalbahn bis Eferding oder Linz.
Charakter: einfache und flache Radtour mit zwei kurzen Steigungen.
Strecke: Eferding – Donauradweg – Aschach/Donau 8 km, durch das Aschachtal nach Waizenkirchen 20 km.
Wanderungen: von Hilkering auf den Mayrhofberg 1–1,5 h, Abstieg 1 h; zur Ruine Stauf 45 Min., Abstieg 30 Min.
Höhenunterschied: Radtour 150 m; Mayrhofberg 350 m, Ruine Stauf 250 m.
Einkehr: in Eferding, Aschach, Hilkering und Waizenkirchen.

Wohin wenden sich heimatkundlich Interessierte, wenn Sie etwas Besonderes sehen wollen? Ins Museum, in alte Kirchen, zu einer Burg? Im Aschachtal kann man auch ins Badegewand schlüpfen, alte Turnschuhe anziehen und sich ins kalte Wasser des kleinen Flusses stürzen. Mittendrin liegt nämlich ein 4 m langer Granitblock, auf dem Sie ein herausgemeißeltes Gesicht angrinst. Ein keltischer Steinkopf? Oder ein Flussopfer, mit dem unsere Vorfahren die Götter um Schutz vor Hochwasser baten? Das vermutete die Fachwelt – bis ich das kleine Kunstwerk in den Oberösterreichischen Nachrichten beschrieb, worauf sich ein Leser meldete und das Geheimnis lüftete: Sein Bruder, ein Holzschnitzer, hatte sich in den 1970er Jahren als Steinmetz versucht und den so archaisch wirkenden Kopf im Fluss gemeißelt. Doch da waren die Kameraleute des ORF schon unterwegs: So haben wir den Maxl, wie der Schriftsteller Karl Lukan den Steinkopf nannte, an einem herrlichen Herbsttag fürs Patschenkino gefilmt. Wer nach ihm fahndet, braucht viel Gottvertrauen: Es liegen unzählige Steine im Flussbett (er befindet sich ein Stück flussaufwärts der Gemeindegrenze Hartkirchen/Strohheim). Der schmale Aschachdurchbruch zählt auf jeden Fall zu den schönsten und unberührtesten Tallandschaften Oberösterreichs. Als Auftakt empfiehlt sich ein Bummel durch die altehrwürdige Stadt Eferding. Dann geht's auf dem Donauradweg durch Felder und Auwald – vorbei am Brandstätter See – in den alten Schiffermarkt Aschach und auf Nebenstraßen am Fuße der Sauwald-Höhen zur Nibelungenstraße. Nach ihrer Überquerung gelangt man auf Nebenstraßen zur kleinen Wallfahrtskirche Hilkering. Der Sage nach soll sie ein Eremit namens Hilarius gegründet haben; der heutige Bau entstand nach 1514 und wurde später barockisiert. Nach einem kur-

Hoch über dem vermeintlich keltischen „Mann im Fluss" steht eine Aussichtswarte.

zen Schotterweg-Intermezzo neben der Aschach muss man ca. 1 km mit der viel befahrenen Bundesstraße Richtung Passau vorlieb nehmen. Ab der Abzweigung nach Waizenkirchen lässt das Verkehrsaufkommen deutlich nach und meist dringt nur das Rauschen des Wassers an Ihr Ohr. Bis zu 260 m tief ist das dicht bewaldete und fast unbesiedelte Kerbtal in die südlichen Ausläufer des Sauwaldes eingeschnitten. Geologisch gehört das Gebiet zum Granithochland. Auch die Entstehung des Tals ist geheimnisvoll: Alle Untersuchungen brachten keine einfache Erklärung; sicher erscheint lediglich, dass vor Jahrmillionen eine viel größere und höher gelegene „Ur-Aschach" ins Donautal mündete. Schließlich wird das Tal wieder breiter und man erreicht die Bahnhaltestelle einer Ortschaft mit dem seltsamen Namen Schurrerprambach. Von dort ist es nicht mehr weit in den Markt Waizenkirchen. Will man sich davor ein wenig die Beine vertreten und das Land auch von oben bewundern, dann fasse man den 654 m hohen Mayrhofberg ins Auge. Auf seinem Gipfel steht eine putzige Aussichtswarte. Wenn man sich über ihre Außentreppe hinaufspiralisiert, wird man mit einem Panorama vom Lichtenberg bei Linz über den Böhmerwald (man erkennt sogar das Steinerne Meer am Dreisesselberg) bis in die Weiten des Innviertels belohnt. Als Zugabe zeigt sich im Süden die Alpenkette vom Ötscher bis zum Watzmann, der Dachstein samt seinen Gletschern inbegriffen. Der Weg beginnt in Hilkering und führt mit der Markierung Nr. 44 hinauf. Eine weitere Wander-Alternative wäre die gegenüber aufragende Burgruine Stauf, die man von der erwähnten Straßenabzweigung Passau/Waizenkirchen auf einem steil ansteigenden, aber gut markierten Waldweg ansteuert.

Mostbiking in der Scharten
Hoch über dem Eferdinger Landl

Ausgangspunkt: Eferding, 271 m. Zufahrt ab Linz-Hauptbahnhof mit der Linzer Lokalbahn (Linie 14 c).
Charakter: einfache Radtour mit einigen Steigungen.
Strecke: Eferding – Maria Scharten – Hochscharten – Pasching ca. 30 km (über Alkoven nach Linz ca. 40 km; Achtung: Überfahrt Kraftwerk 7–19 Uhr, mit der Fähre werktags 6.30–19.30 Uhr).
Höhenunterschied: mehrere Steigungen, insgesamt etwa 300 m.
Einkehr: mehrere Gasthöfe und Mostbauern entlang der Strecke.

Ein kräftiger Schluck Most - das sei gleich gesagt - empfiehlt sich erst oben auf dem 200 m hohen Rücken, der das Eferdinger Landl von der Welser Heide trennt. Die vielen Bäume, die den „Rohstoff" für die herb-fruchtige „Landessäure" hervorbringen, zaubern im Frühjahr duftige Blütenwolken in die Landschaft. Am besten erkundet man die Scharten (der Name deutet auf eine Einsenkung hin) mit dem Rad. Die Linzer Lokalbahn schaukelt Sie samt Drahtesel nach Eferding, von wo man sich auf den Weg nach Süden Richtung Grittlfeld, Fraham und Maria Scharten macht. Kurz nach der ersten Steigung in Leppersdorf biegt man rechts ab, um den ruhigen Güterweg nach Herrnholz hinaufzupedalieren. Nach der ersten Mostschenke geht's links auf den Kronberg hinauf und dann auf

Der Frühling verwandelt die Scharten in ein Meer aus Mostbaumblüten.

der Straße Wels - Eferding nach Maria Scharten hinab. Die dortige Wallfahrtskirche stammt aus dem 14. Jahrhundert und sogar gekrönte Häupter wie Kaiser Franz Joseph sind zu ihr gepilgert. Die steile Straße neben dem Friedhof ist er sicher nicht hinaufgeschnauft - selbst schuld, denn oben wird die Aussicht immer schöner - und einen besonders guten Mostbauern gibt's auch.

In der Siedlung auf dem aussichtsreichen Höhenrücken schwenken wir links ein, und dann kann eigentlich nichts mehr schief gehen: Wir radeln wie auf einem Laufsteg zwischen dem Mühlviertel und den Alpen dahin. Immer ostwärts und möglichst hoch oben die Hänge querend kommen Sie über Axberg nach Thening; nach der vorsichtigen Überquerung der B 133 geht's dann nach Pasching bergab. Im benachbarten Leonding sollten Sie sich wieder der Bahn anvertrauen, denn auf den Linzer Einfallsstraßen wird man als Radler nicht glücklich.

Wollen Sie das Zentrum der Landeshauptstadt im Sattel erreichen, dann sollten Sie schon in Axberg links nach Alkoven abzweigen. Von dort gelangt man auf dem Eferdinger-Landl-Radweg und einem Verbindungsweg Richtung Wilhering zum Kraftwerk oder zur Fähre von Ottensheim - und hat damit die Qual der Wahl, wie man den großen Strom übersetzt, um dann jenseits auf dem Donauradweg nach Linz zu radeln.

Prost – Most!

„Lith“ nannten ihn die Germanen, „Cidre“ heißt er heute noch in Frankreich, als „Äppelwoi“ kennen ihn die Hessen: Die Rede ist vom Most – und dieser Name geht wiederum auf die Römer zurück. Seit Menschen im Alpenvorland zwischen dem Inn und der Enns ansässig sind, kultivieren sie Äpfel und Birnen, und es ist kein Zufall, dass die Oberösterreicher den Spitznamen „Mostschädel“ erhielten. Das mild-alkoholische Getränk entsteht durch das Pressen und Vergären des Mostobstes, das bis heute nach traditionellen Regeln erfolgt. Der Most ist heute noch ein beliebter Haustrunk in den Bauernhöfen, einmal himmlisch-fruchtig und anderswo eher „hantig“ (herb), als „Mischling“ (aus Äpfel und Birnen) oder sortenrein wie der „Landlbirn“. Mitunter wird er zu Schnaps oder Likör, Mostsekt und auch Mostessig veredelt. Übrigens: Most trinkt man nicht – man „piperlt“ ihn. Dazu passt ein knuspriger Mostbraten und als Nachspeis' ein „Mostschober“, ein kräftig getränkter Kuchen. Übrigens: Viele Bauern schenken den Most auch an durstige Wanderer aus!

Innviertler Impressionen

Seenzauber, Waldeinsamkeit und Burgenromantik

Ausgangspunkt: Steindorf bei Straßwalchen, 540 m, Bahnhof. Zufahrt mit der Westbahn. Rückfahrt von Braunau mit der Bahn bis Steindorf.
Charakter: knapp 100 km lange, einfache und sehr abwechslungsreiche Radtour, für die man aufgrund der vielen Abstecher und Besichtigungspunkte mindestens zwei Tage veranschlagen sollte.
Strecke: Steindorf – Mattsee 23 km, über Perwang und mit dem Abstecher nach Michaelbeuern nach Ibm 26 km, weiter nach Burghausen 25 km, von dort bis Braunau noch 25 km.
Wanderungen: Rundgänge in Mattsee, Burghausen und Braunau.
Höhenunterschied: Die Radtour weist einige, meist aber nur kurze Anstiege und Abfahrten auf; insgesamt ca. 300 m.
Einkehr: Gasthöfe in allen größeren Orten am Weg.

Eine Tour voller naturkundlicher und kultureller Überraschungen! Im westlichen Innviertel und im angrenzenden Flachgauer Seengebiet wird man nie besonders lang im Sattel bleiben, denn hier jagt eine Besonderheit die nächste. Dazwischen verlocken sogar mehrere Badegelegenheiten.
Vom Bahnhof Steindorf radeln wir zunächst neben den Schienen der Westbahn ins nahe Straßwalchen. Vom Ortszentrum links Richtung Mattighofen nach Wimpassing und auf Nebenstraßen in die Ortschaft Lengau. Neben der Bahnlinie zur Haltestelle Heilstätt und rechts zum Schloss Teichstätt. Nördlich davon findet man hinter einem Erddamm die verschilften Reste eines Sees – einst triftete man das Holz aus dem Kobernaußerwald mit Wasserkraft zum Inn. Links über den Bahnübergang, dann geht's über Oberhaft und Scherschham nach Astatt. Noch ein Stück dem Mattsee entgegen, davor jedoch links nach Wiechenham abbiegen und weiter nach Gebertsham. Die Kirche dieses kleinen Dorfes birgt einen wunderschönen spätgotischen Schnitzaltar. Danach radeln wir ins Salzburger Land hinüber und auf der Hauptstraße rechts nach Mattsee, einem vom Wasser umspülten Markt mit einem im Jahre 777 gegründeten Stift.
Auf der Straße zwischen dem Mattsee und dem Obertrumer See gelangen wir zu einer Kreuzung: links zum Südufer des Grabensees und dann rechts nach Perwang. Weiter geht's nach Nordwesten, der Landesgrenze entlang und durch den Weiler Rudersberg. Kurz danach, bei einer Brücke (4,5 km ab Perwang), zweigen wir scharf nach links ab und fahren ins breite Tal des Oichtenbachs hinunter. Unten, vor der Ortschaft Durchham, rechts abbiegen und über den Talboden zur Querstraße, auf der man links zur

In Franking bringt man Wandern und Golfen locker unter einen Hut!

altehrwürdigen, schon im Land Salzburg gelegenen Benediktinerabtei Michaelbeuern gelangt.

Wieder zurück und weiter taleinwärts, an der Ortschaft Oichten vorbei nach Gietzing. Dort biegen wir links ab, erklimmen eine Anhöhe und rollen dahinter in Feldkirchen bei Mattighofen ein. Nun radeln wir in den Nachbarort Altheim, nach Höslreit und danach links durch den Wald auf den unübersehbar hohen Kirchturm von Eggelsberg zu. Achtung: Wir zweigen gleich nach dem Waldstück – also noch vor dem östlichen Ortsrand – links ab und radeln über Pippmannsberg zu einer Kapelle an der B 156 zwischen Eggelsburg und Höpfing. Jenseits führt eine Nebenstraße nach Ibm im Herzen des gleichnamigen Moorgebiets (siehe Tour 112).

Hier stoßen wir auf den Ibmer-Moor-Radweg. Gemäß seiner Beschilderung fahren wir am Heratinger See vorbei nach Dorfibm, rechts nach Mühlberg und links nach Werberg. Dort überqueren wir die Hauptstraße und radeln kurz dem Waldrand entlang, bis wir rechts auf den Weiten-Hillinger-Weg einschlagen. Diese Schotterstraße führt 8 km durch den Oberen Weilhartforst – eben und fast schnurgerade. In Hochburg erblickt man endlich wieder das Tageslicht. Dort quert der Innviertler Radweg, der uns nach Ach an der Talkante hoch über der Salzach leitet.

Nun steht natürlich ein Abstecher ins benachbarte Burghausen auf dem Programm – über der Stadt auf der bayerischen steht immerhin Deutschlands größte Burganlage. Die letzte Routenetappe folgt dem Innradweg nach Braunau, wobei der Aussichtsplatz über dem Zusammenfluss von Inn und Salzach einen letzten landschaftlichen Höhepunkt verspricht.

Naturerlebnis am Innradweg

Einen Baum zum Frühstück

Ausgangspunkt: Braunau am Inn, Bahnhof, 353 m. Zufahrt von Linz über Wels (Linie 15), von Salzburg über Steindorf bei Straßwalchen (Linie 19).
Charakter: einfache Radtour mit erlebnisreicher Wanderung für die ganze Familie.
Strecke: Braunau – Frauenstein 10 km, über das Kraftwerk – Ering – Simbach – Braunau 14 km.
Wanderung: Kraftwerk – Infozentrum Ering – Naturlehrpfad – über den Damm retour 2,5 h.
Höhenunterschied: gering.
Einkehr: in Mining, Ering und Braunau.

Aenus, „der Schäumende", war ein wilder Geselle, der sich, aus den vergletscherten Zentralalpen kommend, im bayerisch-oberösterreichischen Flachland so richtig breit machte. Erst um 1900 begradigte man den Inn, ab 1939 entstanden die ersten Kraftwerke. Zwischen ihren Dämmen lagerte sich im Lauf der Zeit allerhand Schlamm ab und auf dem gedieh ein neuer Auwald. Dass sich dort auch viel Nahrung fand, sprach sich unter dem Federvieh schnell herum: Heute gilt das Europa-Naturschutzreservat am Unteren Inn als eine der wichtigsten Drehscheiben im interkontinentalen Vogelzug.
Die vielleicht schönste Möglichkeit, die Inn-Auen zu erleben, ist eine Kombination aus Rad- und Lehrpfadwanderung: Der bayerisch-oberösterreichische Inntalradweg zwischen Braunau/Simbach und Frauenstein/Ering – die Rundtour ist mit einem Vogelsymbol gekennzeichnet – verspricht einen abwechslungsreichen Drahteselritt, der in der historischen Altstadt von Braunau beginnt und bald darauf an der idyllischen Bucht beim Schloss Hagenau vorbeiführt. In Frauenstein biegen wir links ab, überqueren das Kraftwerk und erreichen auf der bayerischen Seite das Infozentrum Ering. Kurz davor führt rechts ein mit roten Punkten markierter und mit etlichen Schautafeln versehener Naturerlebnispfad ins Augebiet und zu einem Aussichtsturm. Für die dritte und letzte Etappe über Prienbach und Simbach nach Braunau treten Sie dann wieder lustvoll in die Pedale.

Wo Biber hausen, fühlen sich auch Radler wohl.

Im Verlauf eines Jahres können Sie hier gezählte 296 Vogelarten sehen – also praktisch alle, die in Mitteleuropa vorkommen. Im Frühjahr ist ein philharmonisches Konzert von Blaukehlchen, Rohr- und Schlagschwirl, Pirol und Sumpfrohrsänger zu hören, und die Frösche geben den Takt vor. Auch die Augen kommen nicht zu kurz: Blausternchen, Anemonen und seltene Orchideen erfüllen das Augebiet mit Farbe, ungehemmt wachsende Bäume und Büsche mit kunstvollen Strukturen. Mit etwas Glück entdecken Sie sogar einen übers Wasser schwirrenden Eisvogel oder gar einen der scheuen Biber, die hier seit den 1970er Jahren wieder ansässig sind. Die Spuren der größten Nagetiere Europas – manche Exemplare werden bis zu 30 kg schwer – finden Sie da und dort. Also nicht böse sein, wenn Ihnen plötzlich ein kleiner umgestürzter Baum den Weg versperrt – auch Meister Biber muss einmal frühstücken!

Schlossidyll am Inn: Hagenau.

Braunau am Inn

Ein Spaziergang durch die über 700 Jahre alte Handels- und Grenzstadt am Inn lohnt sich immer. Im Schatten des Stadtturms aus dem 13. Jahrhundert, der die 100-m-Marke knapp überragt, entdeckt man zahlreiche Zeugnisse einer bewegten Vergangenheit – etwa die Herzogsburg, einen ehemaligen „Kasten“ (Speicher, heute Bezirksmuseum) oder die Stadtpfarrkirche, die neben dem Wiener Stephansdom als bedeutendster spätgotischer Kirchenbau Österreichs vollständig erhalten blieb. Auch Teile der alten Stadtbefestigung mit zwei Toren sind noch zu sehen. Wer dabei durstig wird, steuert vielleicht die „kleinste Weißbierbrauerei der Welt“ an: Hier wird noch in reiner Handarbeit gebraut – und natürlich nach dem Bayerischen Reinheitsgebot von 1516.
Info: www.oberoesterreich.at/braunau

Durch das Ibmer Moor

Herz, was begehrst du Moor?

Ausgangspunkt: Bürmoos, 450 m. Zufahrt von Salzburg mit der Bahnlinie 21.
Charakter: einfache Radtour mit zwei Wander-Abstechern und einigen Bademöglichkeiten in den Oberinnviertler Seen.
Strecke: Bürmoos – Ibm 18 km, über Franking und St. Pantaleon wieder zurück 15 km (Abstecher zum Holzöstersee ca. 3 km hin und zurück).
Wanderung: Moorlehrpfad ca. 1,5 h; rund um den Heratinger See 2 h.
Höhenunterschied: Radtour insgesamt ca. 200 m, Wanderungen fast eben.
Einkehr: Gasthöfe in allen Orten am Weg.

Auf Brettern geht's durchs Ibmer Moor.

Am Anfang war das Eis: Noch vor etwa 10 000 Jahren quoll es aus den Salzburger Alpen weit ins Innviertel hinaus. Als das Klima wärmer wurde und dem glazialen Treiben ein Ende setzte, blieb eine seltsame Landschaft zurück: Schotter von fernen Bergen und fein geschliffener Sand, kleine Hügel, lange Moränenwälle - und viele Seen, die langsam verlandeten. So entstanden Nieder- oder Flachmoore, Übergangs- und schließlich Hochmoore.

Das Torfmoos, das Moore bildet, wächst dort über den Grundwasserspiegel hinaus und wird nur noch von Niederschlägen gespeist. Später wurde Torf als Brennmaterial und für die Herstellung von Gartenerde abgebaut. Im 1987 unter Naturschutz gestellten Ibmer Moor erklären Ihnen die Tafeln eines Lehrpfades, wie das alles vor sich ging.

Dorthin gelangt man, indem man von Bürmoos kurz der Straße Richtung St. Pantaleon folgt und dann rechts nach Roding abzweigt. Über Holzhausen und vorbei am Torfstich Waldmoos kommt man in die Ortschaft Maxdorf. Links Richtung Franking, kurz nach der Landesgrenze zwischen Salzburg und Oberösterreich rechts nach Hackenbuch und geradeaus nach Ibm.

Zwischen diesen beiden Orten beginnt rechts der Moorlehrpfad ins Ibmer Moos. Auch wenn seine Stege anfangs breit genug für Kinderwägen und Rollstühle sind, sollte man das Bike auf jeden Fall absperren und draußen lassen. Man hat viel mehr davon, beschaulich

Wo Seen verlandeten, bildete sich Torf – den man auf Schienen abtransportierte.

kreuz und quer über dem nassen und schwankenden, mit Birken und Rotbuchen bewachsenen Torfboden dahinzuspazieren. Besonders interessant ist der Pfeiferanger (Torfhütte mit Schautafeln). Halten Sie Augen und Ohren offen: Hier gedeiht der Fleisch fressende Sonnentau, hier schwirren schillernde Libellen, hier flötet der Brachvogel. Es lohnt sich, auch den Abstecher zum verschilften Seeleitensee mit seinem Flachmoor „anzuhängen". Von Ibm pedaliert man dann Richtung Geretsberg hinauf. Bald darauf zweigt man links zum Heratinger See ab - die Umrundung dieses herrlichen Badegewässers wäre ein zweiter Tipp für eine Wanderung. Über Dorfibm gelangt man nach Franking, das auch einen „Bauerngolf-Parcours" bietet. „Seensüchtige" Radler werden sich einen Besuch des nahen Holzöstersees nicht entgehen lassen. Ansonsten radelt man über Neuhausen in die Ortschaft Pfaffing weiter. Dort muss man sich entscheiden, ob man den Höllerer See rechts oder links (da ist es ruhiger) umfahren möchte. Auf jeden Fall steuert man zuletzt St. Pantaleon an und rollt von dort über das Tal der Moosach nach Bürmoos aus.

113

Durchs Ennstal ins „Güldene Märktl"

Natur und Kultur am Rande des Nationalparks

Ausgangspunkt: Losenstein, 348 m, Bahnhof. Zufahrt mit der Westbahn bis St. Valentin, weiter mit der Ennstalbahn über Steyr. Rückfahrt von Weyer ebenfalls mit der Ennstalbahn (eventuell auch über Amstetten).
Charakter: einfache Radtour auf asphaltierten Nebenstraßen.
Strecke: Losenstein – Großraming 10 km, weiter nach Weyer 12 km.
Wanderungen: zur Burgruine Losenstein und zurück 40 Min., Nagelschmiedweg 2 h, Kreuzberg 2 h.
Höhenunterschied: Radtour ca. 100 m; Wanderung zur Burgruine Losenstein 60 m, auf dem Nagelschmiedweg 100 m und auf den Kreuzberg 200 m.
Einkehr: Gasthöfe in allen größeren Orten am Weg.

254 km ist die Enns lang. In ihrem Unterlauf schlängelt sich der Fluss durch die Voralpen im Südosten Oberösterreichs – und dort findet man einen der reizvollsten Abschnitte jenes Radweges, der ihn (fast) von der Quelle bis zur Mündung in die Donau begleitet. Wir beginnen unsere Erkundung in Losenstein, der „Perle des Ennstals" am Fuße des Schiefersteins – und zwar gleich mit einem kleinen Fußmarsch. Auf einem Dolomitfelsen über dem Dorf findet man die Mauerreste einer Burg aus dem 12. Jahrhundert. Man geht vom Bahnhof über das Kraftwerk und rechts zum Gasthof Eisentor. Zwischen diesem und der Post führt eine Treppe bergwärts, dann geht's rechts auf einer Straße zum Gasthaus Marxrieser – dort zweigt der Weg zur Ruine ab. Wer sich die Beine länger vertreten möchte, sei auf den Nagelschmiedweg verwiesen. Er führt auf den Spuren der Handwerker, für deren Produkte das Dorf einst berühmt wurde, ins romantische Stiedelsbachtal hinein (und ist bis auf den letzten Abschnitt zum dortigen Wasserfall sogar mit dem Bike zu „machen"). Im Anschluss starten wir zur eigentlichen Radtour. Sie führt uns vom Bahnhof kurz talaus und links unter der Bahnbrücke durch, dann weist uns die Beschilderung des R 7 links auf der Goldgrubstraße die Richtung nach Großraming. Im sanften Auf und Ab „schaukeln" wir über dem zu einem See gestauten Fluss zur Mündung des Rohrbachgrabens (dort oben gibt's ein verstecktes Wirtshaus, das für seine köstlichen Forellen bekannt ist) und nach Reichraming, das „Tor zum Hintergebirge" (siehe Tour 114). Vorbei am örtlichen Bahnhof und weiter taleinwärts. Bald erreichen wir das Kraftwerk Großraming, das eine neue Attraktion bietet: das Nationalpark Besucherzentrum Ennstal. Hier erleben Sie die spannende Geschichte von der Rückkehr der Waldwildnis im Na-

Ennstaler Er-fahrungen: mit dem Bike übers Losensteiner Kraftwerk.

tionalpark Kalkalpen, u. a. in einem originellen Waldkino. Sie erfahren hier aber auch viel Wissenswertes über die vielen Wander-, Rad- und Mountainbikewege der Region. Nach einem Anstieg und der Überquerung des Rodelsbachgrabens erreichen wir Großraming. Das Ortszentrum liegt über dem rechten Ennsufer, auf unserer Seite befindet sich jedoch das Kutschenmuseum, das daran erinnert, dass es auch bequemere Fortbewegungsarten gäbe. Wir bleiben auf der „Bahnseite“ und radeln nach Küpfern und zur Ennsbrücke in Kastenreith weiter. Am jenseitigen Ufer sehen wir schon den historischen „Kasten“, in dem die reichen Hammerherren Eisen und Lebensmittel lagerten. Heute birgt das renovierte Gebäude ein reich ausgestattetes Museum über die Geschichte der Enns, die einst nicht nur Holzflöße, sondern sogar Schiffe zur Donau trug. Vorbei an der Katzensteinermühle, in der man ab und zu beim Getreidemahlen zuschauen kann, radeln wir unserem heutigen Ziel entgegen. Seit dem 14. Jahrhundert galt Weyer als „Güldenes Märktl“ im Zentrum der so genannten Eisenwurzen, des Landes rund um den Steirischen Erzberg. Die Tafeln an den schönen Hausfassaden rund um den Marktplatz erzählen von den Höhen und Tiefen des eisenverarbeitenden Gewerbes.

Wer den Ort und seine Umgebung auch von oben betrachten möchte, steige zu Fuß auf den Kreuzberg, wo sich im naturgeschützten Buchenmischwald manch schöner Ausguck findet. Ein ausgedehntes und bestens gepflegtes Wegenetz ermöglicht eine Rundtour, bei der man auch an den drei namensgebenden Kreuzen vorbeikommt.

Ins Reichraminger Hintergebirge

Radeln, Baden, Klettersteig-Feeling

Ausgangspunkt: Reichraming, Bahnhof, 359 m.
Charakter: familienfreundliche Radwanderung ohne große Steigungen.
Strecke: Reichraming – Große Schlucht 18 km, Rückfahrt 18 km.
Wanderung: Der Triftsteig ist ein mäßig schwieriger Klettersteig, der absolute Trittsicherheit und Schwindelfreiheit erfordert (Kinder und Ungeübte ans Seil); Gehzeit samt Rückweg 1,5–2 h.
Höhenunterschied: Radstrecke 160 m, Triftsteig ca. 100 m.
Einkehr: unterwegs keine; Gasthöfe in Reichraming.

Eine ungewöhnliche Landschaft und eine nicht alltägliche Touren-Kombination: Den „klassischen" Weg ins Reichraminger Hintergebirge, der auf der Trasse (und durch viele Tunnels) der 1971 eingestellten Reichraminger Waldbahn verläuft, bewältigen Sie am besten mit dem Drahtesel. Am „Wendepunkt" erwartet Sie ein Klettersteig auf den Spuren der Holzknechte - nicht hoch hinaus, sondern tief drunten in der „Großen Schlucht". Sollten Sie dabei ins Schwitzen kommen: Der Reichramingbach bietet eine wahre Perlenkette herrlicher Tümpel zum Schwimmen und Plantschen! Wir pedalieren zunächst ins Ortszentrum von Reichraming (Nationalpark-Infostelle) und weiter dem Reichramingbach entlang: erst auf Asphalt und dann - beim Anzenbachschranken (Infohütte) rechts abzweigend - auf der Schotterstraße. Bei der nächsten Abzweigung rechts über den einmündenden Pleißabach. Nach 14 km bestaunen wir die felsige Engstelle der „Großen Klause", und nach weiteren 4 km - beim Rastplatz am Annerlsteg - parken und versperren wir die Drahtrösser.

Nun heißt es Hand an den Fels bzw. die Stahlseilsicherungen legen, mit denen der verfallene Triftsteig durch die eindrucksvolle, 3 km lange Große Schlucht wieder zugänglich gemacht wurde. Meist quert man die Felsflanken nur ein paar Meter über dem glasklaren Bach, bis man das Herzstück des Nationalparks bei einer Brücke verlässt. Nach dem kurzen Abstecher links zum Schleier-

Der kleine Wasserfall am Triftsteig lindert jeden Schweißausbruch.

fall wandern wir auf der Forststraße zurück: über den Bach und durch einen Tunnel, dann rechts abzweigen und durch drei weitere, bis zu 300 m lange Tunnelröhren zum Annerlsteg zurück. Und am Schluss kommt das Schönste: Talauswärts radelt sich's – fast – wie von selbst!

Wasser-Wanderung: Wer sich den Klettersteig nicht zutraut, watet eben durch die Große Schlucht.

Die Holzknechte

Im Reichraminger Hintergebirge findet man noch viele Erinnerungen an die Holzknechte, die das „grüne Gold" der unermesslich weiten Wälder fällten und ins Ennstal herausbrachten. Die „Große Klause" war eines von zahlreichen Stauwerken, die die Trift ermöglichten. Von Zeit zu Zeit wurde „die Klaus geschlagen": Man ließ das zurückgehaltene Wasser ab und die wilde Flut trug die Stämme durch das enge Tal hinaus. Dabei verkeilten sie sich oft und mussten wieder in Gang gebracht werden – eine lebensgefährliche und mühselige Arbeit, an die auch das Holzknechtmuseum in Reichraming noch erinnert. Die harte Arbeit der Holzknechte erforderte natürlich eine kräftige Kost und auch die gibt es noch zu verkosten: Immer wieder bruzzeln im Museum Holzknechtnocken in der Pfanne – ein Genuss, den sich niemand entgehen lassen sollte (Infos im Tourismusbüro oder in den Nationalpark-Infostellen).
Info: www.oberoesterreich.at/reichraming

Der Steyrtal-Radweg
Audienz bei den „Schwarzen Grafen"

Ausgangspunkt: Grünburg, Bahnhof, 380 m. Zufahrt von Steyr (Lokalbahnhof) mit der Steyrtalbahn.
Charakter: einfache Familienradtour mit zwei Wander-Abstechern zu besonderen Wasser-Wundern.
Strecke: zum Schloss Leonstein 9 km, Radweg durch die Schmiedleithen 4 km, nach Molln 4 km, Rückfahrt 13 km.
Wanderung: zum Rinnerberger Wasserfall 1,5 h hin und retour.
Höhenunterschied: Radtour ca. 100 m, Wanderung ebenfalls 100 m.
Einkehr: in Grünburg, Leonstein und Molln, Gasthof Waldklause (Schmiedleithen).

Der Steyrtal-Radweg ist wohl *der* Familien-Radweg Oberösterreichs! 23,7 km lang, fast durchgehend asphaltiert, perfekt beschildert und stets abseits des Verkehrs, dazu mit ganz geringer Steigung, denn er verläuft über weite Strecken auf der Trasse der einstigen Steyrtalbahn. Deren erster Abschnitt bringt schon den ersten Höhepunkt des Tages, denn zwischen Steyr und Grünburg dampft das schwarze Schnauferl noch museumsfahrplanmäßig. Dann geht es also per Bike taleinwärts, vorbei an Grünburg und Steinbach an der Steyr. Rechts oben verbirgt sich die Bergkirche von Obergrünburg. Die nächste Station ist das Schloss Leonstein, wo wir rechts auf den auch per Rad befahrbaren Themenweg „Auf den Spuren der Schwarzen Grafen" abzweigen. Steil geht's zum Klingenbach hinunter, dann erreicht man bald das vollständig erhaltene Sensenhammer-Ensemble Schmiedleithen: Altes und Neues Herrenhaus samt Hammer, Gärtnerhäusl, Kuhstall, Helmhäusl, Garten, Mühle, Schmiedhaus, Kram, Kohlbarren und Magazin. Dieser Hammerherrensitz präsentiert sich so, als wäre die Zeit stehen geblieben; er bringt noch heute den Wohlstand der „Schwarzen Grafen" zum Ausdruck.
Nun ist es nicht mehr weit zum Gasthof Waldklause, dem „Einstieg" in die Rinnerbergerklamm. Dort lassen wir die Räder stehen und folgen dem Güterweg Pernzell zu einer Straßengabelung, bei der uns bereits ein Schild Richtung Rinnerbergerklamm weist. Wir marschieren 250 m bergan, biegen links auf eine markierte Forststraße ab und verlassen diese bald rechts auf einem Weg. Auf einem Holzsteg überqueren wir den rauschenden Bach, der nach Regenfällen gewaltig anwachsen kann. Der schmale Steig führt uns unter Kalkwänden aufwärts und schon hören wir das Tosen des Rinnerberger Wasserfalls, wo das kühle Nass über senkrechte Felsen in einen Tümpel donnert. Wer will, überwindet die steile Metallleiter rechts daneben - dahinter liegen ein enger Talkessel

und die eigentliche Rinnerberger Klamm. Hier hat sich der Bach einen ganz schmalen Spalt durchs Gestein geschliffen. Nach weiteren 10 Min. Gehzeit kommen wir zur Bärenhöhle - hier heißt es endgültig umdrehen.
Von der Waldklause radeln wir entweder wieder durch die Schmiedleithen oder auf der oberen Straße über den Sattel am Fuße der Ruine Leonstein (eventuell noch ein kurzer Abstecher zu Fuß) zum Schloss Leonstein zurück. Zuletzt empfiehlt es sich, vorbei an Leonstein und links über die Stefaniebrücke ins nahe Molln weiterzufahren - dort erwarten Sie Museen, Maultrommel-Manufakturen und das Nationalpark Kalkalpen Zentrum. Von dort bietet sich als etwas bergigere (und auch verkehrsreichere) RükkfahrtAlternative zum Steyrtal-Radweg auch die Straße auf der rechten (östlichen) Talseite über Steinbach an der Steyr an.

Der Rinnerberger Wasserfall

Romantische Schmiedleithen

Mollner Maultrommeln

Spielen Sie Mondromp, Scarpapensieri oder Angkuoch? Nein? Aber eine Maultrommel haben Sie vielleicht schon einmal zwischen den Zähnen in Schwingung versetzt – und um nichts anderes handelt es sich bei den oben angeführten Instrumenten. In Molln arbeiten die beiden einzigen Maultrommel-Erzeuger Österreichs; ihre seltene Profession geht auf die jahrhundertelange Tradition der Eisenverarbeitung zurück. Beide Betriebe können besichtigt werden, ihre Qualitätserzeugnisse gehen in die ganze Welt. Wie einst das Leben in Molln war, erfahren Sie im liebevoll eingerichteten „Museum im Dorf“. Zur Gemeinde gehört auch die südlich gelegene Wallfahrtskirche Frauenstein über der Steyr, die mit ihrer gotischen Schutzmantelmadonna – einem Auftragswerk Kaiser Maximilians – eines der bedeutendsten Kunstwerke des Landes birgt. In einem nahen Forsthaus kam 1920 Marlen Haushofer zur Welt – die 1970 verstorbene Schriftstellerin setzte ihrer Heimat u. a. im Roman „Die Wand“ ein Denkmal.
Info: www.oberoesterreich.at/molln

Quer durch das Voralpenland

Im Auf und Ab von der Enns zur Traun

Ausgangspunkt: Steyr, 311 m, Hauptbahnhof. Zufahrt von Linz mit der Westbahn (Linie 1) bis St. Valentin und weiter mit der Ennstalbahn. Rückfahrt nach Linz mit der Westbahn. Man kann die Tour in Rohr (Bahnhof der Pyhrnbahn) „halbieren".
Charakter: einfache, aber recht hügelige Radtour auf meist kaum befahrenen Nebenstraßen und Güterwegen.
Strecke: Steyr – Rohr 22 km, nach Kremsmünster 5 km, weiter nach Wels 23 km.
Wanderung: kurzer Spaziergang im Bereich der Schachenteiche.
Höhenunterschied: mehrere kurze, z. T. auch steile Anstiege, insgesamt ca. 300 m.
Einkehr: Gasthöfe in allen Orten am Weg.

Hügelauf, hügelab geht's zwischen Oberösterreichs zweit- und drittgrößter Stadt durch das Alpenvorland des Traunviertels. Bei klarer Sicht begleitet Sie auf dieser Tour die fast ständige Prachtsicht zur Alpenkette im Süden – vom Ötscher über die „Skyline" des Kalkalpen-Nationalparks und den Traunstein bis zum Höllengebirge. Sie hat schon einen jungen Mann fasziniert, der im Stiftsgymnasium Kremsmünster die Grundlagen für ein großes künstlerisches Leben sammelte: Adalbert Stifter.

Doch der Reihe nach: Wir schwingen uns am Bahnhof Steyr in den Sattel, schwenken vor der gegenüber gelegenen evangelischen Kirche links in die Dr.-Kompaß-Straße ein und biegen dann links auf die Duckartstraße ab. Nach einer kurzen Abfahrt rechts über die Schönauer Brücke und rechts zum Neutor. Dahinter geht's über den Grünmarkt, den einzigartigen Stadtplatz und durch die Enge Gasse nach Zwischenbrücken unter dem Schloss Lamberg. Vor der Brücke über die Steyr beginnt links der beschilderte Steyrtal-Radweg, der über den Museumssteg in den Ortsteil Wehrgraben und weiter zur berühmten Wallfahrtskirche Christkindl führt.

Oberhalb des Steyrtals fahren wir bis zur Steyrbrücke unter dem „Mostdorf" Aschach an der Steyr. Dort zweigen wir rechts auf den ebenfalls gut beschilderten Voralpen-Radweg ab, der nach einem kurzen Anstieg durch das waldreiche Bauernland um Sierning und Bad Hall zieht. Bei Rohr erreichen wir die Krems und ihren Radweg, dem wir links bis Kremsmünster folgen. Die barocke Klosteranlage mit ihren Kunstschätzen und ihrer Sternwarte zählt zu den größten Sehenswürdigkeiten des Landes.

Vor dem Stiftseingang wenden wir uns mit dem Rad rechts hinauf, dem Wegweiser nach Sipbachzell folgend. Der schweißtreibende Anstieg wird alsbald durch die flachere Fahrt zu den Schachenteichen belohnt. Hier lohnt sich ein

Abendstimmung über der Wallfahrtskirche Heiligenkreuz bei Kremsmünster

weiterer Zwischenstopp, um das Umfeld des dunklen Wassers ein wenig per pedes zu erforschen. Im Hintergrund tritt die doppeltürmige Wallfahrtskirche Heiligenkreuz ins Bild – wer sie besichtigen möchte, biegt 1 km nordwestlich der Schachenteiche links von der Sipbachzeller Bezirksstraße dorthin ab und fragt im Bauernhof Steinmayr (Haus Nr. 14) nach dem Schlüssel.

Inzwischen sind wir wieder auf dem Voralpen-Radweg unterwegs. Seine letzte Etappe bringt uns nach Wels. Über die Traunbrücke, bei der wir den Traunradweg queren, gelangen wir ins Zentrum der traditionsreichen und geschäfigen Messestadt. Rund um den Stadtplatz und den Kaiser-Joseph-Platz erwarten uns hier viele Sehenswürdigkeiten – vom viel fotografierten Ledererturm über die Burg, in der Kaiser Maximilian 1519 starb, bis zu einer Gasthausbrauerei. Auf der Rosegger- und der Bahnhofstraße erreichen wir den Welser Bahnhof.

Weihnachten in Steyr

Im Advent wird die historische Eisenstadt Steyr zur „Christkindlstadt". Der Grund dafür liegt vor allem in der gleichnamigen Wallfahrtskirche, die im 18. Jahrhundert zu Ehren eines wundertätigen Wachschristkindls erbaut wurde. Im Gasthaus neben dem barocken Kleinod wird jedes Jahr ein Weihnachts-Sonderpostamt eingerichtet, in dem Sendungen aus aller Welt mit Sonderstempeln versehen werden. Im Pfarrhof ist eine große mechanische Krippe zu bestaunen. Die zahlreichen Sehenswürdigkeiten im nahen Steyr werden um diese Zeit durch einen Adventmarkt und (Krippen-)Ausstellungen vermehrt. Besondere Bekanntheit erlangte der Adventmarkt im nahen Garsten: Vor der barocke Fassade der ehemaligen Stiftskirche lebt viel altes Handwerk wieder auf. Den Transfer zwischen den Orten besorgt ein Oldtimerbus und an den Wochenenden dampft die Steyrtalbahn nach Steinbach an der Steyr, wo der ganze Dorfplatz zum Adventkalender wird.

Info: www.tourism-steyr.at

Am Fuße des Traunsteins

Das „Amalfi der Alpen"

Ausgangspunkt: Gmunden, 440 m, Seebahnhof im Ortsteil Weyer. Zufahrt mit der Westbahn bis Lambach, weiter mit der Vorchdorfer Lokalbahn. Oder ab Attnang-Puchheim mit der Salzkammergutbahn (Linie 17) bis zum Bahnhof Gmunden, dann mit dem Rad durch das Stadtzentrum.
Charakter: kurze, einfache und ebene Radtour mit drei unterschiedlich langen Wandermöglichkeiten, die jedoch alle Trittsicherheit und Schwindelfreiheit erfordern.
Strecke: Gmunden – Ende der öffentlich befahrbaren Straße 5,5 km, Rückweg 5,5 km (eventuell ab Hois'n per Schiff).
Wanderungen: Rundweg durch die Kaltenbachwildnis 1,5–2 h, Miesweg und retour 1,5–2 h, auf den Schönberg 1,5–2 h, Rückweg 1–1,5 h.
Höhenunterschied: Radtour fast eben, Wanderungen zwischen 100 m (Miesweg) und 500 m (Schönberg).
Einkehr: die Gasthöfe Grünberg, Ramsau und Hois'n, Sepp-Stahrl-Herberge, Jausenstation Moaristidl.

Bei diesem Tourenvorschlag am Fuße des mächtigen Traunsteins steht das Wandererlebnis im Vordergrund – der kurze Drahteselritt neben dem Traunsee ist nur eine vergnügliche Möglichkeit der umweltfreundlichen Anreise. Zum ersten Zwischenstopp verlockt der Rundweg in die romantische Kaltenbachwildnis. Darunter darf man sich keinen Urwald vorstellen; es handelt sich vielmehr um eine wilde Schlucht. Wir stellen das Rad beim Gasthof Hois'n ab, folgen der Traunsteinstraße zu Fuß ca. 500 m nach Süden und biegen dann links auf den Hans-Hernler-Steig ab. Serpentinen führen durch den Hochwald hinauf; eine Forststraße wird überschritten. Unterhalb der Felsen zweigen wir links ab und erklimmen einen Graskamm, auf dem eine kleine Hütte steht. Jenseits geht's über Stufen (Sicherungen) in die Schlucht hinunter (versteckter Abstecher zu einem Wasserfall). Durch einen Tunnel, über Brücke und unter einem Steinschlagdach gelangen wir zu einer Forststraße, auf der wir links hinabgehen. Kurz darauf zweigt rechts ein breiter, zuletzt asphaltierter Waldweg ab, der zum Hois'n hinunterführt.
Wir treten wieder in die Pedale – diesmal bis zum Parkplatz am Ende der öffentlich befahrbaren Straße. Die folgende Forststraße ist auch für Biker gesperrt, also streben wir per pedes dem ersten Tunnelportal unter den Felsabstürzen des Traunsteins entgegen. Davor beginnt rechts der Miesweg mit einem kurzen Aufstieg über eine Kuppe. Dahinter führen mit Stahlseilen und Geländern gesicherte Stufen und Stege knapp über dem Traunsee mitten durch die Uferwände – im Hochsommer erinnert die Landschaft fast an die Steilküs-

Alles andere als mies: der „Klettersteig-Methusalem" am Traunseeufer.

te des Mittelmeeres. Von der (meist trockenen) Mündungsstufe des Lainaubaches geht's in steilen Serpentinen zur Fortstraße hinauf. Auf dieser links über die Brücke und durch die Tunnels zum Rad-Parkplatz zurück.

Das dritte, exklusivste und auch anspruchsvollste Wanderziel erreicht man ebenfalls auf dieser Forststraße; man geht aber am besten gleich durch die beiden Tunnels zur Lainaubrücke. Südlich des tief eingeschnittenen Tals erhebt sich der 894 m hohe Schönberg – eine exklusive Aussichtsloge zwischen Traunsee und Traunstein. Gemütliche wandern auf der Forststraße bis zur Abzweigung vor der Mairalm hinauf, biegen dort rechts ab und gelangen im sanften Anstieg in den Sattel zwischen Schönberg und Jochkogel („Ranzen"). Von dort steigt man rechts auf Pfadspuren über den Waldrücken an und in eine Senke hinab. In der Folge weicht man einigen Felstürmen in der rechten Flanke aus (Stahlseile) und klettert zum überraschend luftigen Gipfelkreuz. Der Tiefblick ist wirklich einmalig! Eine schnellere Aufstiegsmöglichkeit bietet der markierte Pfad, der bei einem Wegweiser rechts von der Forststraße im Lainautal abzweigt. Er schlängelt sich zu einer Lichtung empor und zieht dann durch eine enorm steile, mit Felsen gespickte Flanke auf den Schönberg-Rücken hinauf. Für den Abstieg wählt man neuerlich zwischen diesen beiden Möglichkeiten. Zuletzt geht es wieder im Radl-Sattel zum Ausgangspunkt zurück. Oder – Feinspitze aufgepasst! – an Deck eines Traunseeschiffes ...

Zur Rettenbachalm

Eine grüne Oase im Toten Gebirge

Ausgangspunkt: Bad Ischl, Bahnhof, 469 m. Zufahrt mit der Westbahn (Linie 1) bis Attnang-Puchheim und von dort mit der Salzkammergutbahn (Linie 17).
Charakter: einfache Radwanderung in ein landschaftlich besonders schönes Gebirgstal; anfangs auf Asphalt, dann auf Schotterfahrbahn.
Strecke: Bad Ischl – Rettenbachalm 9 km, retour 10 km.
Wanderung: zur Rettenbachwildnis und retour ca. 30 Min., ins hintere Rettenbachtal nach Belieben (zur Blaa Alm ca. 1,5 h).
Höhenunterschied: 200 m.
Einkehr: in Bad Ischl, Rettenbachalm.

Gourmets aufgepasst: Am Gasthaus Rettenbachmühle kommt man auch mit dem Bike nur schwer vorbei. Und auch die weitere Fahrt durch das waldschattige Rettenbachtal macht Appetit auf eine Jause in der gleichnamigen Alm. Die Route verläuft auf der Ausseer Soleleitung. Im Winter musste das Salzwasser in eigenen Wärmestuben erhitzt werden, um das Zufrieren der Rohre zu verhindern. Wem der kurze Seitensprung in die romantische Schlucht der Rettenbachwildnis zu kurz ist, der fasse die Blaa Alm als zusätzliches Wanderziel ins Auge.

Steirerkas auf der Blaa Alm

Vom Bad Ischler Bahnhof radeln wir zunächst auf der Einbahnstraße Richtung Gmunden zur Traun und nach 250 m rechts über die Traunbrücke. Auf der Steinfeldstraße übersetzen wir auch die Bahnlinie, dann geht's unter der Umfahrungsstraße durch und geradeaus den Berg zum Hochhaus hinauf. Dann fahren wir rechts auf der ebenen Rettenbachwaldstraße nach der Beschilderung zur Rettenbachmühle durch die Steinfeldsiedlung. Nach 1,8 km erreichen wir eine Querstraße, die links ins Rettenbachtal hinabführt. Bald danach sehen wir schon das Gasthaus Rettenbachmühle, das – wie erwähnt – zur ersten Rast verlockt. Die Straße führt links daran vorbei und nach einem kurzen Anstieg in den Wald. Bald darauf zweigt der Wanderweg in die Rettenbachschlucht rechts ab. Er führt durch den steilen Waldhang zu einem Steg, von dem wir einen Blick in die enge Schlucht des Rettenbaches werfen können.

Die Straße führt – nun wieder nahezu eben taleinwärts und an einer der erwähnten Sole-Wärmehütten vorbei. Der Asphaltbelag weicht der Schotterdecke. Bei einer Abzweigung

bleiben wir auf der linken (oberen) Trasse, die in den Talgrund und zu den Hütten auf der 636 m hoch gelegenen Rettenbachalm führt.
Man kann nun noch über den flachen Wiesenboden zur Solestube weiterradeln, dann wird die Route aber steil, schmal und sehr steinig – ein Leckerbissen also nur für konditionsstarke Mountainbiker. Es lohnt sich aber auch, per pedes ein Stück in die Schlucht vorzudringen: Rechts unten sieht man eine alte Klause, mit deren Hilfe einst Holz getriftet wurde; dann gibt ein 60 m langer Tunnel den Weg Richtung Blaa Alm frei. Zwischen steilen Felsflanken erreicht man den hinteren Talbereich, der sich am Fuße gewaltiger Wände etwas erweitert. Hoch oben erkennt man den Loser-Gipfel. Hier wird die Straße wieder breiter; man kann rechts abzweigen und im sehr steilen Anstieg zum Wirtshaus auf der Blaa Alm hinaufgehen.
Der Rückweg erfolgt auf der gleichen Route, sowohl per pedes als auch mit dem Rad. Vor dem Einrollen in Bad Ischl kann man allerdings eine Variante einlegen, und zwar aus der Kurve nach dem Gasthaus Rettenbachmühle und vor der Brücke über den Bach geradeaus nach dem Wegweiser „Hubhanslau". Auf dem schmalen Asphaltweg fährt man in den Wald und kommt an einer interessanten Karstquelle vorbei. Schließlich erreicht man den Ortsteil Rettenbach. Von dort fährt man links über den Bach und zum Ausgangspunkt zurück.

Es rumort in der Rettenbachwildnis.

Vom Kaiserschmarren

Sind die Ursprünge der österreichischen „National-Mehlspeise" im Salzkammergut zu suchen? Die Mär, dass Kaiser Franz Joseph bei der Jagd in der Ischler Gegend einen einfachen Eierkuchen vorgesetzt bekommen hätte und diesen zum „Kaiserschmarren" geadelt hätte, ist wohl nur gut erfunden. Wahrscheinlich kreierte der Hofkoch die kräftige Süßspeise mit Rücksicht auf die schlechten Zähne der Kaiserin besonders locker-luftig. Wie auch immer – hier ein „Ur-Rezept": Wasser und Mehl in einer Schüssel zu einem Teig rühren. Etwas salzen, Eier dazugeben, verrühren und in der Pfanne goldgelb backen (unbedingt den Deckel auflegen). Umdrehen, fertigbacken und mit zwei Gabeln zerpflücken. Erst dann kommen Rosinen dazu. Auf Tellern servieren und mit Staubzucker versüßen. Dazu schmeckt Preiselbeerkompott oder Apfelmus.

119

Die Salzkammergut-Runde

Seen-Sucht & Wasser-Wunder

Ausgangspunkt: Bad Ischl, Bahnhof, 469 m. Zufahrt mit der Westbahn (Linie 1) bis Attnang-Puchheim und von dort mit der Salzkammergutbahn (Linie 17).
Charakter: einfache und landschaftlich sehr abwechslungsreiche Radtour auf unterschiedlich verkehrsreichen Straßen, dazu drei interessante Wasser-Wanderungen. Vor allem im Weißenbachtal Vorsicht vor tempobolzenden Motorradfahrern!
Strecke: Bad Ischl – Strobl – St. Gilgen am Wolfgangsee 26 km, über Scharfling nach Unterach am Attersee 12 km, über Weißenbach und Mitterweißenbach nach Bad Ischl 25 km.
Wanderungen: um den Bürglstein 1–1,5 h, Burggrabenklamm 30 Min., zum Nixenfall 1 h hin und retour.
Einkehr: Gasthöfe in allen Orten am Weg, Gasthof See am Ostende des Mondsees.

Von See zu See und ein paar „nasse Naturwunder“ dazu: Diese 63 km lange Radtour führt Sie zu einigen der bekanntesten Salzkammergut-Highlights. Den Auftakt bildet die Durchradelung von Bad Ischl: auf der Bahnhofstraße am Tourismusbüro und der Kaisertherme vorbei ins Stadtzentrum, rechts die Kaiser-Franz-Joseph-Straße hinauf, links über den Kreuzplatz und auf der Salzburger Straße neben der Ischl taleinwärts. Bald führt rechts eine Brücke über das Flüsschen. Jenseits radeln wir auf der Jainzendorf- und auf der links abzweigenden Kreutererstraße weiter. So gelangen wir durch den Ortsteil Kreutern zur modernen Kirche von Pfandl. Inzwischen geben bereits die Wegweiser des Salzkammergut-Radweges die Richtung vor: Es geht rechts an der Siedlung Haiden vorbei und dann links wieder zum Ufer der Ischl, die im Oberlauf auch Ischler Ache genannt wird. In Strobl fließt sie aus dem Wolfgangsee. Dort, bei der Seebrücke, beginnt die „Bürglpromenade“, ein wunderschöner Wanderweg rund um den felsigen Waldgupf des Bürgls. Von seinen Stegen genießt man einen Prachtblick über den Wolfgangsee und seine Bergumrahmung (bitte nur zu Fuß, der Weg ist stellenweise schmal und steil).

Den Nixenfall bewacht wirklich eine Nixe!

Weiter mit dem Rad: Wir fahren links ins Strobler Ortszentrum und zur Kreuzung vor dem Busbahnhof. Von dort führt der Salzkammergut-Radweg rechts durch die Siedlung und schnurgerade ins Blinklingmoos hinein. Hier dampfte einst die schmalspurige Salzkammergut-Lokalbahn Richtung Salzburg. Heutzutage freuen sich die Biker über ihre brettelebene, anfangs fein gekieste und dann wieder asphaltierte Trasse, die neben dem Seeufer und über die Zinkenbach-Halbinsel nach St. Gilgen zieht.

Rechts ins Ortszentrum und auf der Mondseer Straße in den Brunnwinkel. Dort erreicht man die verkehrsreiche B 154, auf der man einen längeren, aber nicht allzu steilen Anstieg zum Scharflingpass hinter sich bringt. Unterwegs kann man beim Krottensee rasten und hinter dem Felseinschnitt geht's flott in weiten Kehren nach Scharfling am Mondsee hinunter.

Dort biegen Sie rechts Richtung Unterach ab. Die Mondsee-Uferstraße wurde hier durch einen modernen Tunnel entschärft; die Radler genießen die alte Trasse links daneben. Vorbei am Kreuzstein erreicht man die Ortschaft Au am Ostende des Sees. Links hinauf, über die Hauptstraße und auf dem alten Verbindungsweg – die Hauptstraße nochmals querend – zum Ortsrand von Unterach am Attersee. Hier zweigen wir rechts ab und begleiten nun das Südufer des Attersees – vorbei an der Mündung der wilden Burggrabenklamm, die

Mondsee, ein Mega-Ausflugsziel

zu einer weiteren Fußwanderung einlädt (man kann das Rad beim Jagerwirt „parken").

In Weißenbach am Attersee schwenken wir rechts ins Tal des Äußeren Weißenbachs ein. Im stetigen, aber ganz sanften Anstieg radeln wir am Fuße des Höllengebirges dahin. Wer noch Zeit und Kondition für einen dritten Abstecher per pedes hat, kann am südlichen Ortsrand rechts zur Fachbergbrücke abzweigen und von dort zum romantischen Nixenfall wandern. Ansonsten bieten sich neben der Straße die Schotterbänke des Baches für eine Rast an. Bei der „Umkehrstube" ist der höchste Punkt erreicht – nun geht's wieder bergab, und zwar recht rasant. Ein letzter Zwischenstopp empfiehlt sich bei der Klammkapelle, wo man einen Blick in die rauschende Schlucht des Mitterweißenbachs werfen kann. Im gleichnamigen Ort landet man am Ufer der Traun, die nicht nur Bahn und Bundesstraße, sondern auch ein gut ausgebauter Radweg begleiten. Auf diesem kommen Sie rechts wieder nach Bad Ischl zurück.

Die Attergau-Runde

Römer, Bier und Würfelspiel

Ausgangspunkt: Vöcklabruck, 430 m, Bahnhof. Zufahrt mit der Westbahn (Linie 1).
Charakter: einfache Radtour, zwischen Vöcklabruck und Fornach (noch) nicht beschildert. Am besten auf zwei Tage aufteilen!
Strecke: nach Frankenburg 25 km, weiter nach Attersee 32 km, von Schörfling nach Vöcklabruck 16 km.
Wanderung: Würfelspiel-Wanderweg 2,5 h (mit dem Rad 10 km, teils nicht asphaltiert), von Frankenburg zum botanischen Garten und zurück 3 h (per Rad 10 km).
Höhenunterschied: Radtour mit mehreren kurzen Steigungen, insgesamt ca. 300 m.
Einkehr: Gasthöfe in allen Orten am Weg.

Zwischen dem Attersee, dem Hausruck und dem Kobernaußerwald breitet sich ein wenig bekanntes, aber umso schöneres Tourengebiet aus. Hier teilt sich einer der interessantesten Radwege des Landes in zwei Routen: der Römerweg, der in Passau beginnt und auf den Spuren der Besatzer aus dem Süden in den Attergau führt. Man kann ihn – wie dieser Tourentipp skizziert – natürlich auch in Etappen befahren und so manches interessante Zusatzziel „anhängen".
Obwohl die Bezirksstadt Vöcklabruck mit ihren beiden Tortürmen als „Tor zum Salzkammergut" gilt, wenden wir uns zunächst nach Westen. Wir folgen der Vöckla abseits der B 1 nach Timelkam und dann der Dürren Ager nach Gampern, wo wir natürlich den herrlichen spätgotischen Schnitzaltar in der Remigiuskirche besichtigen. Rechts geht es, die B 1 überquerend, nach Redl weiter. Da man sich hier schon einen ordentlichen Durst erworben hat, kommt die nahe Zipfer Brauerei mit ihrem Braugasthof gerade recht. Den Abstecher dorthin sollte man noch ein Stück weiter nach Norden verlängern, und zwar auf ruhigen Nebenstraßen neben dem Redlbach bis Frankenburg. 1625 brachen hier Bauernaufstände aus, die blutig niedergeschlagen wurden. Die Anführer mussten auf dem nahen Haushamerfeld um ihr Leben würfeln. Ein beschilderter Themenweg, der auch mit dem Rad befahrbar ist, erinnert an diese unrühmliche Episode der heimatlichen Geschichte. Im Norden der freundlichen Marktgemeinde, am Rande des Hausruckwaldes, liegt zudem ein botanischer Garten, der ebenfalls wahlweise mit dem Rad oder per pedes erreichbar ist.
Wir kehren nach Redl zurück. Nach der Brücke über den Tiefenbach zweigen wir rechts ab, schwenken gleich darauf links ein und radeln über Pfaffing nach Fornach. Dort erreichen wir die mit „Römerhelm"-Schildern und dreiteiligen Infotafeln versehene Hauptroute des Römer-

radweges, der wir nach Süden folgen. Über Frankenburg gelangen wir nach St. Georgen im Attergau und weiter nach Attersee (sehr empfehlenswert ist der Umweg über Abtsdorf).

Am Ufer des größten Sees Oberösterreichs erwarten uns nicht nur sommerlich-spritzige Badefreuden, sondern auch Schiffe, die uns nach Seewalchen oder Schörfling am Nordufer bringen. Sodann fahren wir auf dem Verbindungsradweg 101 rechts neben der Ager in den Industrieort Lenzing, links nach Timelkam und von dort auf der bereits bekannten Route in den Ausgangsort zurück.

Humorige Begegnung auf dem Weg zum Attersee (oben)

Reise-Atlas
Oberösterreich

Hannibal und Gisela:
Der Salonwagen der Mühlviertler Pferdeeisenbahn und der Traunseedampfer erinnern an Reisen in einer fernen Zeit.

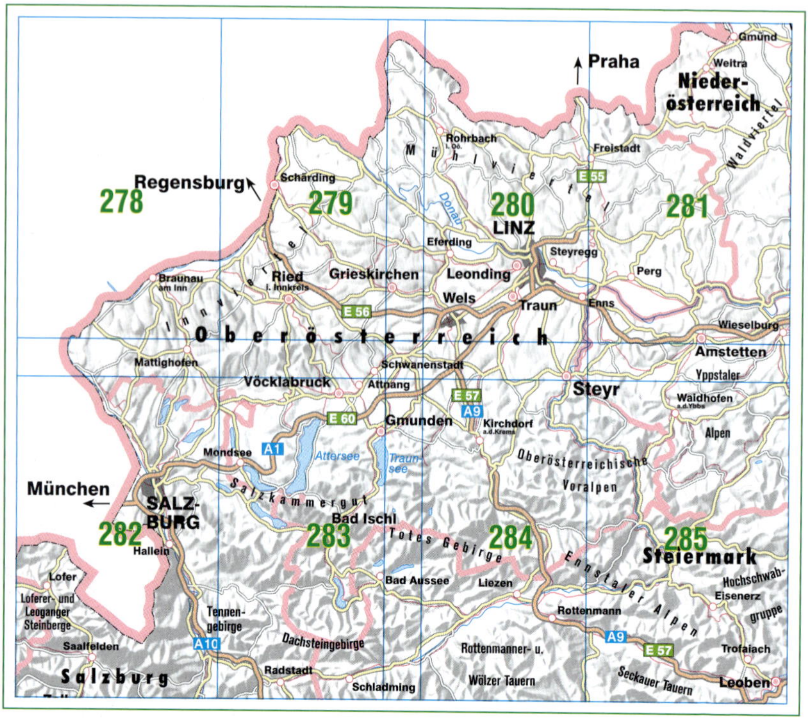
278
279
280
281
282
283
284
285
Regensburg
Praha
München
Gmünd
Weitra
Nieder-
österreich
Waldviertel
Rohrbach
Mühlviertel
Freistadt
E 55
Schärding
Donau
LINZ
Eferding
Steyregg
Perg
Braunau
am Inn
Ried
i. Innkreis
Grieskirchen
Leonding
Wels
Traun
Enns
Innviertel
E 56
Oberösterreich
Wieselburg
Amstetten
Ybbstaler
Mattighofen
Schwanenstadt
Vöcklabruck
Attnang
Steyr
E 57
A9
E 60
Gmunden
Kirchdorf
Waldhofen
Alpen
Mondsee
A1
Attersee
Traunsee
Oberösterreichische
Voralpen
SALZ-
BURG
Salzkammergut
Bad Ischl
Totes Gebirge
Hallein
Steiermark
Lofer
Loferer- und
Leoganger
Steinberge
Bad Aussee
Liezen
Ennstaler Alpen
Hochschwab-
Eisenerz
gruppe
Tennen-
gebirge
Rottenmann
Saalfelden
A10
Dachsteingebirge
Rottenmanner- u.
A9
E 57
Trofaiach
Salzburg
Radstadt
Schladming
Wölzer Tauern
Seckauer Tauern
Leoben

Eggenfelden
Huldsessen
Heberts-
felden
Post-
münster
Triftern
Bayerbach
Asbach
Dietfurt
Walburgs-
kirchen
Rotthal-
münster
Mitters-
kirchen
Wurmanns-
quick
Ulbering
Kößlarn
Geratskchn.
24
Zimmern
Wittibreut
Münchham
Wald
Obertürken
Tann
Stubenberg
Malching
Reischach
Eggstetten
Ering
549
Inn
Winhöring
Perach
Simbach
a. Inn
Hagenau
Mühl-
heim
Marktl
St. Peter
Mining
94
111
BRAUNAU
A. INN
351
Altheim
Neu-
ötting
Ranshofen
Seibersdorf
Weng
Altötting
402
Haiming
St.
Georgen
Emmerting
Überackern
Burgkirchen
Moos-
bach
Alz
Neukirchen
Burgkchn.
110
Mauerkirchen
Schwand
Burghausen
Ach
Unt. Weilhartforst
Uttendorf
Handen-
berg
Maria
Schmolln
Wanghsn.
Gilgenbg.
Pischelsdf.
Halsbach
Hochburg
28
St. Georgen
Schalchen
St.
Radegund
Asten
112
Mattighofen
454
Kirchweidach
Geretsberg
Gundertshsn.
Ob. Weilhartforst
Tarsdorf
Pfaffstätt
Tyrlaching
Eggelsbg.
Auerbach
Munderfing
Oster-
miething
Franking
Ibm
Feldkchn.
Tittmoning

282

DEUTSCHLAND
Freyung
655
Hinterschmiding
Grainet
Neureut
Perlesreut
Kumreut
Karlsbach
Altreichenau
Dreisesselberg
1332
Plöckensteiner See
Neureichenau
1
103
Alzesberg
Röhrnbach
Jandelsbrunn
Fürsten-
stein
Tittling
Fürsteneck
Waldkirchen
Schwarzen-
berg
Eging
Breitenberg
Klaffer
Neukchn.
Kalteneck
948
Sonnen
Aicha
v. Wald
Hutthurm
Ruderting
Julbach
Haselbach
Erlau
Hauzenberg
Germanns-
dorf
Nebelberg
Ilz
Salzweg
Thyrnau
Wegscheid
Kollerschlag
Sandbach
Passau
290
Untergries-
bach
Wildenranna
Erlau
Obernzell
Oberkappel
Ameisberg
941
Sarleins-
bach
Freinbg.
Pyra-
wang
Kasten
4
Esternbg.
Gottsdorf
Putzleins-
dorf
Neustift
Neukchn.
Schardenberg
35
Vichtenstein
7
Pfarrkchn.
Fürstenzell
Lembach
Neuburg
a. Inn
Wernstein
Münz-
kchn.
Engelhartszell
8
Hofkchn.
102
Engertsham
33
St. Roman
St. Aegidi
Niederkappel
Neuhaus
SCHÄRDING
318
Wesenufer
Tetten-
weis
Mittich
Rainbach
9
St. Florian
Kopfing
Waldkirchen
Ruhstorf
Taufkchn.
Diersbach
34
Neukirchen
101
Pocking
Suben
Natternbach
St. Agatha
Hartkchn.
Sigharting
Enzen-
kchn.
280
Bad
Füssing
St. Marienkchn.
Ranseredt
Andorf
St. Willibald
Pram
Peuerbach
Würding
Antiesen-
hofen
Eggerding
Raab
Altschwendt
Waizenkch
Reichersbg.
Ort
Zell
Obernberg
a. Inn
Lambrechten
Riedau
St. Martin
Kallham
Michaelnbach
Kirchdf.
Weilbach
Utzenaich
Andrichs-
furth
Pötting
Pollham
A8
Geinberg
Berg
Neumarkt
Taufkchn.
GRIES-
KIRCHEN
Taiskirchen
Aurolz-
münster
Gurten
Schallerba
Wendling
Polling
Langdf.
RIED
i. Innkreis
433
Peterskchn.
Pram
Kirch-
heim
Rottenbach
Hofkchn.
Schlüsslbg.
Mehrn-
bach
Hohenzell
Gallspach
Weibern
Aistershm.
Pichl
Mettmach
Haag
Aspach
A8
Meggenhfn.
Kematen
Eber-
schwang
Turmberg
760
Geboltskchn.
Offenhsn.
Hohnhart
31
Gaspoltshfn.
Bachmanning
St.
Johann
Lohnsburg
Waldzell
Pramet
Hausruck
Kohlgrube
Penne-
wang
Holz-
leithen
32
Steiglberg
767
Wolfsegg
Nieder-
thalheim
Lambach
Göblberg
801
30
Ampflwang
Ottnang
Thomas-
roith
Atzbach
Stadl-
Paura
Frankenburg
Zell
29
Schwanen-
stadt
Ungenach
Bad Wimsb
283

REISE-ATLAS

TSCHECHIEN
Zelnava
1216
Hodnov
Polná
Vetrni
Prídolí
Netrebice
Plöckensteiner See
N. Pec
Horni Plana
Horice
Svetlik
Cerná
1
103
Hochficht 1338
Zad. Zvonková
Schwarzenberg
Böhmerwald
Moldau Stausee
Rozmitál
Blatná
Klaffer a. Hochficht
2
Vetrná
Rozmberk (Rosenberg)
Julbach
Ulrichsberg
Frymburk
Rybnik
Aigen
Sv. Tomás
Lipno
Nebelberg
Schlägl
3
Heirov
Peilstein
St. Oswald
Pasecná
Vyssí Brod (Hohenfurth)
Hor. Dvoriste
Studánky
Kollerschlag
Oepping
Gr. Mühl
Berg
Haslach
Afiesl
Schönegg
Vorder-weißenbach
Sternstein
Kl. Mühl
6
15
Ameisberg 941
Sarleinsbach
ROHRBACH
St. Stefan
Reichenthal
4
Helfenberg
1122
Summer
Putzleinsdorf
Ahorn
Bad Leonfelden
Mühlviertel
Groß-traberg
Schenkenfelden
Lembach
13
Waldbur
102
Altenfelden
Neufelden
St. Johann
14
Hirschbac
Waxenberg
St. Ulrich
St. Veit
5
Niederkappel
Kleinzell
Zwettl
Obermühl
Niederwaldkirchen
Oberneukchn.
Ottenschlag
Reichenau
Gr. Rodl
Hellmonsödt
Kirchberg
Untermühl
Neußerling
10
Herzogsdf.
Kirchschlag
St. Martin
101
Alberndorf
Haibach
St. Agatha
12
Gramastetten
Lichtenberg 927
Altenberg
Unterweitersdorf
Aschach
11
Bad Mühllacken
108
Hartkirchen
Walding
Gallneukirchen
Pupping
Ottensheim
Pöstlingberg
Engerwitzdf
Stroheim
Feldkchn.
Waizenkchn.
EFERDING
271
Goldwörth
Donau
Puchenau
LINZ
266
105
Prambachkchn.
Wilhering
Steyregg
Alkoven
526
Gusen
Leonding
Pollham
St. Marienkchn.
Fraham
289
Innbach
Pasching
Luftenberg
St. Geo
Scharten
Bad Schallerbach
109
Thening
A7
104
Oftering
Wallern
Buchkchn.
Traun
Asten
Welser Heide
Krenglbach
Hörsching
St. Florian
A1
Schlüsslbg.
Marchtrenk
Ansfelden
Gallspach
Pucking
Pichl
A25
St. Val
Kematen
Niederneukchn.
WELS
Weißkchn.
317
Schleißhm.
Allhaming
St. Marien
Hofkchn.
Gunskchn.
Thalheim
Pennewang
A8
A1
Neuhofen
Weichstetten
Traun
Steinhaus
Lambach
Kematen
Schiedlberg
Dietachdf.
Enns
Sipbachzell
Krems
Steinerkirchen a.d. Traun
116
Stadl-Paura
Sattledt
Wolfern
Rohr
Bad Wimsbach-
Sierning
STEYR
Bad
Kremsmünster

280

284

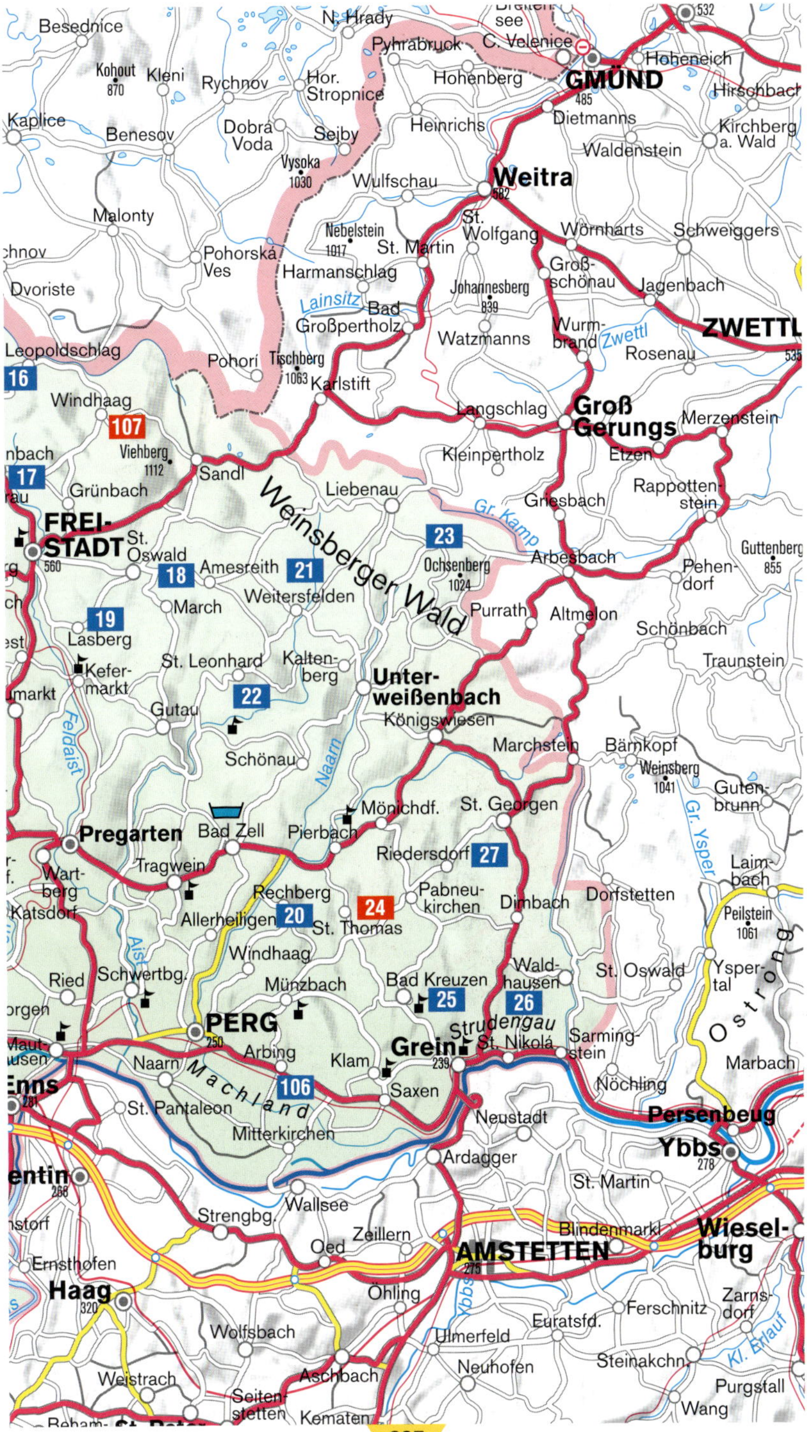
Besednice
N. Hrady
Pyhrabruck
C. Velenice
Hoheneich
Kohout 870
Kleni
Rychnov
Hor. Stropnice
Hohenberg
GMÜND 485
Hirschbach
Kaplice
Benesov
Dobrá Voda
Sejby
Heinrichs
Dietmanns
Kirchberg a. Wald
Waldenstein
Vysoka 1030
Wulfschau
Weitra 582
Malonty
Nebelstein 1017
St. Martin
St. Wolfgang
Wörnharts
Schweiggers
Pohorská Ves
Harmanschlag
Groß-schönau
Jagenbach
Dvoriste
Johannesberg 839
Lainsitz
Bad Großpertholz
Watzmanns
Wurm-brand
Zwettl
ZWETTL
Rosenau
Leopoldschlag
Pohorí
Tischberg 1063
Karlstift
16
Windhaag
107
Langschlag
Groß Gerungs
Merzenstein
Viehberg 1112
Sandl
Kleinpertholz
Etzen
17
Grünbach
Liebenau
Griesbach
Rappotten-stein
Weinsberger Wald
Gr. Kamp
FREI-STADT 560
St. Oswald
23
Guttenberg 855
18
Amesreith
21
Ochsenberg 1024
Arbesbach
Pehen-dorf
March
Weitersfelden
19
Purrath
Altmelon
Lasberg
Schönbach
Traunstein
St. Leonhard
Kalten-berg
Kefer-markt
Unter-weißenbach
22
Gutau
Königswiesen
Feldaist
Marchstein
Bärnkopf
Weinsberg 1041
Schönau
Naarn
Guten-brunn
Mönichdf.
St. Georgen
Gr. Ysper
Pregarten
Bad Zell
Pierbach
Riedersdorf
27
Tragwein
Laim-bach
Wart-berg
Rechberg
Pabneu-kirchen
Dimbach
Dorfstetten
Katsdorf
24
Peilstein 1061
Allerheiligen
20
St. Thomas
Aist
Windhaag
Wald-hausen
St. Oswald
Ysper-tal
Ried
Schwertbg.
Münzbach
Bad Kreuzen
25
26
Ostrong
PERG 250
Strudengau
Sarming-stein
Maut-hausen
Arbing
Grein 239
St. Nikola
Marbach
Naarn
Machland
Klam
Enns 281
106
Saxen
Nöchling
St. Pantaleon
Neustadt
Persenbeug
Mitterkirchen
Ybbs 278
Ardagger
St. Martin
Wallsee
Strengbg.
Zeillern
Blindenmarkt
Wiesel-burg
Oed
AMSTETTEN 275
Ernsthofen
Haag 320
Öhling
Ferschnitz
Zarns-dorf
Ybbs
Euratsfd.
Wolfsbach
Ulmerfeld
Kl. Erlauf
Steinakchn.
Aschbach
Neuhofen
Weistrach
Purgstall
Seiten-stetten
Wang
Kematen

285

278

Hochburg
28
St. Georgen
Schalchen
St. Radegund
Ob. Weilhartforst
112
Asten
Geretsberg
Gundertshsn.
Kirchweidach
Tarsdorf
Pfaffstätt
454
Eggelsbg.
Munderfing
Tyrlaching
Auerbach
Oster-miething
Franking
Ibm
Feldkchn.
Tittmoning
Salzach
Moosdorf
Abern
Trimmelkam
Friedbg.
Palting
Palling
Michaelbeuern
Lengau
St. Georgen
Perwang
Tengling
Lamprechtshsn.
Lochen
Fridolfing
Mattsee
Tachinger See
Bürmoos
Flachgau
Mattsee
Tannberg
786
Taching
Nußdorf
Seeham
Kostendf.
Tettenhsn.
Ober-trumer See
Waging a. See
Lampoding
Laufen
Oberndorf b. Salzburg
Schleedorf
Obertrum
Wallersee
Waginger See
Traun
Kammer
Leoben-dorf
Haunsberg
835
Petting
Seekirchen
Henndorf
Abtsdorf
Anthering
Traunstein
600
Schönram
Saaldorf
Elixhsn.
Eugendf.
Teisendorf
Freilassing
Berg-heim
Neukirchen
Hallwang
A1
Plainfd.
Straß
Siegsdorf
Anger
Ainring
Hof
SALZBURG
425
Aufham
Wals
Ebenau
Faistenau
Piding
Ruhpolding
Inzell
Glasenbach
Hochstaufen
1781
A10
Elsbethen
Anif
Wiestal-stausee
Grödig
Niederalm
Bad Reichenhall
470
Thumsee
Großgmain
Weißbach
Pass Hallthum
694
Puch
Hinterse
Saalach See
Bayer. Gmain
Mrkt. Schellenbg.
Oberalm
Krispl
Schneizlreuth
Predigtstuhl
1613
Untersberg
1972
Adnet
Steinpass
615
Schmittenstein
1695
HALLEIN
450
Saalach
Dürrnberg
Bad Vigaun
Unken
Bischofswiesen
Kniepass
560
Schwarzbach-wacht-S.
868
Berchtesgaden
Kuchl
Pernegg
Reit
Schönau
Reiter Alpe
Ramsau
Königssee
Hoher Göll
2522
Golling
Strub
Lofer
Pass Strub
677
Hirschbichel
1185
Hochkalter
2608
Watzmann
2713
Pass Lueg
552
St. Martin
Königs-see
Hagen-gebirge
Gr. Ochsenhorn
2511
Salzach
Weißbach
Gr. Hundstod
2594
Berchtesgadener Alpen
Obersee
Tenneck
Hochfilzen
Werfen
Steinernes Meer
Leogang
Spielberghorn
2044
Hütten
Leogangtal
S A L Z B U
2651
Saalfelden
Hochkönig
2941
Hinterthal
Filzen-S.
1357
Saalbach
Maria Alm
Mitter-berg
Harham
Gerling
Wintersperre XII-IV
Viehhofen
Dienten
Mühlbach
Saalach

279

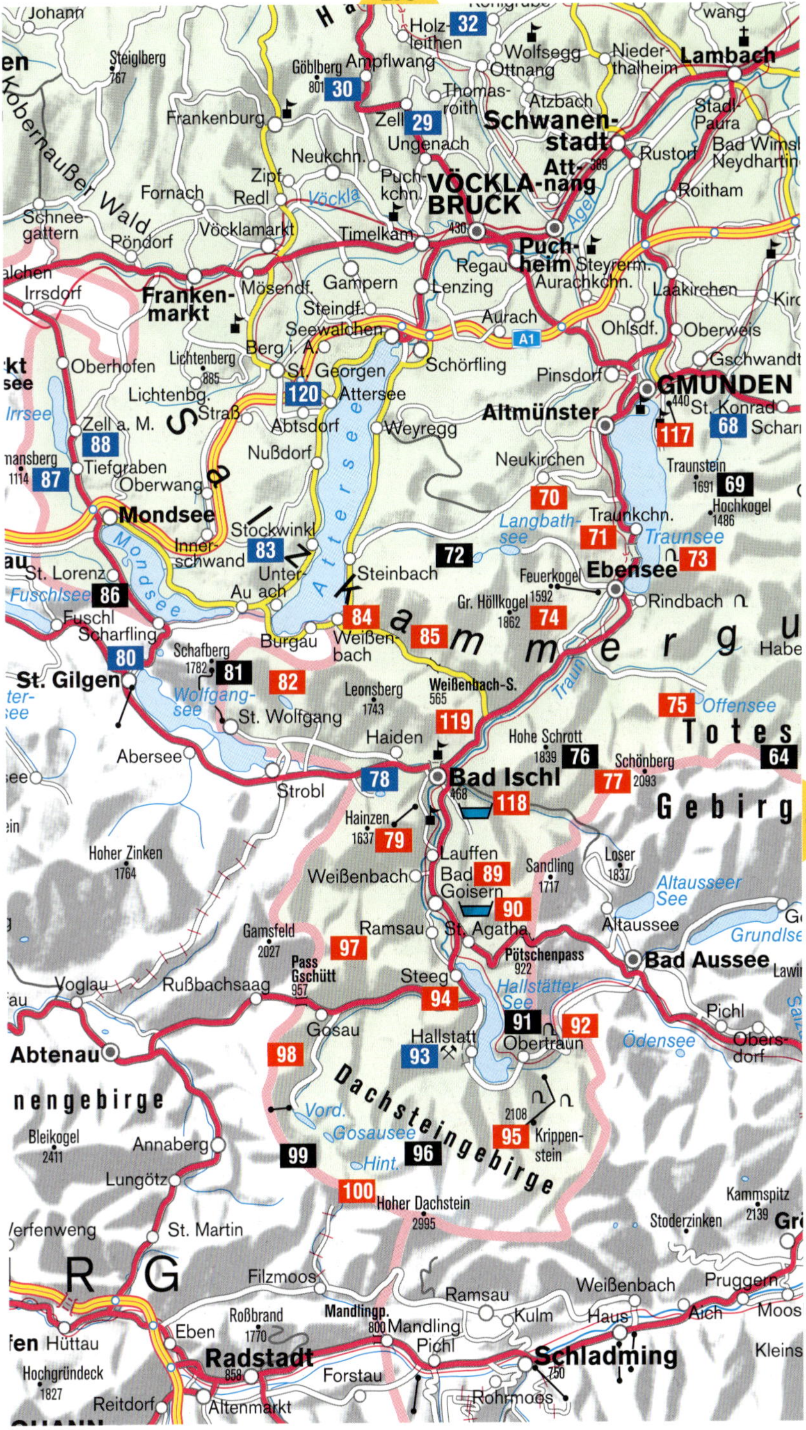
Johann
Steiglberg 767
Kobernaußer Wald
Göblberg 801
Ampflwang
30
Holz-leithen
32
Wolfsegg
Ottnang
Nieder-thalheim
Lambach
Frankenburg
Thomas-roith
Zell
29
Atzbach
Schwanen-stadt
Stadl-Paura
Neukchn.
Ungenach
Rustorf
Bad Wimsb
Neydharting
Fornach
Zipf
Redl
Vöckla
Puch-kchn.
VÖCKLA-BRUCK
430
Att-nang
389
Agel
Roitham
Schnee-gattern
Pöndorf
Vöcklamarkt
Timelkam
Puch-heim
Steyrerm.
Regau
Aurachkchn.
Irrsdorf
Franken-markt
Mösendf.
Gampern
Lenzing
Laakirchen
Steindf.
Aurach
Ohlsdf.
Oberweis
Seewalchen
A1
Berg i. A.
Oberhofen
Lichtenberg 885
St. Georgen
120
Schörfling
Pinsdorf
Gschwandt
Lichtenbg.
Attersee
GMUNDEN
440
St. Konrad
Irrsee
Straß
Altmünster
Zell a. M.
88
Abtsdorf
Weyregg
68
117
Nußdorf
Neukirchen
Traunstein 1691
69
Tiefgraben
87
Oberwang
70
Hochkogel 1486
Mondsee
Stockwinkl
Langbath-see
71
Traunkchn.
Traunsee
Inner-schwand
83
72
Attersee
Mondsee
Steinbach
Ebensee
73
St. Lorenz
Unter-ach
Feuerkogel 1592
Au
Fuschlsee
86
Gr. Höllkogel 1862
Rindbach
Fuschl
84
74
Scharfling
Burgau
Weißen-bach
85
Salzkammergut
Schafberg 1782
81
80
82
St. Gilgen
Leonsberg 1743
Weißenbach-S. 565
Traun
Wolfgang-see
St. Wolfgang
119
75
Offensee
Haiden
Hohe Schrott 1839
76
Totes Gebirge
64
Abersee
Strobl
78
Bad Ischl
468
Schönberg 2093
77
118
Hainzen 1637
79
Hoher Zinken 1764
Lauffen
Loser 1837
Sandling 1717
Weißenbach
Bad Goisern
89
Altausseer See
90
Altaussee
Gamsfeld 2027
Ramsau
St. Agatha
Grundlsee
97
Pötschenpass 922
Bad Aussee
Pass Gschütt 957
Steeg
Hallstätter See
Voglau
Rußbachsaag
94
Pichl
Gosau
91
92
Ödensee
Obers-dorf
Abtenau
98
Hallstatt
93
Obertraun
Dachsteingebirge
Tennengebirge
Vord. Gosausee
2108
95
Krippen-stein
Bleikogel 2411
Annaberg
99
Hint.
96
Lungötz
100
Hoher Dachstein 2995
Kammspitz 2139
Stoderzinken
Werfenweng
St. Martin
Filzmoos
Weißenbach
Pruggern
Ramsau
Kulm
Haus
Aich
Moos
Eben
Roßbrand 1770
Mandlingp. 800
Mandling
Pichl
Hüttau
Radstadt 858
Schladming 750
Kleins
Hochgründeck 1827
Forstau
Reitdorf
Altenmarkt
Rohrmoos

284

280

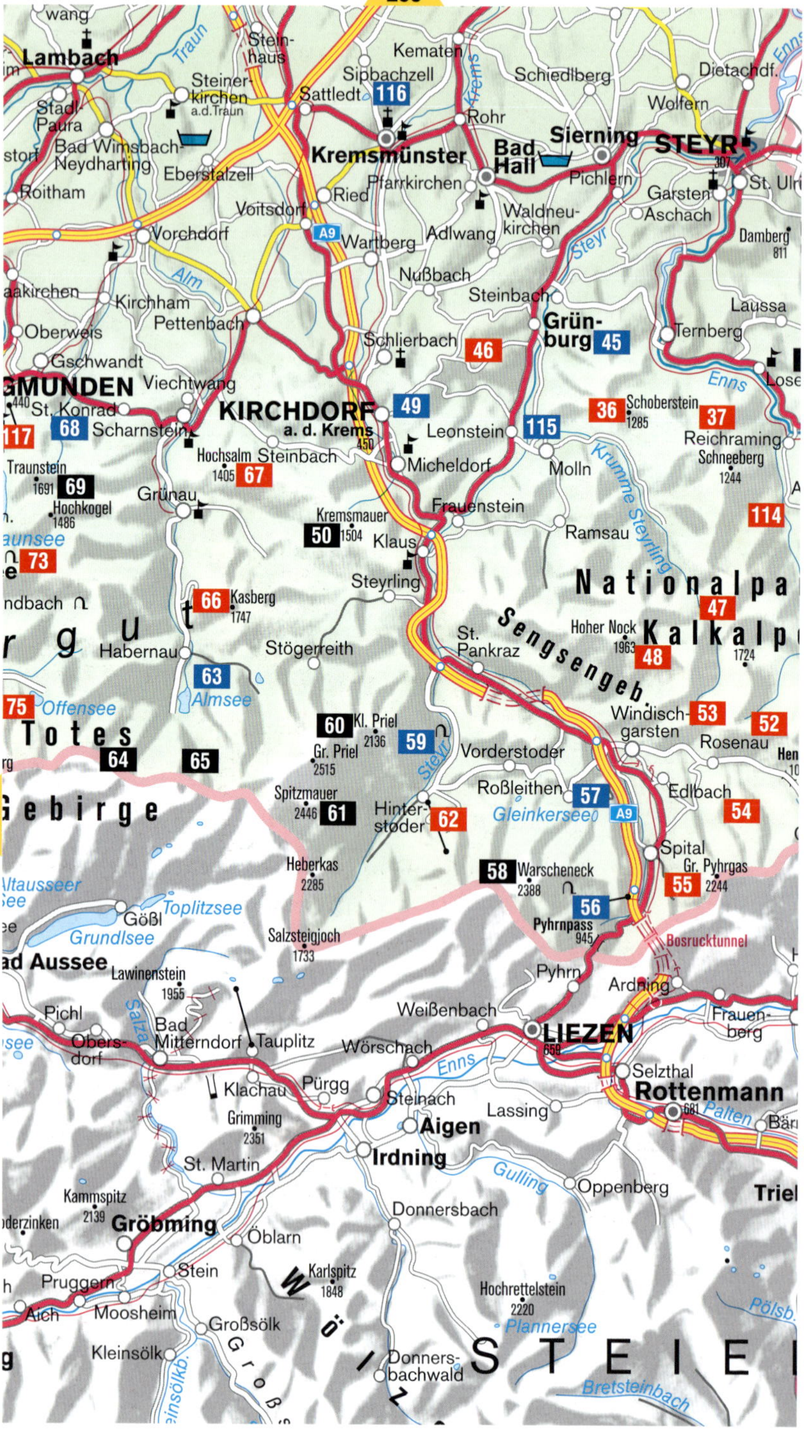
Lambach
Traun
Stein-
haus
Kematen
Sipbachzell
116
Schiedlberg
Dietachdf.
Enns
Wolfern
Stadl-
Paura
Steiner-
kirchen
a.d.Traun
Sattledt
Krems
Rohr
Sierning
STEYR
307
Bad Wimsbach-
Neydharting
Eberstalzell
Kremsmünster
Bad
Hall
Pichlern
Garsten
St. Ulr
Roitham
Pfarrkirchen
Ried
Voitsdorf
Aschach
Waldneu-
kirchen
Vorchdorf
A9
Wartberg
Adlwang
Steyr
Damberg
811
Alm
Nußbach
aakirchen
Kirchham
Steinbach
Lausa
Pettenbach
Grün-
burg
45
Oberweis
Ternberg
Schlierbach
46
Gschwandt
Enns
GMUNDEN
440
Viechtwang
Losen
St. Konrad
KIRCHDORF
a. d. Krems
450
49
36
Schoberstein
1285
37
68
Scharnstein
Leonstein
115
Reichraming
117
Hochsalm
1405
67
Steinbach
Micheldorf
Molln
Schneeberg
1244
Traunstein
1691
69
Krumme Steyrling
Hochkogel
1486
Grünau
Frauenstein
Kremsmauer
50
1504
114
Ramsau
Klaus
aunsee
73
Steyrling
Nationalpa
ndbach
66
Kasberg
1747
47
Sengsengeb.
Hoher Nock
1963
Kalkalp
r g u t
Habernau
St.
Pankraz
Stögerreith
48
1724
63
Almsee
75
Offensee
Windisch-
garsten
53
52
60
Kl. Priel
2136
Totes
59
Rosenau
Gr. Priel
2515
Vorderstoder
64
65
Roßleithen
57
Edlbach
Gebirge
Spitzmauer
2446
61
Hinter-
stoder
62
Gleinkersee
A9
54
Spital
Heberkas
2285
58
Warscheneck
2388
Gr. Pyhrgas
2244
55
Altausseer
See
Toplitzsee
56
Pyhrnpass
945
Gößl
Grundlsee
Salzsteigjoch
1733
Bosrucktunnel
ad Aussee
Lawinenstein
1955
Pyhrn
Ardning
Weißenbach
Pichl
Salza
Bad
Mitterndorf
Tauplitz
LIEZEN
659
Frauen-
berg
see
Obers-
dorf
Wörschach
Enns
Selzthal
Klachau
Pürgg
Rottenmann
681
Palten
Steinach
Lassing
Grimming
2351
Aigen
Irdning
St. Martin
Gulling
Oppenberg
Triel
Kammspitz
2139
Donnersbach
Gröbming
Öblarn
Stein
Karlspitz
1848
Hochrettelstein
2220
Pruggern
Pölsb.
Aich
Moosheim
Großsölk
Plannersee
Wölz
Kleinsölk
Donners-
bachwald
STEIE
Bretsteinbach
Groß

283

281

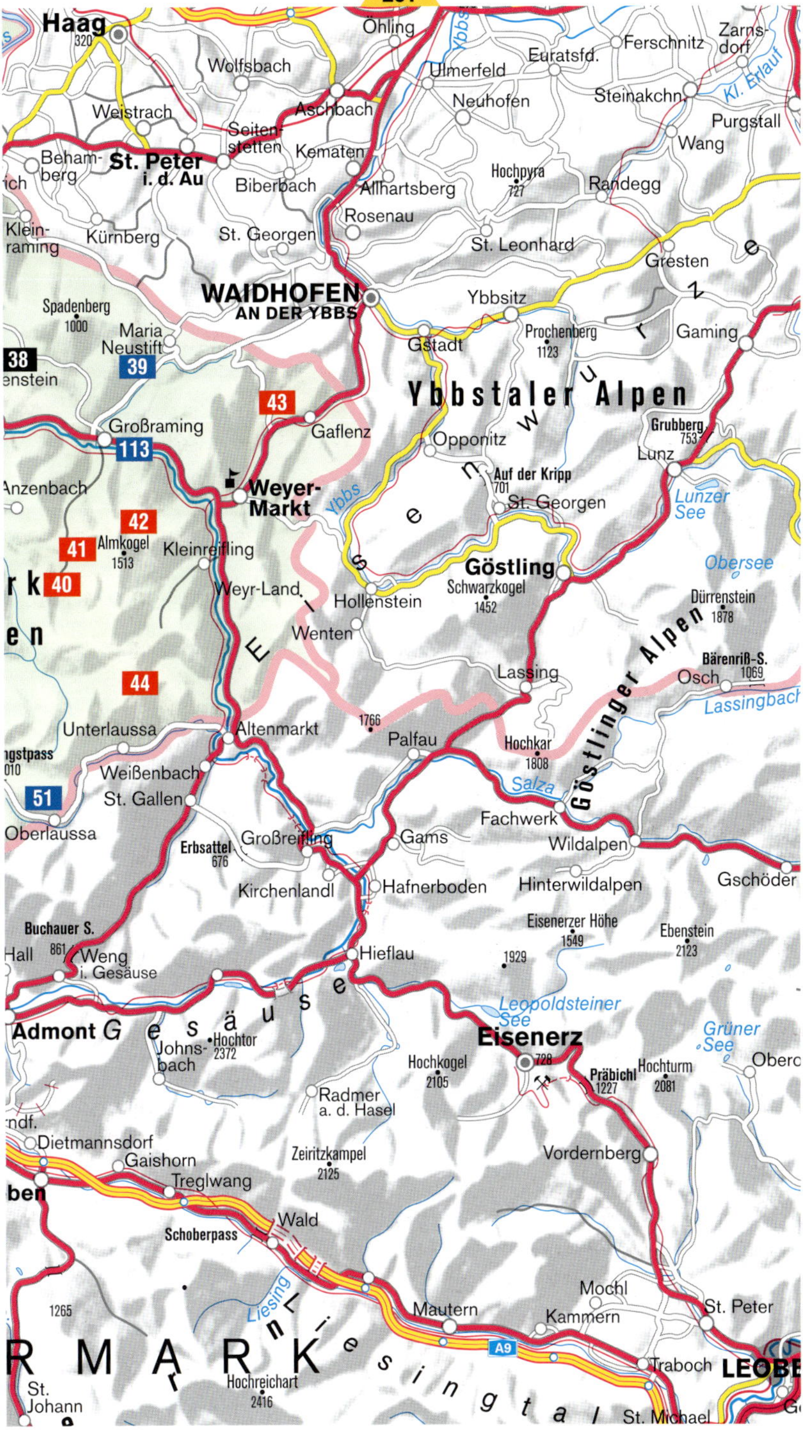
Haag
320
Öhling
Ybbs
Ferschnitz
Zarns-
dorf
Euratsfd.
Ulmerfeld
Wolfsbach
Kl. Erlauf
Steinakchn.
Neuhofen
Aschbach
Weistrach
Purgstall
Seiten-
stetten
Wang
Beham-
berg
St. Peter
i. d. Au
Kematen
Hochpyra
727
Randegg
Biberbach
Allhartsberg
Rosenau
Klein-
raming
Kürnberg
St. Georgen
St. Leonhard
Gresten
WAIDHOFEN
AN DER YBBS
Ybbsitz
Spadenberg
1000
Maria
Neustift
Gstadt
Prochenberg
1123
Gaming
38
39
43
Ybbstaler Alpen
Großraming
Gaflenz
113
Opponitz
Grubberg
753
Lunz
Anzenbach
Weyer-
Markt
Auf der Kripp
701
St. Georgen
Lunzer
See
42
41
Almkogel
1513
Kleinreifling
40
Göstling
Schwarzkogel
1452
Obersee
Weyr-Land
Hollenstein
Dürrenstein
1878
Wenten
44
Lassing
Göstlinger Alpen
Bärenriß-S.
1069
Osch
Lassingbach
Unterlaussa
Altenmarkt
1766
Palfau
Hochkar
1808
Weißenbach
Salza
St. Gallen
51
Fachwerk
Oberlaussa
Großreifling
Gams
Wildalpen
Erbsattel
676
Kirchenlandl
Hafnerboden
Hinterwildalpen
Gschöder
Eisenerzer Höhe
1549
Ebenstein
2123
Buchauer S.
861
Hall
Weng
i. Gesäuse
Hieflau
1929
Leopoldsteiner
See
Admont
Gesäuse
Johns-
bach
Hochtor
2372
Eisenerz
728
Grüner
See
Hochkogel
2105
Präbichl
1227
Hochturm
2081
Radmer
a. d. Hasel
Dietmannsdorf
Gaishorn
Zeiritzkampel
2125
Vordernberg
Treglwang
Wald
Schoberpass
Liesing
Mochl
Mautern
Kammern
St. Peter
1265
A9
Liesingtal
Traboch
Hochreichart
2416
St.
Johann
St. Michael

2. Auflage 2007
Verlagsnummer 601
ISBN 3-85491-497-0
ISBN 978-3-85491-497-6

Dieses Buch entstand in enger Zusammenarbeit mit dem Oberösterreich Tourismus und mit Unterstützung durch das Wirtschaftsressort des Landes Oberösterreich.
Ein herzliches Dankeschön an Sylvia Prunthaller und ihre MitarbeiterInnen!

Text und Kartenbearbeitung: Wolfgang Heitzmann.
Redaktionelle Mitarbeit: Renate Gabriel.
Kartenausschnitte: © KOMPASS-Karten GmbH.
Reise-Atlas: © KOMPASS-Karten GmbH.
CD-Bearbeitung: Dipl. Ing. Michael Schröder.
Lektorat: Textservice Johann Schnellinger, Linz.

Fotonachweis:
Titelbild: Schiederweiher bei Hinterstoder; Seite 2/3: Bankerlsteig bei Helfenberg/Hoher und Niederer Dachstein; Seite 6: Große Schlucht im Reichraminger Hintergebirge.
Gemeinde Kopfing (92/93); Gemeinde Zell am Pettenfirst (81); Land OÖ (7); Nationalparkregion Ennstal (103, 108); Oberösterreich Tourismus/Erber, Heilinger, Kapfer, Weissenbrunner, Zak (Cover, 1, 3/4, 8/9, 13, 20/21, 23, 57, 76/77, 81, 93, 105, 131, 137, 143, 243, 247, 253, 255, 256/257, 275, 276/ 277); Franz Sieghartsleitner (111), TVB Ausseerland Salzkammergut/Rastl (215); Wolfgangsee Tourismus (191); alle anderen Fotos Heitzmann/Gabriel.

Berichtigungshinweise und Verbesserungsvorschläge nimmt die Redaktion gerne entgegen.
Korrekturvorschläge bitte an folgende Adresse:

KOMPASS-Karten GmbH
Kaplanstraße 2
6063 Rum/Innsbruck, Österreich
Fax: ++43(0)512/265561-8
e-mail: kompass@kompass.at